張謇與近代中國

（第一辑）

南通大学张謇研究院 主办
钱荣贵 主编

凤凰出版社

图书在版编目（CIP）数据

张謇与近代中国. 第一辑 / 钱荣贵主编. -- 南京 : 凤凰出版社, 2023.6
ISBN 978-7-5506-3232-5

Ⅰ. ①张… Ⅱ. ①钱… Ⅲ. ①张謇（1853-1926）—人物研究—文集②中国历史—近代史—文集 Ⅳ. ①K825.38-53②K250.7-53

中国国家版本馆CIP数据核字(2023)第087192号

书　　名　张謇与近代中国(第一辑)
主　　编　钱荣贵
责任编辑　陈晓清
装帧设计　陈贵子
责任监制　程明娇
出版发行　凤凰出版社(原江苏古籍出版社)
　　　　　发行部电话025-83223462
出版社地址　江苏省南京市中央路165号,邮编:210009
照　　排　南京凯建文化发展有限公司
印　　刷　江苏凤凰数码印务有限公司
　　　　　江苏省南京市栖霞区尧新大道399号,邮编:210038
开　　本　787毫米×1092毫米　1/16
印　　张　14.5
字　　数　245千字
版　　次　2023年6月第1版
印　　次　2023年6月第1次印刷
标准书号　ISBN 978-7-5506-3232-5
定　　价　88.00元

张謇《美人石记》石刻拓片

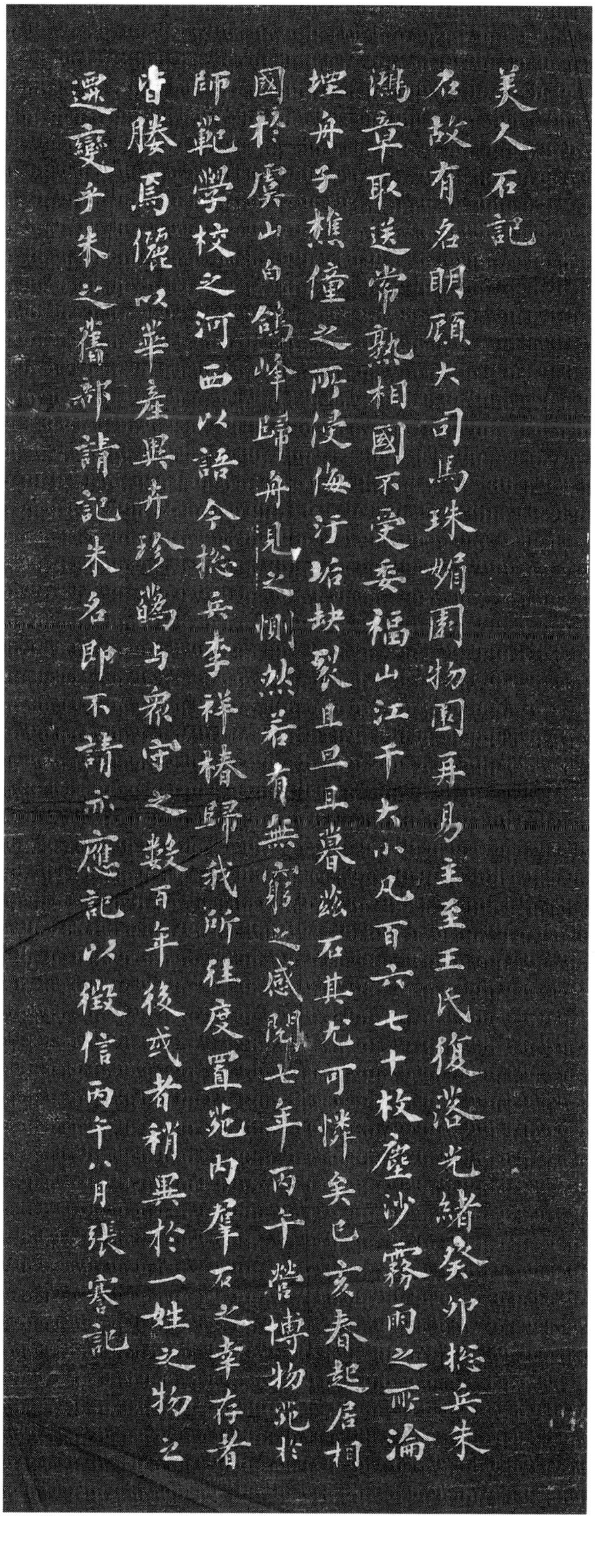

尺寸：45×19cm 藏地：南通博物苑 摄影：施东升 释读：钱荣贵

释文：美人石记

石故有名，明顾大司马珠媚园物。园再易主，至王氏复落。光绪癸卯，总兵朱鸿章取送常熟相国。不受，委福山江干，大小凡百六七十枚。尘沙雾雨之所沦堙，舟子樵僮之所侵侮，污垢缺裂，且旦且暮，兹石其尤可怜矣。己亥春，起居相国于虞山白鸽峰，归舟见之，恻然若有无穷之感。阅七年丙午，营博物苑于师范学校之河西，以语今总兵李祥椿，归我所往。度置苑内，群石之幸存者皆幐焉，俪以华产异卉珍花。与众守之，数百年后，或者稍异于一姓之物之迁变乎。朱之旧部请记朱名，即不请，亦应记以征信。丙午八月，张謇记。

目　　录

专题研究

张謇与实业

张謇与教育

张謇与社会

张謇与法治

近代人物研究

文史考辨

专题研究

张謇的易学思想

梁林军

摘　要:张謇认为,《周易》是中国最早的哲学著作。《周易》是天道之书,也涵括了圣人之道。《周易》是变易之书,也是不变之书,所谓不变就是"守正而处中"。面对纷繁复杂的变化,应对策略是要"不忘危",懂得进退、存亡、得失无定的道理,并且能够时刻防患于未然,未雨绸缪。他认为,学《易》可以知命,不知命者无以学《易》。易学研究方面,张謇对于郑玄、朱熹积极肯定,尤其认为朱子的《周易本义》是《周易》历代注疏和研究中唯一做到"参天道、明人事而切于日用行习者"。如果用一个字来概括张謇的思想和实业实践,"生"字再恰当不过,充分体现了易经"生生之谓易"的思想。"父教育、母实业"运用易经的阴阳和合思想,"棉铁主义"则运用易经的刚柔相推思想。张謇处于变世、乱世之中,运用易经的革卦,阐述和表达革故鼎新、改革社会的思想。尤重易经谦卦中满损谦益的道理,强调谦虚守正,由此通达。

关键词:张謇　周易　谦虚　不忘危　守正处中

张謇(1853—1926),字季直,号啬庵,江苏南通人,清末状元,著名实业家。张謇是中国近代化、工业化的开拓者和先驱,是中国民营企业家的先贤和楷模。张謇在实业、教育、公益等方面的贡献为人熟知,但他在易学研究方面的成果和贡献却鲜有人知。诸经之中,张謇于易经着力最多,对易学史颇有研究,曾致力于易经的训诂工作,并著有其一生唯一一部儒学研究专著——《周易音训句读》,对研究《周易》的文本意义大有裨益。张謇经历颇为丰富,曾治学、随幕、从军、为官、经商、办学、治水等;亲历晚清、民国初年几乎所有重大政治事件,一生创办了40多家企业、近400所学校。晚年,张謇认为自己一生得力于《周易》,易经是对他一生影响最大的经典。由此,本文着力探讨这位学问、人格、事功俱高的先贤的易学思想和要旨,探析他对易经的理解以及易经对他思想和事功的作用和影响。

一、一生得力于《周易》

《周易》是中国最早的哲学著作。张謇曾邀请美国著名的实用主义哲学家杜威到南通讲学,在欢迎词中说:“博士之历史,已由南通报刊布传阅,不复赘述。博士于哲学研究有年。哲学之作用最大,能呼吸高尚之空气,而使之附丽于实质之中。此实质之为物,使无空气以为营养,则日就陈腐而无用。故政治教育不能与哲学宣布独立。中国讲哲学之最古者,莫如《易经》;其次则《礼记》亦有所发明。《易》《礼》讲圣字,圣即无所不通之谓,宋儒解释拘束,失其本义。近世能以哲学灌入于政治教育者,首推美国。故美国之共和制度,实足为吾人之模范。”[①]张謇对于西方“哲学”的理解是,与政治学、教育学相比,哲学的作用最大,哲学相当于新鲜、洁净的空气;空气的特点是看不见、摸不着,人又赖之以维持生命;哲学讲的是高尚、形而上的道理和内容,哲学概念在现实世界中难以找到一一对应的事物,但是人、国家和社会如果不能用哲学进行思考,就会像缺氧、不能呼吸一样,必将陈腐而无用。张謇具体举《周易》讲“圣”字为例,“圣”即无所不通,有超越性。“圣”字就像空气一样,看不见、摸不着、在现实世界中找不到其对应的事物,但是人却不能离开它。美国的共和制度在政治上的意义非同小可,但“共和”的思想不是天赋,也没有先例可以循照,如果不是美国人一直对政治、政体、政治制度进行哲学性的思考和探索,美国也很难有共和制度的创造。可见,张謇认为《周易》是哲学著作,《周易》是中国几千年文化新鲜、高尚的“空气”,它不仅滋养着中国的思想和文化,而且因为其“高尚”与现实之间形成的张力,于无声无息中助力中国国家和社会的发展。

《周易》是天道之书,而历代圣人皆对其有担当和发展,因此《周易》也包含了圣人之道。“《易》言天道之书也始于包羲,《系辞》《大传》则序包羲、神农、黄帝而尧、舜,义各有当。”[②]《周易》一书始于伏羲,伏羲通过对天文、地理、人物的观察和体知,发明出可以代表万物情态和贯通宇宙法

---

① 张謇:《为杜威博士介绍词》,李明勋、尤世玮主编:《张謇全集》(第四册),上海:上海辞书出版社,2012年,第462—463页。

② 张謇:《尧舜论上》,李明勋、尤世玮主编:《张謇全集》(第四册),第265页。

则的八卦，其后神农氏、黄帝、尧、舜等人又进一步在三画的八卦基础上发展到六十四个六画卦，并进一步把它们运用到政治、军事以及生产、生活之中，取得了天下大治。伏羲、神农、黄帝、尧、舜都各自对《周易》的发展做出了贡献。“孔子虽删书断自唐虞，而其系《易》也，犹即包羲、神农、皇帝之所遗，仿佛述求其一二，而上古之奇闻异事，亦日滋衍焉……伏羲者，始别八卦以变化天下。伏者，别也，变也。又尝养六畜以充庖厨，用牺牲以致享于神祇，故或谓之炮牺。伏、庖声相转，而炮、庖音义俱通，此亦何所用其震异。”[①]孔子删古书、成六艺，断年起始自唐虞起，唐虞之前不再述及；但是，《周易》却是包羲、神农、黄帝流传下来的著作，孔子又为其作传，不得不述至唐虞之前，上古时期的奇闻逸事自然也就流传下来。张謇考证认为，伏羲的“伏”字本是变的意思，伏羲始作八卦以描述和表达天下的变化，因此人们以“变”义称呼他。再进一步，张謇训诂认为伏羲本来应该称为“庖牺”，因为他教导民众驯养野兽为六种常见家畜，充实人们的“庖”厨，宰杀这些家畜用于祭祀神明的“牺”牲，所以人们以“庖牺”称呼他。因此，在张謇的易学史研究中，提及伏羲，一般以包羲称之。

《周易》涵盖了天道、人道与物道。张謇认为：“著天道之盈虚，审人事之消息，赅物象之变化者，莫备于《易》。”[②]盈虚、消息出自《周易・丰》：“日中则昃，月盈则食，天地盈虚，与时消息。”在张謇看来，《周易》涵盖了天道的丰盈或空虚，人世间的消减或滋长以及一切事物发展变化的道理，即《周易》一书涵盖了天道、人道与物道变化的道理和信息。据《周礼・春官》记载，早期的《易》书有三种，即《连山》、《归藏》和《周易》，《周易》流传后世最完整。据史书记载，《连山》是夏朝使用的易书，该书早已亡佚。《归藏》是商朝所用的卜筮之书，历史资料中对《归藏》的记载比《连山》要多。张謇在《周易音训句读》一书上卷结束时附录有《归藏易》：“何楷云：‘古《归藏易》今亡，唯存六十四卦名，而又阙其四，与《周易》不同，今取其名异者附识于此，又有瞿、钦、规、夜、分五卦，岑霈、林祸、马徒三复名，不知当《周易》何卦也。’马国翰云：‘依李过《易说》所载，自乾至马徒凡六十卦，其四卦阙者补之。’”[③]何楷是明代易学家，著有《古周易订诂》。马国

---

① 张謇：《乙酉科乡试第二问》，李明勋、尤世玮主编：《张謇全集》（第六册），第67页。

② 张謇：《易经遵朱序》，李明勋、尤世玮主编：《张謇全集》（第六册），第436页。

③ 张謇：《附归藏易》，李明勋、尤世玮主编：《张謇全集》（第六册），第167页。

翰是清代文献学家,致力于唐代以前的古书辑佚工作,著有《玉函山房辑佚书》。张謇以何楷、马国翰的归藏易研究为基础,结合历代学者的考证和研究,对《归藏》的六十四卦卦名进行辨析和补录。

《周易》是变易之书,也是不变之书。人处变化之世,有变亦有不变,不变就是“守正而处中”。张謇认为,在各种典籍中,《周易》是讲述“守正而处中”道理最丰富的。“世变未知所届,唯守正而处中者,可以不随不激。此种道理,《易经》最富。”①世事变化难料,只有守正处中,才能做到不随波逐流,不激进偏执,这与张謇所信奉的中庸思想亦有通合之处。“世道日趋于乱,人心亦趋于恶,君子处之,唯有中正淡退。儿若观《易》,当能悟父所言。”②世道越来越乱,人心越来越恶,张謇劝其子张孝若坚持以易经守正处中的思想来应对。张謇所处的时代,是变世、是乱世,内患外患频仍;张謇所经历的事件,内有庚子之变,外有壬午之变;他是清朝的状元,先支持君主立宪,后又走向共和,最后又趋向于地方自治;他有经世治国的抱负,不得已退而实业救国,其间又曾在南京临时政府、民国北京政府内阁任职。即使退居一隅,也曾发起东南互保,斡旋清帝逊位,调停南京临时政府与袁世凯等实力派之间的关系,周旋于各种政治势力与军阀之间。用张謇自己的话说,他是通官商之邮、官民之邮。他是一介书生、实业家,却几乎参与到晚清、民国初年几乎所有重大的政治事件当中;他受时代的推举,更是民心、民意的代表。能够在“城头变幻大王旗”的急变、剧变时代积聚人心、顺应民意,与他始终坚持“守正处中”有莫大关系。所谓“正”,即是坚持正义,正道直行;所谓“中”,即是不偏不倚,不随波逐流,也不激进偏执。

面对纷繁复杂的变化,应对策略是要“不忘危”,懂得进退、存亡、得丧无定的道理,并且能够时刻防患于未然,未雨绸缪。“二曰不忘危。《周易》曰:危者,保其存者也,是‘故君子安而不忘危’。”③“危者,保其存者也”出自《周易·乾》:“亢之为言也,知进而不知退,知存而不知亡,知得而不知丧,其唯圣人乎?知进退存亡而不失其正,其唯圣人乎?”圣人能做到知进退存亡得丧而不失其正,君子应“不忘危”,居安而思危。倭寇之患,

①② 张謇:《家书》,李明勋、尤世玮主编:《张謇全集》(第三册),第1535页。

③ 张謇:《海门团防营制》,李明勋、尤世玮主编:《张謇全集》(第四册),第12页。

由来已久，但是从来没有进犯过海门，很多人觉得倭患离海门很远，与海门无关。张謇却创建海门团防，建章立制，防患于未然："谓其必不来而不为海门危者，是犹燕巢于幕、鱼游于釜，而自以为无恐，以为得生也。尔等寇未至当作有寇想，寇已至当作无寇观。寇未至作有寇想者，儆戒不虞，慎固防守是也；寇已至作无寇观者，盛气以吞之，毕力以歼之，虽千万人，我往而已。"[①]张謇认为，倭寇未来，就要随时做好倭寇来时的抗击和一切准备；倭寇真正来时，又不必惊慌失措，要藐视倭寇的进犯，在气势上要压倒倭寇，集中力量歼灭倭寇。居安时思危，危难真正来临的时候，又要以心"安"拒之。《易经遵朱》的作者吴元默身处康乾承平之世，竟然"以'终日乾乾，夕惕若厉'二语蔽全经之言，尤有合于作易忧患与圣人知进退存亡得丧而不失正之训，可谓深切而著明"[②]。"终日乾乾，夕惕若厉"出自《周易·乾》，意指在任何情况、任何时候，无论是面临顺境还是险境，都要始终坚持体现天道的自强不息的精神，反反复复，毫不动摇。张謇认为，吴元默在承平年代竟然以"终日乾乾，夕惕若厉"总结、提炼《周易》的思想和要旨，与易经的忧患意识契合，符合圣人知进退、存亡、得丧且不偏离正道的训导，因此其书对《周易》的理解非常深刻，可谓洞悉了易经的深刻道理。

学《易》可以知命，不知命者无以学《易》。吴元默的《易经遵朱》成书于康乾年代，直至民国才由后人付印。张謇有感于此："夫成事之近远，若隐有以待时者，况学之传否耶，殆亦有命也。孔子五十学《易》，五十而知天命，故以知学《易》可以知命，不知命者无以学《易》，盖命即进退存亡得丧无定之故，虽圣人莫能外也。吴先生于《易》之学，殆能明辨乎此而切于为己，存其说于章句，非幸名而系于此者比也。"[③]《易经遵朱》从成书到付印历几代人、数百年之久，像周文王、箕子这样的圣人，也会韬光养晦、以待时日，学问、学说的传播自然也有其命数。在张謇看来，所谓"命"就是进退、存亡、得失的不确定性，不断变化、互相转化，而且不以人的意志、愿望、努力为转移。学习易经可以了解命运的变化无常，对命运变化一无所知的人自然也无法学习易经，圣人也不例外，所以孔子五十岁时学习易

---

① 张謇：《海门团防营制》，李明勋、尤世玮主编：《张謇全集》(第四册)，第12页。

②③ 张謇：《易经遵朱序》，李明勋、尤世玮主编：《张謇全集》(第六册)，第436—437页。

经,五十岁而知天命。《论语·述而》记载,孔子说:“加我数年,五十以学《易》,可以无大过矣。”司马迁在《史记》中也记载:“孔子晚而喜《易》,序彖、系、象、说卦、文言。”学《易》可以知命,知命则无大过。在张謇看来,吴元默能够读透易经,把易经理解成“为己之学”,切中个人修养,是非常了不起的。

二、张謇的易学研究

张謇对于《周易》研究着力颇深,他曾认真研习了历代注释或研究成果。光绪十七年(1891),张謇完成《周易音训句读》一书,分上、下两卷①,这是他一生唯一的儒学研究专著。张謇在学问上师法顾炎武,走朴学的路子,志于实学。张謇倾慕顾炎武《音韵十书》中的音韵训诂方法,认同其治学“读九经自考文始,考文自知音始”,即读经自考证开始,考证自音训开始。张謇所作《周易音训句读》力求通过音韵训诂的方法达到对易经字义的准确理解,其中引顾炎武音韵训诂成果较多。《周易音训句读》一书堪称易经音训训诂方面的集大成之作,可见张謇对《周易》一书的重视,以及他在易经研究方面所下的功夫。张謇在为吴元默《易经遵朱》作的序中,具体介绍了《周易》的研究史。

> 两汉治《易》之儒,若丁,若孟,若京,若田,若荀,若刘,若马,若郑,夥矣。吴之虞翻,魏之王弼,晋之韩康伯,唐之孔颖达,各承师说,咸有专书。汉注久佚,出于近代缀辑者,康成、仲翔二家之说,稍稍具焉,未备也。②

两汉时期,很多大儒研究《周易》,张謇列举了八位:丁宽、孟喜、京房、田王孙、荀爽、刘向、马融、郑玄。西汉时期,易学经过孔子六世传至齐地之人田何。田何之后,又有周王孙、丁宽、服生、杨何、田王孙等人,《周易》在汉初即得到较为系统的传授。而后田王孙授易于施雠、孟喜、梁丘贺,形成“施、孟、梁丘之学”;孟喜传易于焦延寿,焦延寿又对京房有比较大的影

① 此书稿见李明勋、尤世玮主编《张謇全集》(第六册),第115—202页。

② 张謇:《易经遵朱序》,李明勋、尤世玮主编:《张謇全集》(第六册),第437页。

响，形成了“孟、焦、京”之学。刘向试图把道家思想和易经互释互通。东汉时期，出现了马融、郑玄、荀爽等经学家，他们出自重视《周易》古经训诂解读的费直易学。如张謇所述，虞翻、王弼、韩康伯、孔颖达都各有师承，自成一派，但是很少有专著，其易学思想主要存于注解当中。汉代的注解因为年代久远逐渐失传，经过近代几代人的整理、编辑，郑玄、虞翻两家著作稍有整理，但是也并不齐备。

郑玄曾在太学攻读《京氏易》，拜马融为师学习古文经学。郑玄注《易》，用的是费氏古文，兼采义理、象数之说，把象、彖与经文合在一起，并在其前加上“象曰”“彖曰”字样，以与经文相区分。郑玄注《易》采用训诂的方法，是费直、马融一派的延续，但是郑玄经过十多年的游学、求学生涯，已不囿于某一家、某一派，在融汇各家的基础上辨析、推敲，以求对圣人之书的客观理解。郑氏易学，如张謇所述，郑玄的《周易注》在南宋已亡佚，后由南宋王应麟从古代文献中保存的郑玄《易》注汇辑成《周易郑康成注》一卷，郑玄的《周易注》因此得以传世。虞氏《易》注主要见存于唐李鼎祚的《周易集解》。清代乾嘉之际，经典考据蔚然成风，辑佚古书成为一种时髦。学者们往往搜罗群书，寻章摘句，把已经散佚的书籍汇辑起来，力求恢复原书的面貌供人阅读。因此，在宋明学者汇辑的基础上，重新辑录郑玄、虞翻易学也就成为当时经典考据中的热点。张謇所言的“近人”大概有：惠栋、丁杰、张惠言、袁钧、黄奭、孙堂、孔广林等人[1]，他们都是清代对郑玄易学、虞翻易学辑佚、考证贡献较大者。

张謇对于历史上的大经学家是颇为赞佩和积极肯定的，认为他们对于原典文本和圣人思想的传达是有大贡献的，因此肯定郑玄、王安石、朱熹，后世如黄宗羲、顾炎武等人，对他们恢复经典本来样貌的贡献颇为赞佩。他的《周易音训句读》力图准确恢复周易，着重于音训，力求对周易原来的经文有准确的理解和把握。郑玄是经学大师，编注儒家经典，张謇对郑玄是大为肯定的。“经学莫盛于汉代，汉儒莫盛于康成。康成注经，网罗众家而为之说，虽亦时蒙后儒杂引谶纬、更改旧文之讥，然而扩西汉颛家之风，开来者无穷之奥，大雅闳达，胡易言也。”[2]张謇认为论经学，汉代

① 参见陈居渊：《清代的郑玄易学研究》，《复旦学报（社会科学版）》2013 年第 2 期。

② 张謇：《乙酉科乡试第三问》，李明勋、尤世玮主编：《张謇全集》（第六册），第 68 页。

最为昌盛,郑玄又是汉儒中首屈一指的经学家。郑玄注经,广泛搜集各家版本和学说对原典进行辨析和注解,发展了西汉时期自成一家的学术风气,对后世研究经学提供了基础文本和研究范例,可谓宏达雅正、卓尔不群。郑玄于经学贡献极大,后世却经常有人把其后学、末流引阴阳灾变、谶纬术数入经学归罪于郑玄,甚至有人认为郑玄篡改原文,这些低俗的非议和评价对郑玄来说是不公平的。由此可见,张謇不仅推崇郑玄,而且为郑玄正视听,抱不平。

> 其立于学官传于今者,王注、韩注、孔疏而外,则有宋朱子《本义》。朱子之学本于程《传》,程《传》言理,切于人事。《本义》尝云程《传》备矣,即不复引申疏解,而其疏解者,盖补苴所未逮也。当时言《易》者众,能参天道、明人事,而切于日用行习者,孰右朱子。①

张謇认为,关于易学的研究得到官方的肯定,能够流传到今天的,除了王弼注、韩康伯注、孔颖达疏之外,还有朱熹的《周易本义》。王弼是道家易的代表。他对"经"上下篇都作了注,计六卷;而对《文言》《彖传》《象传》加注,至于《系辞》《说卦》《序卦》《杂卦》,均未注,后由东晋韩康伯继续注完。韩康伯在王弼注释的基础上,又补注系辞传、说卦传、序卦传、杂卦传,撰成《周易注解》三卷,合王弼注六卷及《略例》一卷,共十卷。孔颖达与颜师古、司马才章、王恭、王琰等人受诏撰定《五经》义训,总共一百八十卷,名为《五经正义》,其《周易》疏注以王弼注为主,修《周易正义》的有颜师古、司马才章、王恭、王琰、于志宁、马嘉运、赵乾叶、苏德融、赵弘智等学者。

朱子关于周易的学说本来来自二程,程氏易学研究着重于义理,切用于日常人事。二程以义理解易,批评汉学象数之学以及王弼以老庄解易,倡导随时取义、变易从道、以中为贵,提出体用一源、显微无间。张謇称,朱子在《周易本义》中曾说程氏易学已经很完备,朱子自己不再加以引申疏解,朱子在《周易本义》中所做的疏解,是对程氏易学的"补苴罅漏",即弥补其传的缺漏和缺陷。此处张謇记述有错漏,《周易本义》中没有此段表达。朱熹认为《伊川易传》"义理精,字数足,无一毫欠阙"②,"伊川先生

① 张謇:《易经遵朱序》,李明勋、尤世玮主编:《张謇全集》(第六册),第437页。
② 黎靖德编:《朱子语类》卷六十七,北京:中华书局,1986年,第1651页。

说得那道理多了。他见得许多道理了，不肯自做他说，须要寄搭放在经上。《易》不须说得深，只是轻轻地说过。”[①]可见，朱熹认为，程氏易学已达义理说易之极致，从义理的角度评价已达极致，没有欠缺；但是如果从《周易》原典的本义来讲，程氏有过度解释之嫌，看似讲《易》义说得更透，实际上却禁锢了《周易》的本义。张克宾认为：“朱熹虽然推崇二程，但是在易学上他却没有走程颐的老路，认为《伊川易传》所说义理句句妥当，无一毫欠缺，但却是用《易》来解说程颐的思想，并不是解《易》，认为必须先明确《易》的卜筮之用后才可以推说义理。”[②]可见，在朱子看来，《伊川易传》在易学的义理阐释上已达极致，但其缺陷在于《周易》一书的本来目的是卜筮使用的书。朱熹易学研究最大的贡献在于超越易学界象数、义理长期对立的态势，重在还原《周易》的本来面目，回到其卜筮用书的基础上再进行义理的阐释。

对于易经历代研究成果的评价，张謇提出三条标准：“参天道”、“明人事”及“切于日用行习者”[③]，即一部好的易经著作一定要参透天道之规则，洞悉世间人事之状态，并且适用于日用平常；按照这三条标准，做得最好的就是朱子的《周易本义》。张謇认为，在宋代以及宋代之前研究易学的人很多，但是能够参天道、明人事，而且切于日用行习者，没有超过朱子的。程氏易学能够做到参天道、明人事，但是忽略《周易》本是卜筮之书，也就不能契合日用平常之用。

朱熹对于《周易》的注解和诠释做到了“参天道、明人事”。比如，对于“生生之谓易”的理解和诠释，令张謇服膺不已。朱熹认为：“易之为义，乃指流行变易之体而言。此体生生，元无间断，但其间一动一静相为始终耳。”[④]“变易、‘生生’遂成为《周易》‘易’字的第一义，也遂成为《周易》、易学的第一义。”[⑤]在朱熹看来，“生生”乃是《易传》的基本宇宙情怀，“生”不

---

① 朱鉴编：《朱文公易说》卷六，四库全书荟要本，长春：吉林文史出版社，2005年，第136页。

② 张克宾：《朱熹易学思想研究》，北京：人民出版社，2015年，第8页。

③ 张謇：《易经遵朱序》，李明勋、尤世玮主编：《张謇全集》（第六册），第437页。

④ 朱熹：《晦庵先生朱文公文集》卷45《答吴德夫》，朱杰人等主编：《朱子全书》第22册，上海：上海古籍出版社，合肥：安徽教育出版社，2002年，第2070页。

⑤ 王新春：《神妙的周易智慧》，北京：中国书店出版社，2001年，第197—198页。

仅被视为天道最高的品格，而且被视作“仁”的本质性意义[①]。张謇创办大生纱厂，“大生”即取自《周易》的“天地之大德曰生”。大德，即天道最高的品格就是生，也正是天道“仁”的体现。张謇特别强调“切于日用行习者”，称赞朱熹《周易本义》中“《易》人人可用”的观念。朱熹抛弃分经合传的王弼本，用吕氏经传相分的古本的目的即是要使经的意义不受注释者个人思想和解释的限制，发挥其“通天下之志，成天下之务”的实践功能。朱子的用意，据张克宾解释：“《易经》本是卜筮之书，说一个象与占而已，乃圣人因吉凶悔吝而昭示训诫的手段，上至王侯下至庶民，士农工商人人可用，任何人都可以在卜筮中获得与自身相应的意义。”[②]

张謇认为：“夫《易》惟微惟奥，诂训者多凿而拘，解说者多虚而诞，其尤甚者寖流于谶纬术数，小哉小哉！”[③]关于《周易》的研究，有人从训诂的角度，张謇认为此类研究大多因为所谓证据确凿而受拘束；有人从义理解说的角度，张謇认为此类研究大多虚无荒诞；其中的末流把《周易》庸俗化为“谶纬术数”。这些研究都把《周易》小看了。“弼攻极敝，自标新学，其注独冠古今。晋之顾夸已有难义，要未足为弼病也。而朱子《本义》历四代无有能诘难者，盖学必有体有用，力求为己，非仅笺注传说为也。”[④]张謇认为王弼抓住了汉易的极端弊病进行攻击，标新立异，他对周易的注解可谓“独冠古今”。王弼为义理派易学大家，他廓清汉人烦琐的象数之学和谶纬迷信，不讲互体、卦变、卦气、纳甲等，以平实、简略、易懂的文字，揭示《易》中所包含的义理和智慧。所谓“自标心学”，是指王弼援老子解易，为易经阐释注入玄学思想，阐述了“贵无”和“得意忘象”的玄学理论。王弼以言简意赅的论证代替前人的烦琐注释，以抽象思维和义理分析摒弃象数之学与谶纬迷信，在经学上开创了一代新风。“《易》本卜筮之书，故末派浸流于谶纬。王弼乘其极敝而攻之，遂能排击汉儒，自标新学”(《四库全书总目·周易正义》提要)。张謇的看法与清代的主流看法相同。皮锡瑞在《经学通论》中也曾指出：“汉初说《易》，皆主义理，切人事，不言阴阳术数。”皮锡瑞认为，阴阳灾变为《易》之别传；孔子删定六经，不以阴阳五行为宗旨，继承这一学风的学说为正传。阴阳五行思想源于齐，后窜入

---

①② 张克宾：《朱熹易学思想研究》，第285—286页、第111页。

③④ 张謇：《易经遵朱序》，李明勋、尤世玮主编：《张謇全集》(第六册)，第437页。

儒家。汉初主义理的易学皆祖田何、杨叔、丁宽，此三人都不言阴阳术数。阴阳术数始于孟喜而成于京房，是为别传，后来发展为末流。可见，张謇对于汉易是肯定的，其末流主谶纬术数，使得汉易衰弱。王弼正是抓住此"极敝"，所以能撼动汉儒，自成一家。东晋时期学者顾夷作《周易难王辅嗣义》一卷，《册府元龟》又载顾夷的《周易难王辅嗣义》四十余条，对王弼的周易注解提出质疑，顾夷已经发现王弼易学的弊端，但是仍然无法撼动王弼易学在当时的地位。

与汉易、王弼不同，朱子的《周易本义》历经四代而没有遇到诘难，是因为朱子的周易注解做到了"有体有用"。所谓"体"就是朱子认为易经是孔子哲学思想的来源，坚持用孔子和儒家思想进行阐释；所谓"用"就是朱子认为《易》是卜筮之书，作《周易本义》就是要还原《周易》的本来面目。朱子《周易》卜筮之书的特点，创造性地阐发了卜筮与义理的关系，在《周易》卦象和儒家文本之间建立合理的解释和联系，并解决了易学发展所面临的问题。朱子的《周易本义》倡导了儒家的为己之学，而不是一般的笺注、传说。因此，张謇认为朱子的《周易本义》是《周易》历代注疏和研究中做得最好的。余敦康认为，易道在思维模式上统贯天地人，即《说卦》所谓"立天之道曰阴与阳，立地之道曰柔与刚，立人之道曰仁与义"；易道的价值理想是追求一种以"太和"为最高目标的天与人、自然与社会的整体和谐；易道在实用操作层面又直接继承了原始的卜筮巫术，贯彻了《周易》把道、器、变的客观认识用于实际生活的主旨①。余敦康的高度概括，可以帮助我们理解张謇"参天道、明人事而切于日用行习者"的深度内涵。

三、张謇的易学思想

张謇一生得力于易，引用、运用易经之处甚多，其实业主张和理论，尤其是垦牧公司取名来自易经较多。"孔子曰：'必世而后仁，信乎其必至世也。'前者唱于于，后者唱喁喁，继垦牧而起者，南通有大晋，如皋有大豫，东台有大赉、大丰、通遂，盐城有大祐、泰和、大纲，阜宁有华成、阜余、新南，盐垦公司十余。其地视垦牧小者倍，大辄七八倍，而距海远，卤淡土

① 余敦康：《易学今昔》，北京：中华书局，2016年，第9—12页。

沃,收效视垦牧易,事半功倍,亦固其宜。”[①]晋、豫、贲、丰、泰等皆为易经卦名,充分体现了生生之谓易、阴阳和合、刚柔相推、革故鼎新、以谦致福的思想。

(一) 大生集团与“生生之谓易”

光绪二十一年(1895),张謇集资50万两银,在通州唐闸镇创办南通近代第一家企业——大生纱厂。张謇以“大生”为企业命名,“大生”一词,正源自《周易》“天地之大德曰生”,即天地之大德,在于使万物生生不息。张謇创办的很多企业命名都源自周易,比如通州广生油厂、通州资生冶厂、颐生酒厂、同仁泰盐业公司等,其中用“生”字尤其多。如果用一个字来概括张謇的实业思想,可能“生”是再恰当不过的。张謇曾对刘厚生说:“我们儒家,有一句扼要而不可动摇的名言‘天地之大德曰生’。”就是说一切政治及学问最低的期望是要使得大多数老百姓能得到最低水平线上的生活[②]。在张謇看来,儒者的本分是让百姓有饱暖,即孟子所谓“黎民不饥不寒”。“今之国计民生,以人人能自谋其衣食为先务之急。衣食之谋,在于实业。”[③]授人鱼,不如授人以渔。正因为如此,张謇注重民生,实业以轻工业为主。他办厂为救国利民,要使大多数老百姓都能得到好的生活。张謇作为儒商与此前或者同时代商人的区别在于,他始终以实业为中心,倡导“棉铁主义”,主张实业救国,并非传统的货贾或者同时代的买办、官商。这样的商道与他对百姓的人道关怀和自身的历史担当有紧密的关系。

“天地之大德曰生”,即天地造化之最大德性是“生”德,因为天地造化,万物得以化育,生命可以繁衍,同时造化不息,生生不息。《周易》的一个核心概念就是“生生之谓易”。“生生”,即生命繁衍、孳育不绝之意。前面的“生”字是名词,表示品物流形中的生命本体,后面的“生”字为动词,为生命本体的本能、功用与演化。也可以理解为动词,强化生命演化“生生不息”之意。清代学者戴震认为:“仁者,生生之德也。”[④]在

---

① 张謇:《垦牧乡志》,李明勋、尤世玮主编:《张謇全集》(第六册),第587页。
② 刘厚生:《张謇传记》,上海:龙门联合书局,1958年,第251页。
③ 张謇:《答顾昂千书》,李明勋、尤世玮主编:《张謇全集》(第三册),第845页。
④ 戴震:《孟子字义疏证》,北京:中华书局,1982年,第56页。

天地造化、万物演化的过程中，隐含着“万物并育而不相害”的一体之仁，反映出我国古代先民敬天重德、仁慈博爱的思想和精神。“天地感而万物化生”。“生”“化”二字是中国儒家思想中的两个重要范畴。“化”有多义，此处指化育、演化。化是生的过程方式，生是化的变化结果，二者紧密联系。《庄子》佚文有“生物者不生，化物者不化”。《文子·十守》亦称：“化者复归于无形也，不化者与天地俱生也。故生生者未尝生，其所生者即生；化化者未尝化，其所化者即化。”[①]“化”“生”二字表征着生命演化的动态过程。天地之“生”德体现为仁爱和民生、民本思想。《周易·系辞》：“夫《易》，圣人所以崇德而广业也。”圣人尊崇天地之“生”德，而最广泛地推及民生事业，即孔子所言“仁者爱人”所彰显的仁爱思想。仁爱思想不仅要最广泛地推及儒家的博爱思想，而且是要最广泛地为民生着想。

张謇创办实业的宗旨和出发点并非为了自己或家族敛财，而是“为通州民生计，亦即为中国利源计”，即为了南通的百姓人人有饭吃、人人有好的生活，也为了中国的商业利润不被外国垄断。因此，张謇发展实业是“养民之大经、富国之妙术”。张謇在实业取得效益之后，开始大力兴办学校，一生创办了三百七十多所学校，同时在南通建立了大量公益、慈善和民生设施。他在唐家闸工业区内为工人建造工房、公园和医院。如此种种，都体现了易经之生德，也体现了儒家的仁爱精神，彰显了张謇以人为本、关心民生疾苦的儒商精神，他用实业践行了儒家的“仁者爱人”思想。

（二）“父教育、母实业”与阴阳和合

张謇提倡实业救国、教育兴邦，“实业、教育二事，有至密至亲之关系”[②]。在张謇看来，实业可以救穷，但唯有教育才能兴邦，“窃维环球大通，皆以经营国民生计为强国之根本，要其根本之根本在教育”[③]。相比实业而言，教育是根本的根本。张謇明确提出“父教育、母实业”的理念。

---

① 文子：《文子校释》，李定生、徐慧君校释，上海：上海古籍出版社，2004 年，第 36 页。

② 张謇：《师范学校开校演说》，李明勋、尤世玮主编：《张謇全集》（第四册），第 70 页。

③ 张謇：《江苏教育总会咨呈江督苏抚宁苏提学司请开办实业教员讲习所文》，李明勋、尤世玮主编：《张謇全集》（第一册），第 209 页。

“国所与立,以民为天。民之生存,天于衣食。衣食之原,父教育而母实业。”[①]他把实业与教育之间的关系比喻为一个家庭的父母双亲,至亲至密,缺一不可。没有实业的成功,没有资金的积累,就没有资金创办教育。张謇的救国之路,就是这样走过来的,先创办大生纱厂,有了财富积累,开始教育兴学。

张謇常用“父、母”来表达事物之间的关系。比如:“银行者,农工商实业生计之母,而国民进化之阶梯也。江苏银行者,我江苏农工商实业生计之母,而江苏人进化之阶梯也。”[②]“父、母”关系在《周易》中即阴阳关系、乾坤关系、刚柔关系……“生生之谓易;成象之谓乾,效法之谓坤;极数知来之谓占,通变之谓事,阴阳不测之谓神”。阳生阴,阴生阳,这就是易;符合自然,随顺自然,这就是易。在天成象,此象就是乾;在地效法,此法就是坤。占卜即通过数理关系知晓未来之术。有数必有穷,穷则变,变则通,通则久,这就形成事业。阴阳变化无穷,难以预测,这正是天地造化神秘、不可知的地方。对于自然世界,先民以“阴阳”二字作抽象而形象的表述,万物皆由阴阳二气交感而成。阴阳,化为物质,即是天地;而其象征表现,即是乾坤;体现在人类,则为男女。“一阴一阳之谓道”,“独阴不生,孤阳不成”,阴阳之道的核心是和合而万物化生。“有天地,然后有万物;有万物,然后有男女;有男女,然后有夫妇”(《序卦》);乾主阳,坤主阴,“乾道成男,坤道成女”;“天地组,万物化氤。男女构精,万物化生”(《系辞》)。按照孔颖达《周易正义》解说,《易》卦六十四,分为上下:上篇三十,阴阳之本始、万物之祖宗;下篇三十四,男女之始、夫妇之道也。而无分阴阳与男女,均以“生生”为第一要义。张謇提出“父教育、母实业”的思想正是易经阴阳思想的充分体现。母属阴,主生育,没有母亲,自然就没有阳之生,但是阳却是目的,发展实业的目的是大兴教育。因此,关于救亡图存,张謇认为首先是要改革教育体系,普及教育,但是政府不采纳,有钱人也没有意识资助,因此只有发展实业,积累财富,才有资金设教兴学;对于国家和社会来说,教育需要比较大、比较长期的投资,没有强大的实业基础很难

① 张謇:《通州中学附国文专修科述义并简章》,李明勋、尤世玮主编:《张謇全集》(第五册),第111页。

② 张謇:《拟组织江苏银行说》,李明勋、尤世玮主编:《张謇全集》(第四册),第114页。

支撑和负担。

关于教育，张謇也曾多次引《周易》“教思无穷，容保民无疆”句，用以说明教育也需要适应时势的变化。“《易经》上说：‘教思无穷，容保民无疆。’所谓‘无穷’，就是随时适应的意思。教育能随时适应，才能保吾民。南通教育向据此旨进行。所设各校，均切地方需要：为纺织业而设纺织专门学校，为垦牧而经营农校，以实业发达而创办师范。以实业来补助教育，又以教育来改良实业：实业所至，就是教育所至；教出人来，就是办事的人才。虽然各校能否完全达到这个目的不可知，但是我的本意确实如此。如果不应于需要而任意设立，恐怕没有不偾事的。”①张謇认为“无穷”的含义就是随时适应的意思。世界不断发展变化，因此教育必须随时适应这种发展变化，教出对国家和社会有用的人才。

（三）“棉铁主义”与刚柔并济

张謇在实业上的具体主张即“棉铁主义”。“宣统二年，南洋劝业会开幕，謇既与各行省到会诸君子发起联合研究会，乃裒光绪一朝之海关贸易，参考其大略……则以我国实业，当从至柔至刚之两物质，为应共同注意发挥之事。”②所谓“至柔至刚”的物质，张謇称之为“至白至黑”，指的是棉花和钢铁，涉及纺织和钢铁产业；棉花是至柔之物质，钢铁是至刚之物质。张謇鲜明地提出，中国实业振兴应当坚持“棉铁主义”，此提法发端于深入分析海关贸易册，看到中国在产业上对外依赖最大之两项，也自然是最应发力之处。关于此两项产业更深入的理解、阐释、提炼则是依赖于易经之刚柔并济思想。

“圣人设卦观象，系辞焉而明吉凶，刚柔相推而生变化。”③《周易》充分体现了儒家的变化观，而阴阳、柔刚、动静是一切事物变化和运动的原因，事物在运动中保持两极均衡状态，即所谓“刚柔相推而生变化”，“刚柔相推，变在其中矣”④。刚柔代表了事物变化的两极，要把握事物的整体变化，比较可靠的认知方法就是把握事物运动的两极和本源。在易经的

① 张謇：《附录二：刘孟晋记录之演说词》，李明勋、尤世玮主编：《张謇全集》（第四册），第618页。

② 张謇：《海关进出口货价比较表序》，李明勋、尤世玮主编：《张謇全集》（第六册），第361页。

③④ 高亨：《周易大传今注》，济南：齐鲁书社，2009年，第454、493页。

变化观中,宇宙万物变化的本源与动力在于阴阳二气,"二气交感,化生成物。万物生生,而变化无穷焉"[1]。"柔"与"刚"则是"阴"和"阳"两种主体的特性和特质。"天之大,阴阳尽之矣,地之大,刚柔尽之矣……动之始则阳生焉,动之极则阴生焉。一阴一阳交,而天之用尽之矣。静之始则柔生焉,静之极则刚生焉。一柔一刚交,而地之用尽之矣。"[2]邵雍把刚柔、动静和阴阳联系起来阐发,充分表现了刚柔变化的特征。

关于棉花和钢铁的关系,张謇进一步阐述:"我国实业,当从至柔至刚之两物质,为应共同注意发挥之事……至柔惟棉,至刚惟铁,神明用之,外交内治裕如,岂惟实业。"[3]纺织和钢铁产业应当共同推进,不仅仅是在实业中振兴,应该站在内治外交的高度上制定战略、从总体上进行平衡。此处柔刚论包含张弛原则,讲究刚柔并济、以静制动。他将纺织和钢铁置于实业的两极,整体带动实业系统运动不止、生生不息。

(四) 革故鼎新思想

张謇参与了立宪、共和等政治活动,一生又是很多实业、教育、慈善、公益事业的开路先锋。他曾作《革命论》一文,用《周易》中革卦来解释革命一词的来历,从中不难看出张謇对于周易思想的重视。

革卦的卦象是离下兑上,离为火,兑为泽,泽内有水。水在上而下浇,火在下而上升;火旺水干,水大火熄,二者相生亦相克,因此必然出现根本变革。在《革命论》中,张謇详细解释易经"革卦"的含义以及历代的解释。"吾读《易·革卦》,而叹圣人之言之大且远也。《革·彖辞传》曰:'天地革而四时成,汤武革命,顺乎天而应乎人。'"[4]张謇赞叹圣人高瞻远瞩,将"顺乎天而应乎人"作为判断社会革命正义与否的标准。"盖汤武本非有取天下以自利之私,因民苦不堪之命,而不得不革,则命必如何而适于民,革必如何而孚于当,自不得不审之详而策之备。"[5]汤武之革命,是因为看到天下百姓苦不堪言,因此担当起革命的责任,解救天下百姓于水深火热

① 周敦颐:《周敦颐集》卷一《太极图说》,北京:中华书局,1990 年,第 5 页。

② 邵雍:《邵雍集》卷一《观物内篇》,北京:中华书局,2010 年,第 1 页。

③ 张謇:《海关进出口货价比较表序》,李明勋、尤世玮主编:《张謇全集》(第六册),第 361 页。

④ 张謇:《革命论》,李明勋、尤世玮主编:《张謇全集》(第四册),第 205—206 页。

⑤ 张謇:《革命论》,李明勋、尤世玮主编:《张謇全集》(第四册),第 207 页。

之中。张謇将“革”与“命”分离，强调“命”由是否适合黎民百姓决定，“革”则是需要考察是否应当。张謇反复陈述自己的创业过程，如果出于自私的考虑，大可玩笔墨、混日子，但是他选择为了实业救国、教育兴邦而弃仕从商，主要是因为社会士人的风气不得不为之变革。

张謇将中国两千多年来的革命分为四种，与汤武类似的革命却少之又少。“夫是故二千年来革命不一，而约其类有四：曰圣贤之革命，曰豪杰之革命，曰权奸之革命，曰盗贼之革命。汤武圣贤也，假汤武者豪杰或庶几？其次类皆出入于权奸盗贼之间。此诚专制之国体有以造之。假曰非专制而天人则犹是也，奈何乎革而不信，而况乎不正。吾见其自蹈于厉与凶悔与亡已耳，革命云乎哉！”①张謇认为，易经思想并非失效，而是封建专制体制造成了“革而不信”的情况。通过革卦的具体分析，张謇批评那种认为孔子思想维护君主专制、孔子思想教导人们对君主愚忠的观点。“今则国势不振，欧风东渐，醉心欧美卢、孟诸人之学说。其上者以为国之不振，由于政府之不良，政府之不良，由于种族之歧视人民，保其专制。而革命则亦孔子之言也。《易》革卦六爻皆言革，而孔子于其彖、象郑重致意，不胜反复而丁宁。若谓如汤武乃可革命，其革命之前，革命之后，必周详审慎，如彖、象所云而后可，固不仅孔子为东周、孟子不王周之足证，孔孟并不如今世所谓一家奴隶。然当主张革命者，鼓动国人趋向一致之时，欲破君主之说，并破忠君之说以为前趋。不知君之义不主专制，忠之用不尽对君，中国文字，举可覆按也。”④当时之人动辄引卢梭、孟德斯鸠的言论，要推翻政府、打倒专制。张謇通过易经革卦的解释，说明孔子也是主张革命的，并且在孔子思想中“君主”的主要含义不是专制而是对民生的责任，臣子们的“忠诚”不只是对君主而主要是对人民；否则，孔子不会鼓励汤武这样的革命，推翻专制，解救民生。张謇的这些思想与顾炎武、黄宗羲有类似的地方，或受其影响颇深。

（五）自正其位，以谦致福

易经六十四卦中，张謇对谦卦尤赞。“《易》卦惟谦六爻皆吉，以其处卑而尊不违则而能有终也。故初六‘用涉大川吉’，上六‘利用行师征邑

① 张謇：《革命论》，李明勋、尤世玮主编：《张謇全集》（第四册），第207页。

④ 张謇：《释惑》，李明勋、尤世玮主编：《张謇全集》（第四册），第632页。

国’。朱子《本义》释邑国,为自‘治其私邑’。然则今之君子不在位者,可以审所处矣。”[①]张謇认为,《周易》六十四卦中,只有谦卦的六爻都是吉利的,因为其处于卑位但是又不为尊,因此最终能够得到善终。初六爻,谦谦君子,本质柔顺谦和,卑以处下,容易得到友善相对,用心相助;上六爻,“鸣谦”即谦虚的美德已经扬名在外,广为人知,可以在自己管辖的邑国兴兵征服那些桀骜不驯者。谦卦所谓君子是人臣,不是六五之君,因此朱子注释“治其私邑”。张謇认为,谦卦是居低位之人审度自身处境的智慧和方法。宣统二年(1910),张謇曾拟筑谦受亭,取意于谦卦。俗话有:“谦受益,满招损。”张謇为谦受亭题联为“地中有山,始利大川终邑国;人间何世,即看小岛亦风波”,上联取之于谦卦,“地中有山”出自谦卦《象》传。谦卦艮下坤上,艮为山,坤为地,地体卑下,山高大却在地中,外卑下而内蕴高大,这是谦卦的内涵。张謇在日记中记述:“《易》卦惟‘谦’六爻皆吉,以其不在位而能以中正自立也。初六‘谦谦君子用涉大川’,上六‘利用行师征邑国’。朱子《本义》释邑国,谓‘治其私邑’。然则在下之君子,可以知所准的矣。”[②]补充了对于谦卦的理解。君子虽然不在六五之君位,但是只要坚持谦卑、中正,也能自立于自己的封邑;保持谦卑,也就是自正其位。

鸣谦,而非自鸣。“以谦有闻,吉而能正矣。夫能谦者,不必其自鸣也,体乎正以致其谦,而闻于人者不啻鸣矣。吉孰贞于是乎?且谦必致福,盈必蒙害之理,穷千古莫能外也。而以谦致福,以盈蒙害,其毫发不爽者,无不由人自召之。处既失位之地,而以偶然得意者自矜其豫焉,其德器有不堪载福者矣。故道长益凶,可必诸鸣豫之小人。处不得位之地,而以无慕乎外者益矢其谦焉,其凝静有足以致远者矣。故吉祥善事,多萃于鸣谦之君子。”[③]上六所谓“鸣谦”是谦虚的美德已经声名在外,而不是自己吹嘘自己谦虚,需要得到众人的认可。自古以来,谦必致福,盈必蒙害;凡是谦虚的人都会有福气,凡是自满的人必招致祸端。偶然得意,得意即

---

① 张謇:《题博物苑谦亭》,李明勋、尤世玮主编:《张謇全集》(第七册),第442页。

② 张謇:《柳西草堂日记》,李明勋、尤世玮主编:《张謇全集》(第八册),第708页。

③ 张謇:《六二鸣谦贞吉》,李明勋、尤世玮主编:《张謇全集》(第六册),第60—61页。

忘形，其德不配位，也不载德。自古以来，吉祥善事，大多会聚在"鸣谦"的君子身上。"谦之为卦也，乾上九来之坤，而与履旁通者也。初既以阳之降而居下者，为君子之谦谦矣。二之位虽与五应，而犹在下也。然而二正位也，正位而仍其谦谦之德，则体柔履顺，有能谦之资。谦谦而自正其位，则抱约怀冲，有不欲自鸣之量。夫所谓能谦而不欲自鸣者，岂必一切贬损依违自轻之地，致虚守笃不为天下之先哉？诚鉴乾九亢龙之悔，审坤元牝马之利，深识乎古人满损谦益之义，而柄德于大不可盈之几也。"①张謇此处详解谦卦，初六因为阳爻下降而居于下位，是为"谦谦君子"；六二随与六五相呼应，但是仍然处于下位；但六二因为居下位反而是正位。正位仍然坚持谦谦之德，能够自正其位，有谦虚的资本，也可以虚怀若谷，有谦虚的胸怀，即没有自鸣的念头和欲望。能谦虚而不愿自鸣的人必然深明古人"满招损、谦受益"的道理，致虚守笃。

谦之至，亨之至；谦虚至极致，亨通至极致。"君子所谓谦谦，亦既上叶天道，下与地应，阴左右乎鬼神之相，而沦浃乎人人之心矣。谦象体震，震实善鸣。上互震焉，其鸣且远。况乾来为谦谦之三，降二为师，师得众归之应。师二升五为比，比有自内之占，而犹虑其孤芳之自珍，黯黮而没世也。"②真正的谦逊、谦虚不必担心不被众人所知，谦谦之道是与上天呼应的。谦卦在象数上体现了震卦，震就是善鸣，而且如果上下互震，鸣声大而且远。更何况，谦卦的三爻是乾卦，"劳谦"，有功劳且奉行谦虚的君子，"万民服也"。三爻的乾卦如果降至、谦虚至二爻位，即为师卦，师卦有团结众心的效应。师卦的六二爻如果升至九五爻位，即为比卦。比卦的九五以阳刚而居君位，作为权力的中心，吸引五阴来亲比，九五却不能妄自尊大，必须仁爱宽厚，主动团结五阴。对于五阴来说，感到不宁，缺乏安全感，因此需要主动来与九五亲比，是内在的需求。在这个意义上，张謇认为比卦是"自内之占"，不管是君王还是臣子，都应内省，由内而外亲比。比卦内省较多，因此会思量自己过于谦虚而无人知道，担心自己因为谦虚而不为人知，才学被埋没。只要是真正的谦虚，就会为人所知，为人所鸣。"奢名罔实者，造物之所忌也。世岂无折节下士，崇貌饰情，舍义违道，干誉百姓，而盗窃既久，天必破之，败露之辱，恒与相待。隆隆而自张者，寂

①② 张謇：《六二鸣谦贞吉》，李明勋、尤世玮主编：《张謇全集》(第六册)，第60—61页。

寂而旋灭。未见中孚在阴之和,徒深引兑未光之耻。则岂知君子之谦,壹根于能。始则矢岂弟君子,小心翼翼之德;终亦廑庶几夙夜,以永终誉之学。而其所为贞吉者,乃与履之上九、豫之六二,同以柔正致之也哉!此在下之鸣谦也。若夫上六利王之正而从征焉,则功被天下,守之以让,勇力震世,守之以怯。古之君子又必有以致其休称叶语光施后嗣者,谦之至,亨之至矣。”[①]张謇此处批评那种欺世盗名、虚情假意之人,认为这是天之所忌。这些人不懂中孚卦中六四以阴居阴,得位而正,上承九五之尊,下顾全大局,不与六三相争,因此得以保持阴和;他们擅长以谄媚逢迎的方式达到目的,不是正大光明的,是令人可耻的。君子的谦虚根于先天的禀赋以及后天的努力。履卦上九的意思是虽然历尽险阻,但终于获得元吉;豫卦六二的意思是人的品行如同磐石一般耿直端正,随时自我反省,一天都不拖延,因此虽被豫乐的环境包围,但是没有耽于其中;谦卦之所以吉利,与履卦上九、豫卦六二一样,都以柔顺、正直达到目标。谦虚有利于君王对正义的需求,因此能够获得君王的信任,代其带兵出征,从而成就功业,泽被后嗣。

综上所述,通过对张謇易学思想的考察,可以发现张謇易学思想有如下几个特点:其一,在学理脉络上沿袭经学。张謇对于历史上的大经学家都是颇为赞佩的,认为他们对于原典文本和圣人思想的传达有大贡献,因此积极肯定郑玄、朱熹对于《易经》的研究贡献。其二,在研究方法上宗师朴学。张謇在学问上师法顾炎武,走朴学路子,志于实学。朴学研究像“采铜于山”,重学术规范,“古人先我而有者,则遂削之”,与西方的科学研究方法较为接近。张謇倾慕顾炎武《音韵十书》中的音韵训诂方法,认同其“读九经自考文始,考文自知音始”,即读经自考证开始、考证自音训开始的治学方法。张謇所作《周易音训句读》一书力求通过音韵训诂的方法达到对易经本义的准确理解,其中引顾炎武音韵训诂成果较多。其三,在易经核心要旨的把握上重在“为己之学”。《周易》是变易之书,也是不变之书。人处变化之世中,有变亦有不变,不变就是“守正而处中”;面对变,要做到“不忘危”,懂得进退、存亡、得失无定的道理,并且能够时刻防患于未然,未雨绸缪。张謇讲“学《易》可以知命,不知命者无以学《易》”,落脚

① 张謇:《六二鸣谦贞吉》,李明勋、尤世玮主编:《张謇全集》(第六册),第60—61页。

在易经的“为己之学”。其四，在核心的实业理念和主张中皆体现易经中的大道。“大生”体现易经“生生之谓易”的思想，“父教育、母实业”运用易经阴阳和合的思想，“棉铁主义”运用易经刚柔相推的思想。他的各种改革主张也充分体现易经革故鼎新的思想，这些思想都是易经中的大道。张謇所趟的路，都无人走过，他自己就是开路先锋(胡适语)；但是张謇并不孤独，他的核心实业理念和主张皆有易经中的大道力挺和支撑。其五，在处世原则上张謇侧重于主柔顺、居下位但又不失其正。处变世之中，张謇尤重谦卦中满损谦益的道理，强调谦虚守正，自正其位，以谦致福，以谦善终。谦卦之所以吉利，与履卦上九、豫卦六二一样，都以柔顺、正直达到目标。这些思想特质，值得我们研究张謇易学思想时重视。研究作为中国实业家楷模的张謇，易经思想是绕不开的，易经思想恰恰是张謇思想最深处不易理解和把握，却是统摄其思维方式和事功实践的思想主线。

〔作者梁林军，中国国际经济交流中心博士后、南通大学张謇研究院特约研究员。北京 100000〕

张謇的产业发展战略思想与实践

赵明远

摘　要: 张謇的产业发展战略思想以"实业救国"为目标,以棉纺织业为先导,在整合本地资源和传统产业中成功启动了南通的工业化。张謇运用现代企业制度发展大生资本集团,并带动了区域现代化的发展。在保护地方利益的同时,张謇紧密依托上海,谋求对外开放。张謇发展产业的实践虽有非理性急进的不足,但却代表了那个时代先贤爱国奋斗的精神情怀。

关键词: 张謇　实业救国　产业发展战略　精英治理

张謇是近代爱国企业家的典范,他的救国理想和实践方案着眼于克服深重的民族危机、社会危机而思考和提出,并且以家乡南通为中心进行了全面实施。他的产业发展战略思想及其实践探索了一条适合中国国情、南通地情的区域发展道路,为中国早期现代化进程做出了重要贡献,产生了深远的影响。

一、以"实业救国"为目标的产业发展思想

中日甲午战争特别是《马关条约》签订后,在巨大的民族危机刺激下,张謇的"实业救国"思想逐步成熟,其核心内容是发展现代工业,超越了传统的农本思想以及当时盛行的重商思潮,从而紧扣近代产业的发展脉搏。

(一) 张謇的"实业救国"理想

近代以来,主权渐丧失、利源遭掠夺,民生日益窘迫。一些社会精英在考察学习西方工业文明成果、探求救国路径时产生了"实业救国"思想。"实业",是对现代产业意义上的各种"生利之业"的概括性说法。

张謇在青年时代就已萌发了振兴实业的想法。早在1886年他即提出"中国须振兴实业，其责任须在士大夫"[①]。中日甲午战争，特别是《马关条约》签订后，在巨大的民族屈辱刺激下，张謇的实业救国思想也逐步成熟。他在为张之洞起草的《条陈立国自强疏》中比较明确地提出了讲求商务、工艺，设立商务局、工政局，采取保护政策、建立公司、谋抵制洋货、挽回利权等一系列救国建议。后又提出《论农会议》《论商会议》《农工商标本急策》等策论，进一步丰富了他的"实业救国"思想。张謇指出："实业在农工商，在大农大工大商。"[②]他的"实业"概念是包含了第一、第二、第三产业的较完整的产业概念。

（二）以发展现代工业为核心的产业发展战略

张謇认为："实业者，西人赅农工商之名，义兼本末，较中国汉以后儒者重农抑商之说为完善。"[③]他认为传统的"农本"思想无力扭转中国的贫弱现实，当时流行的"商务立国"思想也只是看到了问题的表面。他说："世人皆言外洋以商务立国，此皮毛之论也，不知外洋富民强国之本实在于工。讲格致，通化学，用机器，精制造，化粗为精，化少为多，化贱为贵，而后商贾有懋迁之资，有倍蓰之利。"[④]张謇看到西方国家商业繁荣背后机器大工业的坚强基础，"工固农商之枢纽"[⑤]，自强御侮、富民强国的根本动力在于发展现代大工业，"此则养民之大经，富国之妙术"[⑥]。因此，张謇实业救国的核心是发展现代大工业，可谓扣住了时代的脉搏，认清了发展趋势。

张謇不同于一般"清流"的空谈议论，而是务求实施。1895年底，张

---

① 张謇：《柳西草堂日记》，李明勋、尤世玮主编：《张謇全集》（第八册），第536页。

② 张謇：《致陈陶遗函》，李明勋、尤世玮主编：《张謇全集》（第三册），第1393页。

③ 张謇：《记论舜为实业政治家》，李明勋、尤世玮主编：《张謇全集》（第四册），第82页。

④ 张謇：《代鄂督条陈立国自强疏》，李明勋、尤世玮主编：《张謇全集》（第一册），第22页。

⑤ 张謇：《通州资生铁冶公司集股启》，李明勋、尤世玮主编：《张謇全集》（第五册），第92页。

⑥ 张謇：《代鄂督条陈立国自强疏》，李明勋、尤世玮主编：《张謇全集》（第一册），第23页。

之洞奏派张謇在通州设立商务局,创办大生纱厂,状元身份的张謇毅然"以曬然目待之身,溷秽浊不伦之俗"[①],"捐弃所恃,舍身喂虎"[②],投身于"四民"之末的商人队伍,从此开始把实业救国理想付诸实践。

二、产业发展序列和集团化建设

张謇在正确分析西方列强工业化发展路径和中国经济社会现状的基础上,提出"棉铁主义"和棉纺织业优先的发展战略并加以实施。以棉纺织业为先导的内生型发展模式和新旧产业"前向联进",为产业的集团化发展奠定了基础。

(一)"棉铁主义"和棉纺织业优先发展战略

如何发展现代产业,张謇提出"棉铁主义"的战略主张。张謇生长的通海平原盛产优质棉花,"通产之棉,力韧丝长,冠绝亚洲",但是近代以来已成为日本纱厂掠夺的资源,这使张謇万分痛心,"花往纱来,日盛一日。捐我之产以资人,人即用资于我之货以售我,无异沥血肥虎,而祖肉以继之。利之不保,我民日贫,国于何赖?"[③]张謇研究了光绪、宣统两朝各年的海关贸易册,发现输入的最大宗商品是棉纺织品和钢铁,这使张謇痛心疾首:"国人但知赔款为大漏卮,不知进出口货价相抵……暗中剥削,较赔款尤甚。若不能设法,即不亡国,也要穷死。"[④]为挽回利权,保护民生,中国必须先行"推广植棉地、纺织厂"及"开放铁矿、扩张制铁厂"[⑤],发展棉铁两业"可以操经济界之全权"[⑥]。这就是张謇"棉铁主义"的经济发展

---

① 张謇:《为实业致钱新之函》,李明勋、尤世玮主编:《张謇全集》(第三册),第1388页。

② 张謇:《大生纱厂股东会宣言书》,李明勋、尤世玮主编:《张謇全集》(第四册),第550页。

③ 张謇:《厂约》,李明勋、尤世玮主编:《张謇全集》(第五册),第6页。

④ 张謇:《辛亥五月十七日召见拟对》,李明勋、尤世玮主编:《张謇全集》(第一册),第216页。

⑤ 张謇:《实业政见宣言书》,李明勋、尤世玮主编:《张謇全集》(第四册),第260页。

⑥ 张謇:《汉冶萍公司特别股东大会书面致词》,李明勋、尤世玮主编:《张謇全集》(第四册),第211页。

战略。

纺织工业是欧美国家工业化前期积累资金、技术和管理经验的“先导工业”，棉业与铁业相比具有投资小、周转快、利润高的优势，是民生最为关切的产业，“今日如何而致穷，他日如何而可富之业，私以为无过于纺织。纺织中最适于中国普通用者，惟棉。”[①]棉铁两业中，张謇进一步提出了优先发展棉纺织业的主张，他说实业发展的目标“在棉铁，而棉尤宜先”[②]，“环顾中国实业之当兴者，孰有大于植棉与纺织者乎？”[③]张謇在南通大力实践其“棉铁主义”“棉尤宜先”战略，从棉纺织业入手兴办实业，既利用了南通的资源优势，维护了民众生计，又可抵制外来的经济侵略。张謇以棉纺织业为先导，开创了南通工业化之路。

（二）内生型发展模式和新旧产业“前向联进”效应

前文所述，通海平原是优质棉花产地，农户主要副业是手工棉纺织业。在上海、营口被辟为通商口岸后，通海土布得以从上海转运东北。太平天国波及苏皖后，江南土布业遭战火破坏，通海土布逐步替代江南土布的东北市场，产量增长。1884 年前后，印度的机制棉纱从上海运销于通海地区，并逐年扩大，机纱条干均匀，不易断头，有利于土布质量的提高，并将劳力从低效的手工纺织中解放出来，土布产量从此突飞猛进。织户用机纱做经纱，织出“洋经本纬”的“大尺布”，深受东北市场的欢迎，通海每年已有二三万件（每件 40 匹）大尺布北销[④]。对机纱的需求日益增长，为大生纱厂的建立奠定了市场基础。1899 年大生纱厂建成出纱，南通土布逐渐改用机纱织造，生产效率大大提高。1905 年，南通土布在东北的销量已达十五万件以上[⑤]，南通“土布之乡”盛名由此产生。

大生纱厂建成之初，实施“土产土销”的经营方针，机器纺纱业与本地

---

① 张謇：《拟请酌留路股合营纺织公司意见书》，李明勋、尤世玮主编：《张謇全集》（第四册），第 253 页。

② 张謇：《对于救国储金之感言》，李明勋、尤世玮主编：《张謇全集》（第四册），第 338 页。

③ 张謇：《奖励植棉暨纺织业说》，李明勋、尤世玮主编：《张謇全集》（第四册），第 171 页。

④ 林举百：《近代南通土布史》，南京：南京大学学报编辑部，1984 年刊印，第 33 页。

⑤ 林举百：《近代南通土布史》，第 35 页。

传统植棉业、土布业形成紧密的经济联系,大生纱厂由此营业顺利、利润丰厚。经济学家吴承明指出:南通的传统土布业非但没有在机器工业冲击下破产,反而与之产生了强大的"前向联进"效应[①],两者的共同繁荣使南通的地方经济迅速崛起,这是一种典型的"内生型"发展方式。张謇充分利用当地传统市场的优势,找准了工业化的突破口,把握住产业体系的生长点和立足点,这对南通工业化的顺利启动起到了决定性作用。

(三)现代企业形式的运用和经验主导型管理

中国的工业化缺乏资本的原始积累过程,发展新式工业所需的资金一直是困扰近代企业家的首要难题,而股份制是一种最有利于汇集社会资金的企业制度。早在1886年张謇已了解到股份制的益处,就有过与乡邻"议仿西法,集资为公司"[②]兴蚕桑的想法。他对股份制曾做过中国式的解释:"公司者,庄子所谓积卑而为高,合小而为大,合并而为公之道也……甚愿天下凡有大业者,皆以公司为之。"[③]表现出对股份公司推动产业发展的良好预期。从1895年创办大生纱厂开始,张謇以其状元身份的号召力来吸引社会资金集股办厂,开始了股份制的实践。此后,张謇兴办的企业无一例外运用了这种新型企业形式,甚至把这种制度移植到农垦、盐业、渔业等传统产业中。

以张謇为首的大生企业管理阶层,包括张詧、沈燮钧、高清、吴寄尘等基本属于商人和旧知识分子阶层,并不具备系统的现代企业管理知识。他们长于实际经验,缺乏抽象理性;对本地市场敏感,却缺乏宏观长远的科学规划。市场基础有利、经营一帆风顺使他们长期忽视资本积累、成本核算、技术更新、市场营销等一系列企业内部管理基本规范建设。而年轻一辈具有现代管理意识和技能的专业人才,如张孝若、张文潜、沈燕谋、张敬礼等,当时或没有获得企业经营实权,或尚未进入上层管理岗位。因此,现代企业制度的真正落实尚需时日。

---

① 吴承明:《早期中国近代化过程中外部和内部因素》,《论张謇——张謇国际学术研讨会论文集》,南京:江苏人民出版社,1993年,第164页。

② 张謇:《复汪康年函》,李明勋、尤世玮主编:《张謇全集》(第二册),第91页。

③ 张謇:《通海垦牧公司集股章程启》,李明勋、尤世玮主编:《张謇全集》(第五册),第25页。

(四) 产业链的形成和集团化发展

大生纱厂建成获利后,张謇迅速谋求产业的横向拓展。1904 年大生纱厂生产能力扩大了 100%,同时在崇明久隆镇(今属江苏省启东市)筹建大生二厂,1907 年建成开工。第一次世界大战前后,张謇在南通及周边地区进一步规划建设七个棉纺织厂,于 1921 年建成大生三厂,1924 年建成大生八厂。至此,大生系统四个纱厂共有纱锭 160360 枚、布机 1342 台①,分别占全国华商纱厂总数的 7.39%和 9.8%②,大生系统成为当时全国最大的华商纺织企业系统。

为实现棉产资源的综合利用、节约企业运营生产成本、加快资金周转,张謇积极谋求纺织业向上、下游产业的延伸,构建产业链(参见下图)。

大生企业系统产业链示意图

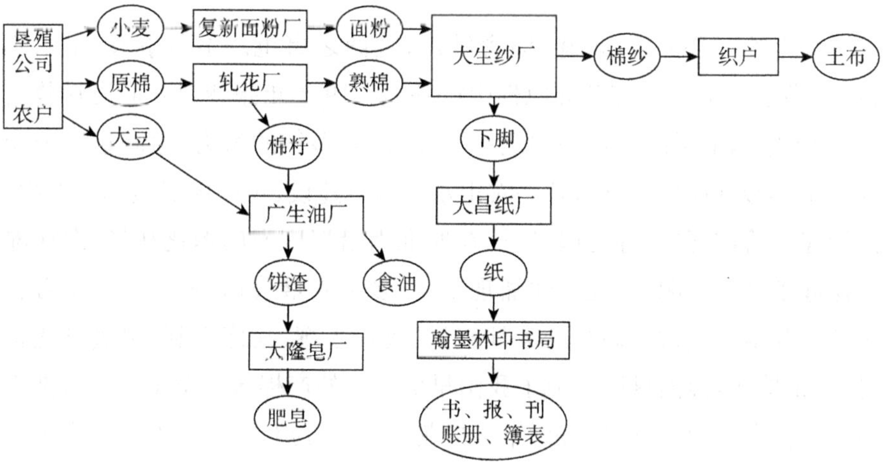

1901 年为建立大生纱厂原料基地,张謇创办通海垦牧公司,"广植棉产,以厚纱厂自助之力"③,开启了苏北沿海垦殖业的先河。为了综合利用纱厂的棉籽、下脚、飞花及多余动力等,张謇又创设榨油厂、肥皂厂、造

① 大生系统企业史编写组:《大生系统企业史》,南京:江苏古籍出版社,1990 年,第 143 页。

② 《中国棉纺织统计史料》,上海棉纺织工业同业公会筹备会,1950 年,第 1、3 页。

③ 张謇:《垦牧公司第一次股东会演说公司成立之历史》,李明勋、尤世玮主编:《张謇全集》(第四册),第 180 页。

纸厂、印刷厂,逐步构建了以棉纺织业为核心的产业链,并进一步发展冶铁、制造、电力、食品、轮船运输业及通信、金融、商贸、仓储等企业,在南通建立了较为完整的工业体系。至20世纪20年代初,张謇在南通共建成37家企业,在淮南沿海拥有相关的盐垦公司20家,形成一、二、三产业门类齐全、资本额达2483万两白银的大生资本集团①。

三、产业发展战略与区域中心形成

张謇在推进南通工业化的进程中,紧密依托上海,主动接受上海的辐射。同时通过垦殖和沿海开发,又将自身发展成果影响和输送到周边地区,长三角北翼一个新兴的次中心城市领先于江南诸城而迅速崛起。

(一)淮南垦殖启动沿海开发战略

大生纱厂开工后,张謇"因念纱厂,工商之事也。不兼事农,本末不备"②,着手在沿海一带开辟原棉生产基地。1901年张謇建立通海垦牧公司,此为中国最早的农垦公司之一。经过10多年的努力,通海垦牧公司开垦10余万亩海滩荒地,开展农田水利基本建设,年产皮棉达1.2万担。民国建立后,在张謇等的倡导下,在原淮南沿海广袤的退化盐场、海涂滩地掀起了垦殖大潮,十几年间涌现了40多个农垦公司,吸引了数十万移民北上开垦。通过大规模的废灶兴垦、改良土壤、兴修水利,引进驯化良种,广植棉花,淮南垦区形成了我国早期最大的产棉区。至1934年,淮南垦区已拥有棉田500多万亩,年产棉花100余万担,两项数据均分别占江苏全省的1/2,全国的1/8③。

张謇倡导的淮南垦殖,是和改良盐业相结合的。1903年他创办了同仁泰盐业公司,把原吕四盐场盐民集中"设厂聚煎",实施工场式的集中生产管理。吕四一带盐民多兼营渔业,张謇筹划组织吕四渔业公司改良渔业,并把这看成是保护海权的关键举措。1905年,成立江浙渔业公司,向

---

① 大生系统企业史编写组:《大生系统企业史》,第204—208页。

② 张謇:《垦牧公司第一次股东会演说公司成立之历史》,李明勋、尤世玮主编:《张謇全集》(第四册),第180页。

③ 严学熙:《张謇与中国农业近代化》,《论张謇——张謇国际学术研讨会论文集》,南京:江苏人民出版社,1993年,第391页。

德国购进一艘蒸汽机拖网渔船,成为中国机船渔业的发端。中国传统盐业、渔业迈出现代化的第一步。

(二)以产业延伸带动区域发展战略

市镇建设是南通区域发展的重要组成。随着张謇淮南垦殖事业的推进、大生纺织公司各分厂的兴办、商品市场的扩大,以及以南通县城为枢纽的公路、运河交通网络的不断延伸,传统市镇商业空前繁荣。著名的花纱布市镇有平潮、兴仁、金沙、二甲、白蒲、马塘、久隆、茅家港等,其他鱼盐粮商市镇有掘港、三余、吕四、栟茶、余东、双甸、石港、西亭、四安、汇龙、李堡、石庄等,唐家闸、海复、天生港、大丰等,一批新型工商市镇兴起。市镇商业的繁荣使南通地区的产业格局趋于成熟。

市镇经济的发展改变着南通地区原有的、以农业为主体的单一经济结构。这些小市镇与南通城组成了一城多镇、城乡结合的多层次城镇格局。据统计,20 世纪 30 年代淮南盐垦公司总管理处所属的 17 个公司共建有 25 个市镇,474 间仓库,1761.2 公里公路,架设了 631 公里电话线,建立 95 所合作社,56 所中小学,10 所诊疗所①。南通发挥了中心城市的作用,通过网格状的水陆交通支脉,将近代化的成果源源不断地输送到辽阔的苏北平原,从整体上推进了区域现代化的发展。

(三)依托上海的次中心发展战略

南通的地理位置以及长江与黄海带来的利益每每被人们高估。事实上,长江作为南北天堑对南通的交通阻隔远过于为其带来的水运便利。近代以后,随着汽船开航,江河海洋的价值日益凸显,南通却因距上海太近以及本地经济结构相对单一,其口岸价值并不高。张謇敏锐地注意到开埠后上海已成为全国乃至东亚新的中心城市,紧邻上海的南通有主动接受辐射的便利,于是张謇将南通的事业紧密依托于上海。

1897 年冬,筹建中的大生纱厂就在上海广丰银行内附设账房,1907 年改称大生上海事务所,两年后又成立了大生公司,业务从采办物料、融资结算,发展到金融、贸易乃至进出口业务上。1904 年张謇集资设立上

① 严学熙:《张謇与中国农业近代化》,《论张謇——张謇国际学术研讨会论文集》,南京:江苏人民出版社,1993 年,第 408 页。

海大达轮步公司和十六铺码头。1920年又在九江路自建四层南通大厦，作为南通驻上海各项业务的中心。上海是南通产品最主要的输出和转运中心，上海的资金、技术、人才、信息等生产要素源源不断流向南通城。南通紧密依托上海，发展本地经济。仅20多年，一座新兴的工商业次中心城市、一座上海的卫星城就在长三角北翼崛起。1920年，《密勒氏评论报》主编鲍威尔考察南通后指出："这座城市现在对江苏省——上海所在的模范省——辐射出新的影响力。"[①]1923年，日本人驹井德三在一份调查报告中称赞南通"宛然有为江北一带之首都之现象"[②]。

四、保护地方利益　谋求对外开放

在南通工业化兴起之初，张謇着力于地方利益的保护，为本地产业发展赢得了时间和空间。同时，他以"观察世界之眼光"积极谋求对外合作。但在当时，南通的开放难有大的突破。

(一) 以垄断为手段的地方专营

在南通经济发展之初，张謇凭借权势排斥外来势力的进入。大生纱厂建厂之初就从清政府获得了十年的"专利"即地方专营权，在成功阻止朱幼鸿在启海一带的建厂企图后，1907年再次申请了20年"专利"；以后兴办的各企业均能享此特殊待遇。张謇实行的是"土产土销"经营方针，排斥外来势力就是要对本地市场实现垄断。他以上海九家纱厂恶性竞争的事例来论证实施地方垄断的必要："时乎买花则九家争买，而价必抬高；时乎卖纱则九家争卖，而价必贱落。且工人朝夕彼此，工价动辄居奇。"[③]

在工业化最初20多年时间里，张謇有效排斥了外来政治和经济势力的介入，在相对封闭的空间为企业谋得了厚利。然而，正是这种地方垄断经营，使企业缺乏足够的危机意识，失去了外来竞争的压力，导致长期轻

① 南通市档案局编：《西方人眼中的民国南通》，济南：山东画报出版社，2012年，第13页。

② 驹井德三：《张謇关系事业调查报告书》，南通市政协委员会文史资料研究委员会，1963年。

③ 张季直先生事业史编纂处：《大生纺织公司年鉴》(1895—1947)，南京：江苏人民出版社，1998年，第66页。

视企业科学管理和技术更新，不能积极地培育开拓新的外部市场。南通工业化因而基础薄弱、张力不足。

（二）维护主权前提下的对外开放

张謇在谈到大生纱厂办厂的动因时说："通州之设纱厂，为通州民生计，亦即为中国利源计。"[①]他忧愤于地方资源和百姓生计被掠夺侵害，爱国精神和利源保护相结合的主权意识在张謇身上表现得异常强烈，他创办的许多企业都规定股票不得出售或抵押给外国人。当南京临时政府的财政陷入困境，孙中山、黄兴秘密批准了汉冶萍煤铁公司中日合资，以取得日本贷款。此方案在张謇看来是丧失主权、饮鸩止渴的办法，他函劝孙、黄收回成命，后竟以此为由辞去临时政府实业总长不就。

但张謇产业发展思想并不封闭保守，他将中国的发展置于世界潮流中，以包容开放的姿态积极引进西方文明成果。他说："世界经济之潮流喷涌而至，同则存，独则亡，通则胜，塞则败。"[②]"今日我国处列强竞争之时代，无论何种政策，皆须有观察世界之眼光，旗鼓相当之手段，然后得与于竞争之会。"[③]他的企业设备、实验仪器均来自西方，外聘了一批专业人才来南通工作，全面仿效西方城市建设的理念。1903 年他东渡日本考察 70 天，虚心学习日本各方面的经验。1905 年他向清廷申请通州"自开商埠"，并于次年建立了江海关南通分关。他曾邀请杜威来通考察，会晤李提摩太等西方知名人士，听取意见。他多次组织本地及全国商品参加世界博览会，积极鼓励对外贸易。1920 年他将上海成立的南通绣品公司开到了美国纽约第五大道，次年又在上海成立新海贸易公司，从事进口业务。他曾计划在美国、比利时等国设立航业公司，发展远洋航运。

在中国产业资本极其匮乏的现实面前，张謇一直在研究如何利用外资发展产业："则振兴之机，宁不赖外资之过渡？故世界各国之兴大利，除大害，无一不借外债。"[④]希望在维护主权、平等互利、审慎择优的前提下

---

① 张謇：《厂约》，李明勋、尤世玮主编：《张謇全集》（第五册），第 6 页。

② 张謇：《致商会联合会函》，李明勋、尤世玮主编：《张謇全集》（第二册），第 437 页。

③ 张謇：《中央教育会开会词》，李明勋、尤世玮主编：《张謇全集》（第四册），第 188 页。

④ 张謇：《致齐燮元函》，李明勋、尤世玮主编：《张謇全集》（第三册），第 1276 页。

利用外资,但在当时的政治经济条件下,南通的对外合作尚难取得实效。

五、张謇产业发展战略思想和实践的评析

甲午海战后,中国陷入更深的民族危机。张謇忧患于国家的危亡、民生的苦痛,自幼饱受儒家经世哲学浸润的他以天下为己任,投身于救国救民事业中。但张謇的政治主张多不被当局者采纳,政治活动也经历了一次次失败,他深感"中国政界亦无有为我发展之地者,惟志在求一县之自治"①,于是他把儒家政治理想和绅士乡土责任结合起来,以家乡南通为基地去实践他的理想。他希望以"地方自治"的方式,实现南通的社会改良和进步,进而为中国的复兴和强盛提供一个成功的范式。

(一)精英治理体制下的效能与隐忧

南通工业化的进程中形成了以张謇为首的精英治理体制。张謇以其社会声望、经济实力、文化感召和奉献精神引导南通迈向区域现代化的征程。这种体制排除了外来政治势力的侵扰和内部的纷争,确保了张謇理想中的发展战略的有效实施。南通在短时间动员和集中所有资金、人力等社会资源进行大规模的建设和发展,一以贯之二十余载,最终取得了显著的成果。在20世纪20年代初,南通的成就可谓举世瞩目,好评如潮。张謇自己也毫不谦虚地说:"南通县者,固国家领土一千七百余县之一,而省辖六十县之一也。以地方自治实业、教育、慈善、公益各种事业发达,部省调查之员、中外考查之士,目为模范县。"②

这种精英治理体制充满了张謇个人色彩。南通"经营地方自治……始发生于謇兄弟一二人,后由各朋好之赞助,次第兴办,粗具规模"③。张謇曾对友人说:"南通以个人之力致是,基础不坚,若无锡则人自为战,胜

---

① 张謇:《本县农校欢迎暨南学校参观团演说》,李明勋、尤世玮主编:《张謇全集》(第四册),第371页。

② 张謇:《致内务部函》,李明勋、尤世玮主编:《张謇全集》(第三册),第839页。

③ 张謇:《呈报南通地方自治第二十五年报告会筹备处成立文》,李明勋、尤世玮主编:《张謇全集》(第一册),第523页。

南通远矣。”[①]在与无锡的比较中，张謇赞同人们的评论，即“无锡能自动而乏统一，南通能统一而乏自动”，这是因为“通僻下邑”“俗固僿不易”[②]，张謇自知“地方之力有限，个人之力尤有限”[③]，他希望能动员起更多的力量，然而除了倡导、教育，他并不重视建立广泛公众参与的管理体制，更无法改变当时主权沦丧、官场腐败、军阀混战的社会现实。仅寄望于少数精英的奋力和奉献，缺乏全社会的“自动”，这使南通的产业运行系统存在着很大的不稳定、不可持续性。对此，张謇晚年也不无担忧地说道：“在今日已有力小任重之虑，在将来更不免人亡政息之忧。”[④]这种过于依赖个人权威的体制固然可以确保战略规划实施的效能，同样也会导致决策失当的难以预防和纠正。

（二）救国理想主导下的“急进务广”

张謇的产业发展战略思想是和挽救民族危亡的迫切愿望、实现国富民强的坚强决心联系在一起的，因而带有浓厚的理想主义色彩，并包含着要急切改变现状的发展冲动。这种救国理想和发展冲动相结合使张謇对南通的经营不可能仅局限于经济领域，而必然是全方位的。张謇发展产业的目标完全超越了产业本身，他说：“然则图存救亡，舍教育无由，而非广兴实业，何所取资以为挹注。”[⑤]他坦言“借各股东资本之力，以成鄙人建设一新世界雏型之志，以雪中国地方不能自治之耻”[⑥]。

在救国理想和发展冲动主导下，张謇的产业发展思路至其晚年已显现出冷静思考和理性谋划的不足。张孝若评论其父：“他只认定凡自治国

---

① 薛明剑：《无锡改进之刍议（开辟商埠问题）》，《无锡杂志》1923 年第 1 期，第 4 页。

② 张謇：《南通县教育状况序》，李明勋、尤世玮主编：《张謇全集》（第六册），第 435—436 页。

③ 张謇：《谢参观南通者之启事》，李明勋、尤世玮主编：《张謇全集》（第五册），第 199 页。

④ 张謇：《呈筹备自治基金拟领荒荡地分期缴价缮具单册请批示施行文》，李明勋、尤世玮主编：《张謇全集》（第一册），第 431 页。

⑤ 张謇：《柳西草堂日记》，李明勋、尤世玮主编：《张謇全集》（第八册），第 566 页。

⑥ 张謇：《垦牧公司第一次股东会演说公司成立之历史》，李明勋、尤世玮主编：《张謇全集》（第四册），第 183 页。

先进国应有的事,南通地方应该有,他就应该办;他不问困难不困难,只问应有不应有。"①大生企业集团在第一次世界大战后的扩张就带有一定的盲目性②。同样,南通的社会建设全面铺开,几乎都要依靠大生纱厂的资金"挹注",而这种"挹注"往往只凭张謇的意志,并未形成适应企业运营的合理规则。一旦市场有所波动,企业会轻易被连累以致拖垮。1922 年中国棉纺织业发生行业性萧条,大生企业集团陷入困境,最终被债权人接管,张謇由此失去了对企业的主导权。虽然导致危机的发生原因很复杂③,但超出自身能力的扩张是重要因素。在分析经营失败的原因时,张謇不得不承认:"南通实业,三五年来,因急进务广,而致牵阁。"④这种救国理想引领下的"急进务广"正是南通的事业遭受挫折的重要原因。

张謇的产业发展战略是在正确分析西方列强发展路径和中国经济社会现状的基础上形成的,他的思想领先于他所处的时代,并极具实践性。在他的产业发展战略引领下,南通从一个落后的小县城一跃成为著名的新型工商业城市,并开启了长三角北翼广阔地区现代化的进程,在全国产生了巨大而深远的影响。但是,任何人的思想都无法脱离其所处的社会环境而存在,张謇时代中国混乱、落后、黑暗的社会局面是今人难以想象的,所以我们应该能够理解他救国情结主导下产业发展的非理性急进和现代企业管理经验的不足,更应该由衷地赞叹他思想的深邃和超前。今天我们站在中国式现代化新的发展节点上回顾历史,先贤张謇的伟大思想和实践依然闪烁着光华,仍是可以时时汲取和大力弘扬的宝贵财富。

〔作者赵明远,民盟南通市委员会驻会副主委,南通大学张謇研究院特约研究员。南通 226000〕

---

① 张孝若:《南通张季直先生传记》,上海:中华书局,1930 年,第 375 页。

② 大生系统企业史编写组:《大生系统企业史》,第 142 页。

③ 赵明远、徐国华:《对大生纺织集团 1922 年危机成因的认识》,《近代改革家张謇——第二届张謇国际学术研讨会论文集》,南京:江苏古籍出版社,1996 年。

④ 张謇:《为实业致吴季诚函》,李明勋、尤世玮主编:《张謇全集》(第三册),第 1388 页。

非遗传承“张謇+沈寿”模式的当代启示

——基于“仿真绣”“南通蓝印花布”传承案例分析*

张厚军

摘　要:“仿真绣”和“南通蓝印花布”作为非物质文化遗产中的传统技艺,以其精湛的技艺和精美作品,在近代和当代都产生了广泛而深远的影响。张謇和沈寿联手对“仿真绣”技艺进行的传承和创新发展,堪称文化传承的经典模式。这一模式融合了工艺、教育、商业等领域的优质资源,通过强强联合,发展为“研、教、产、宣、销”一体化模式,成功地将“仿真绣”这门工艺发展为独具特色的手工技艺和文化产品,不仅在当时享誉世界,而且对当前的非遗传承也具有深刻的启迪意义。这一模式在当代“南通蓝印花布”的传承发展中也得到创新和运用,尽管两者所处时代不同、传承创新的主体也不同,却有异曲同工之妙,并都取得了极大的成功。将“仿真绣”与“南通蓝印花布”成功运作的模式作为经典案例进行相互印证与比较分析,挖掘其中成功的共性与运作规律,能够为当代非物质文化遗产的传承与创新发展提供经验借鉴。

关键词:张謇　沈寿　仿真绣　南通蓝印花布

在传承非物质文化遗产的众多机构中,南通市沈寿艺术馆作为“南通仿真绣”的传承主体,于2019年11月获批为“国家级非物质文化遗产代表性项目保护单位”;2006年,以吴元新为代表传承的南通蓝印花布印染技艺列入第一批国家级非物质文化遗产名录,其所在的南通蓝印花布博物馆于2013年列入首批“国家级非物质文化遗产保护研究基地”。仿真绣在百年前由张謇和沈寿联手开创,形成“研、教、产、宣、销”的一体化模式,并取得了极大成功。百年后,吴元新等一批蓝印花布技艺传承人从实

---

* 本文为教育部人文社会科学研究(中国特色社会主义理论体系研究)专题项目“新时代中国特色社会主义文化自信的生成逻辑研究”(20JD710027)阶段性研究成果。

践路径和成就上,再一次印证了这一模式的科学性与可行性,融合了工艺、教育、商业等领域的优质资源,在不断创新技艺水平的同时,产出了独具特色的文化精品,体现出与时俱进的创新精神和人文情怀,堪称非遗传承与创新的经典模式,对当前的非物质文化传承具有良多借鉴意义。

一、"研":以技艺创新谋发展

创新是非物质文化技艺水平提升的生命线,加强研究是推进技艺创新发展的重要保障。我国刺绣艺术发展史上,由张謇协助沈寿创新"苏绣"发展成的"仿真绣""沈绣"①,是一门具有特色的手工传统技艺。这门技艺由沈寿在融合传统的基础上吸收西方艺术之长进行创新而自成一派,无论是在用针方式改进、针法谱系完善、美术技艺养成,还是刺绣题材选用、空间造型架构上,均体现出独具的艺禀和境界,前无古人,饮誉海内外,在刺绣艺术领域树立起一块极具特色的里程碑。不仅在当时造就了我国手工艺发展史上的一段传奇,也影响了当前"沈绣"在承续既往中开创新篇,以精湛的技艺延拓国礼之路,获得国际性的赞誉,迎来其艺术价值的历史回归与当代彰显②。可以说,"仿真绣"技艺的发展与沈寿致力于深入研习传统刺绣技艺,并注重吸纳西方刺绣和绘画之长、进行深入研究和创新密切相关,没有沈寿的创新努力也就没有"仿真绣"的诞生和成熟。由此可以看出,深入研究和创新对传承非物质文化遗产的重要性。

沈寿,初名云芝,字雪君,晚号雪宧。她一生重视对刺绣技术的研究,不断提升技艺水平。她七岁起就拈针学习刺绣技艺,开启刺绣生涯。经过多年刻苦练习、精研技艺,沈寿刺绣技艺达到了很高的造诣。光绪三十年(1904),为贺慈禧七十寿辰,余觉、沈寿夫妇以《八仙上寿图》和《无量寿佛图》为蓝本,制成寿屏进献,慈禧惊为绝世神品,大加赞赏并赐其夫妇"福""寿"二字,沈寿之名由此而来。1904 年 11 月中旬,沈寿赴日本,历时三个月,全面考察了日本刺绣和西洋的素描、油画、摄影,开阔了眼界、增长了见识。她在《雪宧绣谱》中说:"采用西洋画作绣稿,运用中国刺绣

① 后人出于对沈寿的尊敬和纪念,将她创新发展的"仿真绣"技艺称为"沈绣"。

② 丁天、顾森毅:《沈绣的艺术成就与传承价值》,《南通大学学报(社会科学版)》2016 年第 6 期。

技法，特别在染线运色方面精心研究则中国与日本绣相比，有过之而无不及。”[①]回国后，她将想法付诸实践，总结中国传统针法，吸取西洋美术之长，结合自己的刺绣经验创造了“仿真绣”，开辟了刺绣艺术的新领域。1909年，沈寿在苏绣传统针法的基础上，除创造性地运用爨针、施针、虚实针外，还新创了旋针、肉入针等多种针法，以丰富多彩的色线，绣制出具有独特风格的“仿真绣”——《意大利皇帝像》和《意大利皇后像》，作为国礼，祝贺意大利皇后诞辰。意皇意后见到这两幅惟妙惟肖的人物绣像，大为惊奇，赞誉沈寿为“世界第一美术家”。1911年，这两幅绣品在意大利万国博览会展出时，获得“世界最高荣誉奖”。沈寿来南通任教后，继续完善“仿真绣”针法，又绣出了《耶稣像》和《倍克像》，1915年获得巴拿马首届万国博览会大奖，在纽约展出时获得盛赞[②]。

相比于“仿真绣”由沈寿带入南通，蓝印花布则是南通土生土长的传统技艺。南通蓝印花布在宋代称为药斑布，明代称为浇花布，在南通地区有着悠久的传承历史。在南通，土布与天然兰草本为农家平常之物，蓝印花布染作坊遍布农村集镇各个角落。蓝印花布主要用来制作衣服、被面、蚊帐、枕套、包袱布等，其图案朴素优美，大多取材于飞禽走兽、花草树木与神话传说，如五福(蝙蝠)捧寿、吉庆有余(鱼)、狮子滚绣球、鲤鱼跳龙门等。2006年入选国家非物质文化遗产，2013年原国家质检总局批准对“南通蓝印花布”实施地理标志产品保护[③]。南通大学非物质文化遗产研究院院长、蓝印花布艺术研究所所长吴元新教授带领吴灵姝、倪沈键等多名有志于此的学生，多年来竭力保护和传承蓝印花布技艺，抢救保护蓝印花布等传统印染实物遗存两万余件，创新设计近千件蓝印花布纹样及饰品，出版了十多部专著，主持多项国家社科基金艺术学重点课题及青年艺术学基金项目。通过创新发展，蓝印花布艺术研究所生产的蓝印花布作品曾三度获“山花奖”，设计的蓝印花布系列作品“凤戏牡丹”台布、“年年有余”挂饰、“喜相逢”桌旗系列被中国国家博物馆、中国工艺美术馆等多家机构收藏。

---

① 王逸君：《传统女红艺术现代化的先行者——沈寿与她的〈雪宧绣谱〉》，《东南文化》2003年第12期。

② 林霞：《一代刺绣艺术宗师——沈寿》，《神州》2018年第7期。

③ 吴元新、余姗姗：《江海风韵：南通蓝印花布》，《检察风云》2016年第10期。

二、“教”:培养传承后继人才

张謇与沈寿非常重视对刺绣技艺人才的教育培养,为培养专门人才,兴办了工艺美术教育机构。他们的初识源于1909年在南京举办的“南洋劝业会”。其时沈寿负责审查刺绣展品,她精准的鉴别力和严格负责的态度给主持筹办工作的张謇留下深刻印象。辛亥革命爆发后,沈寿任职的商部绣工科停办,她赴天津创办女工传习所,传授刺绣技艺维持生活。受到张謇多次诚挚的邀请,沈寿于1914年到南通,担任由张謇倡议创立的南通女子师范附设的绣工科即女工传习所所长兼刺绣教员,后又担任织绣局局长。1921年沈寿病逝,由沈寿之姊沈立继任所长,继续推进工艺美术教育。刺绣老艺人巫玉、周禹武、宋金龄、陈瑾、李巽仪等,都是这一时期的学员。沈寿主持传习所达七年之久,1918年传习所兴盛时,曾招收绣科五年制学生20人、一年制速成班新生30人,编织科一年制学生20人、花边班学生60人,加上加工场的绣工,学员及员工达200人以上①。南通女工传习所持续到新中国成立初期,学生遍及江、浙、赣、皖,苏绣影响及于全国,对苏绣的创新发展做出了巨大贡献。

为向社会普及刺绣技法,由病中的沈寿口述,张謇亲为记录,花了三个多月时间,记述了沈寿30多年积累的经验和创新心得。张謇把它们条分为绣备、绣引、针法、绣要、绣品、绣法、绣节、绣通八个部分,编成《雪宧绣谱》,使得沈寿的绝艺流传后世。张謇在《序言》中说:“积数月而成此谱,且复问,且加审,且易稿,如是者再三,无一字不自謇出,实无一语不自寿出也。”②正是由于张謇的努力促进,避免了沈寿“其艺之失传而事之无终”,将“仿真绣”技法传于后世,为研究“仿真绣”提供了宝贵的文献资料。

沈寿先后培养出许多优秀学生,金静芬是其中之一。金静芬再传于牟志红,又传到苏州“刺绣之乡”镇湖的“沈寿刺绣艺术研究中心”负责人濮惠菊,已整整经历了四代人的传承③。濮惠菊在传承“仿真绣”技艺的基础上,独创“乱针绣”技法。她的乱针绣作品《君士坦丁堡女郎》,将“乱

① 林霞:《一代刺绣艺术宗师——沈寿》,《神州》2018年第7期。

② 沈寿、张謇:《雪宧绣谱》,重庆:重庆出版社,2017年,第1—3页。

③ 牟志红:《怀念恩师金静芬》,《苏州杂志》2012年第3期。

针绣"善于处理光影与色彩变化的技艺体现得淋漓尽致。后又独创"泼墨绣"技法，精心布局各种墨色的针迹，以线代墨、以针代笔、以绣为画，将泼墨画的水墨韵律表现得恰到好处，为苏绣艺术的传承与发展再添新力①。金静芬的另两位学生顾文霞和李娥英在继承苏绣传统技法的基础上使绣品更具新意，继"发绣"和"双面绣"之后，又创造出"双面异色绣"和"双面异色异样绣"等新品种②。2006年5月，与苏绣有密切关系的顾绣被列入第一批国家级非物质文化遗产名录。2007年6月，上海松江的戴明教被列入第一批国家级非物质文化遗产项目226名代表性传承人名单。

2004年，吴元新在中国文联副主席冯骥才的帮助下成立了蓝印花布传承基地，先后培养出女儿吴灵姝、女婿倪沈健以及一批硕士研究生、本科生，形成了四代相传的蓝印花布传承体系③。通过创办博物馆、建立染房、出版专著、人才培养等，逐步形成了蓝印花布技艺传承的五大重点板块，即蓝印花布古旧收藏、蓝印花布技艺传承、蓝印花布艺术研究、蓝印花布院校教学、蓝印花布产品创新的一体式传承模式。

两相比较可以看出，张謇和沈寿是通过联合办学培养人才，吴元新是依托高校教师身份、借助高校平台育人，都抓住了人才这一重要因素。正是在对专门人才的培养中，推进了非物质文化遗产的传承和创新。

三、"产"：打造非遗艺术精品

"仿真绣"和"蓝印花布"在打造艺术精品上做出了可贵的探索，也取得了令人赞叹的代表性成果。

沈寿独辟蹊径，率先将西方绘画中讲求光影明暗、写实仿真的观念，转换融入刺绣当中，打破了中国因循数千年的刺绣传统，创作出《耶稣像》《倍克像》等艺术精品。其弟子金静芬的代表作《金陵十二钗》，再传弟子濮惠菊的乱针绣作品《君士坦丁堡女郎》、泼墨绣作品《泼墨仙人图》等均是传世精品④。沈寿在总结、继承传统刺绣技艺的基础上，借鉴欧美素

① 周永康：《丝罗一片轻似水　幅中万象自天成——记刺绣大师沈寿门人濮惠菊》，《上海工艺美术》2018年第3期。

② 牟志红：《怀念恩师金静芬》，《苏州杂志》2012年第3期。

③ 陈珂：《吴元新：蓝印花布四代传承人的故事》，《时尚北京》2019年第6期。

④ 卜元：《沈绣：百年后的华丽蝶变》，《华人时刊》2016年第7期。

描、油画和日本刺绣技巧,创造了“仿真绣”,把中国刺绣工艺推向高峰,奠定了刺绣艺术大家的地位。她不仅是中国刺绣的一面旗帜,更是苏绣历史上的一座丰碑,被誉为“绣圣”“神针”。沈寿对刺绣艺术不懈追求、不断创新的精神,是传承非物质文化遗产需要汲取的宝贵精神财富。

在蓝印花布技艺传承过程中,吴元新等创作的精品不断推出,有“蓝印花布工艺品系列”“蓝印花布四件套”“狮子滚绣球蓝印花布台布”“百子状元图”“夹缬真丝系列”“喜鹊登梅”“元新蓝”等创意作品。“年年有余”饰品、“凤戏牡丹”台布、“喜相逢”桌旗系列应邀参加在国家博物馆举行的中国工艺美术大师作品展,多幅作品被中国国家博物馆收藏①。吴元新还结合现代科技研发蓝印花布拼图软件,充分展示了蓝印花布独特的艺术魅力,其个人也荣获“中华非物质文化遗产薪传奖”。吴元新等蓝印花布传承人以孜孜不倦的探索、创新精神不断推出艺术精品,是推动非物质文化遗产创造性发展的有功之士。

四、“宣”:形成广泛社会影响

沈寿称得上是善于制造广告效应的高手。她的成名作是献给慈禧太后的《八仙上寿图》和《无量寿佛图》绣屏,慈禧的夸奖和赏赐,令沈寿和她的刺绣技艺名冠华夏、轰动一时。之后送给意大利皇帝皇后的《意大利皇帝像》与《意大利王后爱丽娜像》作品,更是赢得了国际声誉。后来《耶稣像》在美国旧金山巴拿马万国博览会上获得金奖,《倍克像》在美国纽约展出,甚至连倍克本人都叹为观止,意欲收购珍藏。1992 年,位于南通濠河边的南通县立女工传习所(中国第一所刺绣学校)旧址的沈寿艺术馆建成,对外开放。艺术馆以沈寿的一组组历史照片和刺绣实物,详细介绍了沈寿的艺术成就及其弟子的刺绣艺术,吸引了众多的中外游客前来参观。珍藏于南京博物院的《耶稣像》《倍克像》,也一直在接受世人参观并受到高度赞誉。沈寿的后世传人也通过各种形式宣传“沈绣”的卓越艺术成就,如濮惠菊在日本东京日中友好会馆美术馆举办了“绣绘古今中国

① 曾圣舒:《追寻蓝色梦的人——记南通蓝印花布传承人吴元新》,《纺织服装周刊》2014 年第 33 期。

风——苏绣传人濮惠菊作品展"，将苏绣这一传世技艺介绍到日本[①]；南通沈寿艺术馆馆长卜元等6位工艺美术大师用近70种色线，以乱针铺底，小短针、小乱针、大乱针、发绣针等70多种仿真绣技法绣成《普京总统肖像》，作为国礼由习近平主席赠送给普京总统时，普京发出"太传奇了，太美，太不可思议了"的赞叹。而在早些时候，沈寿艺术馆绘制的沈绣《奥巴马总统全家福》《比利时国王夫妇像》，也得到美国前总统奥巴马、比利时国王的高度赞赏[②]。

2004年，在中国文联、中国民间文艺家协会举办的第五届中国民间文艺评选会上，"蓝印花布系列"作品荣获"山花奖"；2005年，在中国文联、中国民协主办的第二届民间工艺品博览会上，"蓝印花布工艺系列"荣获金奖；2006年，中国文联、中国民协鉴于吴元新在蓝印花布传承中做出的贡献，授予他第七届中国民间文艺最高奖"山花奖"个人成就奖；2006年，吴元新在天津大学创办了蓝印花布博物馆分馆；同年，吴元新申报的"南通蓝印花布印染技艺"被国务院公布为国家级非物质文化遗产保护名录；同年，在第三届中国民间工艺品博览会上，吴元新桌旗、靠垫系列产品荣获"山花奖"。也是在同年，鉴于吴元新在民间工艺美术保护、创新、传承中的贡献，联合国教科文国际民间组织授予其"国际民间工艺美术大师"称号。2007年1月，吴元新被授予"中国工艺美术大师"称号。2011年6月，吴元新被中宣部、人力资源和社会保障部、中国文联联合授予"第三届全国中青年德艺双馨文艺工作者"荣誉称号。彭丽媛身着蓝印花布典雅旗袍出席国事活动，让世人领略了蓝印花布古朴、高雅、大气的艺术风格，给蓝印花布做了很好的宣传[③]。蓝印花布博物馆成立以来，参加海内外展览30多次，接待中外宾客50多万人次。

五、"销"：推动产业良性发展

张謇对手工艺品的产销一向很重视，早在担任民国北京政府农商总

① 周永康：《丝罗一片轻似水　幅中万象自天成——记刺绣大师沈寿门人濮惠菊》，《上海工艺美术》2018年第3期。

② 卜元：《沈绣的前世今生》，《档案与建设》2016年第4期。

③ 陈珂：《吴元新：蓝印花布四代传承人的故事》，《时尚北京》2019年第6期。

长期间,就发文支持工艺品的生产和贸易。其创办女工传习所的目的,在于使当地女子通过学习刺绣、编织杞柳、织花边、网扣等技术,提高生产技能,解决就业问题。张謇在上海成立福寿绣品公司,作为市场开拓的试验。后又创办南通绣织局,由沈寿任局长。南通女工传习所生产的刺绣、编织等作品,在南通南公园、药王庙等处设立商品陈列所展销,甚至在纽约第五大道开设"南通织绣局纽约分局",还在瑞士、意大利设立销售处,经营销售刺绣和手工编织工艺品。由于女工传习所的刺绣作品格外精美,吸引了许多美国顾客,美国报纸还刊载文章,热情宣传中国工艺美术品,吸引了许多人赶到纽约购买①。

自1976年起,吴元新开始从事蓝印花布的制作与研究,1996年创办集收藏、展示、研究、传承为一体的南通蓝印花布博物馆,在继承传统民间工艺的基础上不断开发新产品,以抢救、保护民间非物质文化遗产为重点,以研究传承民间工艺为己任,走雅俗共赏的道路,创新设计了适合现代家庭生活需求的工艺饰品,在蓝印花布博物馆开设销售专柜,再把收益全部投入蓝印花布的搜集、挖掘、开发、外向宣传之中。

结　　语

"仿真绣"作为"张謇＋沈寿"合作开创的非物质文化遗产刺绣技艺,运用优质资源进行强强联合,探索出一条"研、教、产、宣、销"的模式,直到今天依旧成功运行着。吴元新作为"蓝印花布"的非遗传承人,也遵循着这一模式,并产出了一系列艺术精品,形成了广泛的文化影响。尽管两者时代不同,传承创新主体各异,但艺术水准的广受社会赞誉和运行模式的良好运转,说明这一模式有可供当代非物质文化遗产传承与创新发展进行借鉴的价值。

〔作者张厚军,南通大学张謇研究院研究员。南通 226019〕

① 陈佐:《沈寿》,苏州:苏州大学出版社,2010年,第154页。

张謇与教育

“外取有度”与“内施有悖”：晚清张謇幼学、女学教育实践探赜*

孙长亮

摘　要：张謇是近代中国学前教育史、女子教育史中的智者与达者，面对晚清传统教育沦落、近代西方文明东涌的紧迫情势，他东渡扶桑，回国后将其在日见闻行诸笔墨，积极探寻中国幼学、女学发展路径，以高远的卓识、博厚的才识、过人的胆识设立扶海垞家塾、通州女子师范学校。在国内日式教育氛围漫溢、两性教习被严格分置于雷池两端的背景下，张謇采取“外取有度”“内施有悖”的方策从事教育实践活动，打造了一个以女子教育为中心的综合性教育集团。不仅对初创时期南通幼学、女学的近代化发展起到一定的推动作用，而且对全国幼学、女学的进步亦有重要影响。

关键词：张謇　幼学　女学　女子教育

1898年，慈善家经元善于上海高昌庙桂墅里设立女学堂，被史家赞誉为“近代国人自营女学之肇端”，刷新了西方教会独享国内女子教育权的局面，为中国女子教育的近代化发展赢得一席之地。在其筹备期间，时任殿撰的张謇就曾积极参与并表达“竭力匡赞”之意①，且依照请柬中“参席者即为创设者”的说明，张謇可谓近代中国自营女学的拥趸与奠基人。

一、清季幼学、女学教育之机运

甲午一役，东亚地缘政治局势裂变，清廷为雪洗前耻，无奈以日本为

*　本文系国家社科基金一般项目“清末女子教育策略研究”（20BZS079）阶段性成果。

①　杨复礼：《梁启超年谱》，中国史学会主编：《中国近代史资料丛刊 戊戌变法》第四册，上海：上海人民出版社，1957年，第173页。

"师"、为"梁",企望通过"唱和东洋"的方式镜鉴泰西文明。伴随中国传统文化渐趋崩散,近代启蒙思想家梁启超、陈炽、宋恕等人求索救国之道,指陈西方与日本的教育现势,尤其倡导向来桎梏于"家庭内领域"的中国女子教育应逐步接轨"社会外空间",摆脱"半教之国"的辱名。1904 年初张之洞、张百熙等仿效日本拟定三段七级的"癸卯学制",学前教育位列其中,然而这一学制却与女子教育无涉,直至 1907 年学部正式公布女子学堂章程,近代中国女子教育方始置于国家教育体系。在此机运下,近代中国幼学、女学渐次隆兴,蒙养院、女子小学堂、女子师范学堂等各级别、诸类型办学机构在全国各地如雨后春笋。创办者往往苦于女子教育经验阙如,同时亦因时人固守千年"男女授受不亲"之节法,女学堂延聘男性教习实属伦常乖舛之举,可胜任近代科目的女性教师资源与新兴的蒙养院、女学堂在数量上难成正比,众多蒙养院、女学堂往往在筹办阶段就陷入"古有玄德三顾草庐得孔明,今虽千顾,女性教习仍不可得"之窘状①。

另一方面,日本在积极效仿西方的过程中耳濡目染其侵略性质的"文明使命",扬言甲午之役是一场"文明"清扫"半文明"、"正义"力克"非正义"的"文野之战"。日本势力的崛兴引起西方列强的恐摄与不悦。1898 年,日本政治家近卫笃麿于《太阳》中提出"清国保全",大肆鼓吹黄白人种冲突论,企图通过圈建"东亚黄色团"来禁遏西方,进而摆脱形单影只的境况。在"清国保全"策略的影射下,日本女性亦针对中国女子教育伺机造势,教育家、"贤妻良母"理念之集大成者下田歌子在《游学译编》中呼吁"若能以女子教育为男子教育之根源",则必为"我亚洲我黄种振兴勃发"之福,进而可"以与白种争雄于他日之世界之先机"②;社会活动家福田英子则在《女学报》中申说中日女子教育本为命系一体之"鲽与鳞、鹣与翼",在她看来,西人强梁,东人屈抑,但绝非天数使然,中日同栖东洋,两国理应协扶③。自此"诱掖""启发""引导""协扶"等词语成为日本人撰写中国

---

① [日]服部宇之吉:《清国の教育实態》,《帝国教育》321 号,1909 年 4 月 10 日,外报栏。

② 张镁绪口译,杨度笔述:《华族女学校学监下田歌子论兴中国女学事》,《游学译编》第 1 期,1902 年 12 月 14 日,第 11 页。

③ 《东鹣西鲽我之鳞翼:日本女士福田英子致薛锦琴书》,《女学报》,1903 年 2 月 27 日,第 34—35 页。

女子教育时文的关键词及舆论导向。如此，中方的“师法日本”与日方的“清国保全”虽遥相两域却又迅即一拍即合，双重背景杂糅下，中国正式开启仿日之路，一时间中国日式幼学、女学教育独领一隅、“成就”一派。

二、张謇《癸卯东游日记》之幼学、女学书写

在“师法日本”的影响下，清末掀起一股官绅东游考察的热潮，这股热潮始于1898年，1902年后步入盛时，1906—1908年间行至高位，张謇便是在步入盛时之际东渡扶桑，并将其在日见闻行诸笔墨，整理成东游日记后出版发行，其字里行间随处散见有关参观日本幼学与女学的详细记录、感想或见解。其实，张謇早有东渡之思，不过因卷入“会世多故、谗言高张”之朝廷内的派系争斗，牵绊不决，始终未能赴日。对于吴汝纶、缪荃孙等赴日考察的先行者，他更是显示出前所未有的关心。1902年11月14日，张謇听闻吴汝纶结束日本学务视察回国，隔日便从海门出发，乘“大生”号前往上海专程拜访并详细阅览其《东游丛录》，静思取经[①]。1903年正月，时值大阪举行第五届内国劝业博览会，张謇通过受命考察日本学务、回国后督办三江师范学堂的徐乃昌（1869—1943，字积馀，号随庵）之介绍，收到日本驻江宁领事天野恭太郎的请柬，东渡终遂其心。6月22日张謇从上海出发，开启了为期两个多月的在日考察活动。此次赴日虽说以观会为旨，但他亦决定详细考察日本教育中“市町村小学校之计”[②]，因而考察了不少幼稚园和女子学校。笔者从其东游日记中截取相关考察学校及教学情形大要，具体如下：

时　间	参观学校	教学情形大要
5月25日	私立鹤鸣女子学校	日人某先入为介，入见教室，女子二十余人席地坐，内向，一教员面外立，黑板写菅原《去年今日侍清凉》七言绝一首，口授之。一室二十余人列坐，据矮几，临毛笔，画花卉。内又一室，十余女子事针凿，盖特别裁缝教室，室皆不大。

① 张謇：《柳西草堂日记》，李明勋、尤世玮主编：《张謇全集》（第八册），第527页。

② 张謇：《柳西草堂日记》，李明勋、尤世玮主编：《张謇全集》（第八册），第536页。

(续表)

时　间	参观学校	教学情形大要
6月1日	爱日小学校	藤泽士亨元造来,同至爱日小学校。校舍若侧看工字形,教室光线合度。教员十二人,男女各半。教科为修身、国语,国语中分读方、缀方、习字为三,余则算术、体操、唱歌,女子别加裁缝一科,每日五小时。参观时,女子教室教唱歌,歌以风琴为节。先歌大阪市歌各一阕,次游戏唱歌,皆女教员,游戏歌即爱日寻常小学校之歌也。
	爱珠幼稚园	园之教室无多,一室仅容三四十人。课程则唱歌、游戏、积木、折纸而已。是日,为幼稚园开设二十三年纪念会,盐野、高桥导诸儿童,演说发达保育之义,既肃客置宴,既导观其游戏运动,一人奏风琴,二保母导诸童为种种游戏。
6月2日	东区第一高等小学校	在学儿童男六百四十五人、女五百四十六人,教员男十八人,女九人。收授业料以区内外分多寡。
6月3日	桃山女子师范学校	校容师范生一百二十人,皆食宿于校。自修室即在浸室之内,每室十二人。理化室几案似前小学校,而每案皆相间二尺许,能容人行。又室之三面各有四窗,窗皆涂黑,其南面窗下层置回光镜,以教授光学。
	附属幼稚园	教室少而游戏之场多,室中案长三十八寸,高十九寸,案面皆画方挂,教习黑板亦画方挂,见教折纸及积木者。凡所为,皆使小儿以脑力相磨,又各寓于游戏之事,故一园之中儿童八十人,有愉快之容而无愁苦之色。

如果说张謇在东渡前就知晓教育的作用,那么在东渡后亲眼看到日本教育实况、随时可听到有关教育作用的言论则给予他更大的刺激与启发,日人“教育为开亿万人普通之识,非为储三数人非常之才”“国之强不在兵而在教育”①等极具张力的言辞,使得张謇日后对日本各领域给出“教育第一”的评价,与此同时,他亦寄希望于东渡者“虚往实归,无小大各成一绩,不负此行也”②。据此,张謇从幼稚园、各级别女学校、男女共学学校的教室、宿舍设施,到教授科目、授课现场,教员、保姆、生徒的基本信息,再到运营经费等都做了详细记录。考察过程中他对日本的唱歌、家政、游戏、裁缝等科目及授课方法颇感兴趣,常常以“美哉、美哉”大加赞誉,在爱珠幼稚园的纪念会上,张謇挥毫泼墨,节录西晋政治家、文学家张

① 张謇、凌文渊著,张晶萍校点:《癸卯东游日记·篛盦东游日记》,长沙:岳麓书社,2016年,第45页。

② 张謇、凌文渊著,张晶萍校点:《癸卯东游日记·篛盦东游日记》,第10页。

华《励志诗》中的“成人在始”书赠幼稚园[①]。回国之前，他还特意前往大阪东区岛町购买风靡西方、日本的儿童益智玩具——恩物[②]。日本之行，对张謇开设蒙养院性质的家塾以及通州女子师范学校提供了诸多借鉴与参考。

在清廷尚未颁布蒙养院章程、女子学堂章程之前，张謇就表现出教育家、洞悉者的远见卓识，在与日本友人的交往与交流中慢慢得知日本近代教育是通过“规仿欧美，朝野上下，孜孜矻矻，心摹力追”实现的；因晤清水常次郎，他了解到延聘西洋教习是日本教育快速发展的要径之一，进而慨叹“孟子以晋国为仕国，余谓日本亦学国也”[③]。于是，张謇迅速将视线收束于日本，希望通过同样“异域取材”的方式振兴中国幼学、女学教育，毕竟张謇深知国内近代女性师资几近于零。为此，1903 年 6 月 2 日，张謇特意拜访西村天囚、小池信美，商询延聘幼稚园保姆一事。7 月 27 日，西村称已物色到保姆折井夫人且现“已分娩，可就保姆之聘”[④]。后张謇亲自拜访折井，意欲与其签订预聘合同，但双方因月俸问题商议无果，而此时张謇也即将回国，于是他提前书函故友西村，望西村能与折井再次协商。该书函——《1903 年大阪来访张謇致内藤湖南及西村天囚书简》现藏于日本关西大学内藤文库中，全文言辞恳切，共 300 余字。张謇提笔便感喟自身已年逾五十且身陷丁兹乱世（义和团运动），“曾不知韬晦之得计，顾念近世，乃无桃源，又既自任一方之教育，世无助我之人”，但只要能振兴国内近代教育，他即便“处境如屯兵坚城之下，不得不步步作计”，依旧要延聘到日人教习折井夫人且在合同方面已有所妥协，即：“经折井君酌量增减，其如何措辞，亦请由西村先生先行见寄。教习保姆月俸不太多，则所订年限可以展宽。若俸多，则不得不于年限中缩除也。”[⑤]8 月 3 日张謇至家，两天后便收到西村书信：“保姆事，折井说三十五圆，并索履

---

① ［日］菅野正：《大阪愛珠幼稚園・北野中学校を参観した清国人》，《奈良史学》25 号，2007 年。

② 张謇、凌文渊著，张晶萍校点：《癸卯东游日记・篇盦东游日记》，第 47 页。

③ 张謇、凌文渊著，张晶萍校点：《癸卯东游日记・篇盦东游日记》，第 13、17 页。

④ 张謇、凌文渊著，张晶萍校点：《癸卯东游日记・篇盦东游日记》，第 13、46 页。

⑤ 《1903 年大阪来访张謇致内藤湖南及西村天囚书简》，1903 年 7 月 23 日，内藤文库未刊书简，关西大学所藏，资料 ID：211068128，第 7844 号。

历书。”[1]最终,折井没能来华,大体是因为月俸未能达到她的预期。

三、扶海垞家塾、通州女子师范学校之发端与发展

回国后,张謇将其见闻整理成《癸卯东游日记》,同年10月由翰墨林书局出版发行,售价大洋二角五分。在张謇看来,开民智只有立行普及教育,同时因日本与我同洲、同文、同种,改良学制在我之先,所以倡导应以日本为鉴,实施近代中国教育。此外,张謇坦言自身性情耿直,在推行教育方面“素不喜随波逐浪,于女学尤然”,主张实施女子教育应求真、务实[2]。

1902年,张謇创办通州师范学校,一领近代教育之先,因在国内很难找到合适的教习,于是他把目光继续投向日本。经王国维介绍,其日本同窗吉泽嘉寿之丞成为张謇早期延聘的日本教习之一。吉泽嘉寿之丞(1874—1946),先后毕业于东京物理学校、东北帝国大学,曾在福岛会津中学任教。1903年3月,应张謇之聘,赴南通参与通州民立师范学校(今南通师范高等专科学校)的创建工作,并担任物理、化学、算学教习。1904年3月,暑期回国的吉泽偕夫人森田政返回南通,先后在通州师范、通州高等小学校等校任教。在此契机下,森田政成为扶海垞家塾及通州女子师范学校的教习。

森田政(1880—1946),家族为世系士族,世代在会津藩担任官职,森田所受家教严格,先后就读于女子师范学校和东京和洋女子学校,有幼教工作经验,毕业后任会津若松小学教员[3]。1904年3月11日,张謇在自

---

① 张謇:《柳西草堂日记》,李明勋、尤世玮主编:《张謇全集》(第八册),第567页。

② 《师范学校开学演说》《通州开学致教习监理辞》《南通女师范廿周年纪念演说》,李明勋、尤世玮主编:《张謇全集》(第四册),第69、123、638页。

③ 曹炳生、都樾编:《吉泽嘉寿之丞和森田政夫妇在南通任教档案资料集》,南通师范高等专科学校,2018年,第3、4页;朱嘉耀主编:《南通师范学校史》第一卷,南京:南京师范大学出版社,2013年,第6页。2018年5月,吉泽嘉寿之丞之孙,京都外国语大学理事长、总长森田嘉一曾亲赴南通高等师范专科学校寻根续缘,笔者有幸结识亲自陪同森田理事长的曹炳生老师,并从曹老师处得知森田总长祖母之真正姓名为“森田政”而非个别史料中所载的“森田正子”。另吉泽嘉寿之丞于1914年回国,并与松本龟次郎一起创办东亚高等预备学校,周恩来、鲁迅、陈独秀、李大钊、郭沫若、郁达夫等人均曾在该校学习过。

家宅邸设酒席招待吉泽夫妇，准备在常乐为张氏家族子弟创设一所家塾，并在酒席上起草了《扶海垞家塾章程》。翌日，张謇兄张詧继续为吉泽夫妇设宴。3 月 14 日，家塾正式开始，学生共 10 人，其中 5 人 7 岁、4 人 10 岁、1 人 11 岁。该家塾以张氏自家儿女及宗族、亲戚家子女为对象，谋求学生德育、智育、体育的均衡发展，以教授感官直接且容易理解的知识为目标。关于扶海垞家塾的授课科目，除国人教习教授修身、国文、识字、习字、读书、作文外，参照日本体操、算数、音乐、图画、幼儿游戏等科，教习为森田政。扶海垞家塾的设立标志着南通近代学前教育的开始。

“謇以国民教育之不可无师，乃设师范学校。以女子教育之不可无师，与国民教育之尤须有母，更设女子师范学校。”[①]1905 年，张謇召集地方名士筹集资金，与张詧、沈启谦、徐莲蓁等人一起在城中柳家巷购置陈氏旧居开展女子教育。迥异于清末学校的通称“学堂”，张謇以日本为鉴，命名为“通州公立女学校”。翌年初，名门才女姚蕴素（1864—1944，名倚云，安徽桐城人）被推举为校长，3 月 25 日，学校正式开学。开学之初，新生仅有 35 名，分初等、高等两级。学费初等 1 年 6 元、高等 1 年 12 元，食宿费 1 年 40 元。该女学堂虽为公立性质，但其运营经费全部依凭张謇“历年所得之赢余”加以扶持[②]。

与前期创办的家塾一样，通州公立女学校亦是仿照日本女子教育办学，延聘森田政（合同年限为 1906 年 2 月至 1907 年 1 月，1907 年回国）承担算数、体操、唱歌、图画、手工等科目。同年 12 月，张謇改通州公立女子学校为通州女子师范学校，单独招生，将原有的初等、高等两级作为其附属小学，这是中国最早开设的女子师范附属小学之一。1907 年，湖北留日学生监督钱询之儿媳、日本实践女学校首届毕业生钱丰保前来学校应聘，承担了 1 年的授课。1908 年正月，通州女子师范学校附设女子手工传习所又开设日本编物、造花两科。1910 年因入学者日益增多，张謇又购置了市河岸珠媚园王氏大院及周围民家数百室作为通州女子师范学校

---

① 张謇：《通州女师范校第一次本科实习教授评案序》，李明勋、尤世玮主编：《张謇全集》（第六册），第 367 页。

② 张謇：《北京商业学校演说》，李明勋、尤世玮主编：《张謇全集》（第四册），第 187 页；张謇：《南通女师范廿周年纪念演说》，李明勋、尤世玮主编：《张謇全集》（第四册），第 637 页；《南通县女师范校十周年概览》，南通：翰墨林印书局，1916 年，第 1—5 页。

及其附属小学新学区,“共成楼房一百八十八间,池沼轩榭,风景宜人”①。这是一所“母子同体”的新式学校,校内师范生可以在附属小学校实习,附属小学校教习也可在师范学校教习指导下学习与实践,逐步累积授课经验。经过5年的努力,该校被打造成一个以女子师范教育为中心,兼设附属小学、女子手工传习所等分支的综合性教育集团,形成了1年制预备科、4年制师范本科以及初、高等小学校为一体的教学系统,该女子师范本科亦为近代中国少有的女子师范教育机构之一②。

在女子教育理念上,张謇十分推崇日本的“贤妻良母”教育模式。“贤妻良母”一词最早可追溯至1875年日本启蒙思想家中村正直于《明六杂志》发表的《造就善良之母说》,之后跡见花蹊、下田歌子、鸠山春子等日本女性教育家先后登场,活跃在“贤妻良母”教育的第一线。这一理念一方面申说女子教育的重要性、必要性与紧迫性,认为“智”与“识”的积累方为女子堪称“贤”“良”的首要标尺,同时又要求受教后的女性重返家庭,最终成为一个集开明与保守、精华与糟粕于一身的畸形矛盾体。不过正是这一畸形矛盾的教育模式因与封建势力所固守的女子培养思维十分吻合,故而清廷“学部议厘定女学规则,以良母贤妻派为全国女学教育宗旨”③。

如此潮流之下,张謇亦十分推崇这一理念,尤其重视从日本引入的家政一科,他不仅制定了“服习家政、勤俭温和”的校训,还传达了“使能得整理家事之要领,兼养成其尚勤勉、务节俭、重秩序、喜周密、爱清洁之德性”的要旨,课程有“衣食、居住、看病、育儿、家计、簿记及关于整理家政之一切事,并授以教授家事之次序法则”④。1910年张謇在通州女子师范学校新学区的开学仪式上,特别强调设置家政科的意义以勖诸生,在其看来:“家政者,女子有益于世莫大之事业也。事业从学始。家政一科,多是作法,而妇德寓焉,无徒手空而可为道德者。”⑤1911年初,张謇还特意谱写了《通州女子师范学校校歌》,歌词内容缜密、朗朗上口,其中“人生必有

① 《女学类志:(一)通州》,《教育杂志》2卷9期,1910年,第80页。

② 金艳:《南通女界的第一块碑石:致力于女子教育的才女姚蕴素》,南通市政协学习文史委员会编:《张謇的交往世界》,北京:中国文史出版社,2011年,第500页。

③ 《学部之女学教育宗旨》,《教育杂志》1卷4期,1909年,第25页。

④ 张绪武主编:《张謇》,北京:中华工商联合出版社,2004年,第124页。

⑤ 张謇:《女子师范学校市河岸新校开学演说》,李明勋、尤世玮主编:《张謇全集》(第四册),第167页。

家，家政赖女治。女知向学明义礼，相夫教子可与古之贤母今妻比”“女子有学兮欣欣棣通，女子有学兮邦家之隆”[①]，不仅阐释了“家政”与“贤妻良母”的紧密性、关联性，更透露出女学兴隆有利于民富国荣的美好愿景。

四、余议——“外取有度”与“内施有悖”

甲午一役，日本以绝对优势力压大清国，这种倒错的巨变刺痛了国人脆弱的神经。在近代教育改革的驱策下，张謇不满“女子无才便是德”“女子识字多诲淫”的腐朽观念，以赴日考察为契机，积极开展近代教育活动。迥异于众多开明士人，张謇并非是在东游之时受到刺激后萌生振兴中国近代幼学、女学思想，而是始终以先行者的身份走在中国教育发展的最前端。清末时期的张謇注重女子精神品格的陶熔，将知识、技能与女子自身的精神面貌、生存状态、品行修为融为一体，有改变女子既存样貌和社会风气的意图。关于这一点，学界已有诸多成果加以诠释，在此不再赘述[②]。在清末仿日潮流涌动、清廷依旧固守传统女子教育思想的大背景下，张謇在近代幼学、女学活动中，表现出“外取有度”与“内施有悖”的思想理路。

当时为知名教育机构代表的武昌幼稚园、湖南蒙养院、毓止女学堂、奉天女子师范学堂等都曾延聘日本女性教习，她们教授日语科、教唱日语歌曲，抑或将纪元节（日本建国纪念日）、天长节（天皇诞生日）、地久节（皇后诞生日）设为休息日，这些教育机构拾人牙慧的日化氛围极其严重。不过张謇在学习日本的过程中却严守教育日化阵地，无论是幼学还是女学，国语、修身两科始终位列课表前位且并未设置日语课程；休息日除寒暑假外也只有清明、端午、中秋等中国传统节日。值得一提的是，张謇对日本

---

① 《通州女子师范学校校歌（一）》，詹皖：《民智兮国牢：南通近代校歌歌曲集》，南京：南京师范大学出版社，2011年，第2页。除《通州女子师范学校校歌》之外，张謇还参与了《通州师范学校校歌》（1905）、《垦牧乡高等小学校校歌》（年份不详）、《私立张徐女校校歌》（年份不详）、《头周师范学校附属小学校校歌》（年份不详）的填词工作。

② 如陈红梅：《从通州女子师范看张謇的女子教育观》，《西北第二民族学院学报》2006年第4期；王敦琴：《张謇“中体西用”的女子教育思想》，《纪念〈教育史研究〉创刊二十周年论文集（2）——中国教育思想史与人物研究》，2009年；周宇清：《近代女学兴起背景下的张謇女子教育思想与实践》，《北京教育学院学报》2018年第5期。

幼稚园中的唱歌一科颇感兴趣,在考察回国途中就曾作过"爱国先教稚子歌,画沙亦解认山河"[①]的诗句。与"原汁原味"唱日语歌曲相比,他更重视歌词的传达度与教育性,张謇曾与森田共同编曲《池中之金鱼》,两人还以日本传统歌谣为基础谱填中国歌词,写成《莲华花歌》《风车歌》等儿歌。中国版《莲华花歌》与日本版本颇为相似,不过其结尾却被附以通俗易懂的中国俗语;而《风车歌》的旋律则进行较大改动,特别是"人心不息兮,风车不息兮"[②]等歌词,给整首歌曲增添了自强奋进、积极向上的意境。

在封建势力压顶的态势下,男性教习与女学堂之间始终隔有无形之屏障。能够顶着有悖伦理舆情的巨大压力,冒着随时可能闭校而延聘男性教习的女学实属凤毛麟角,张謇的通州女师便是其中的"悖离者"。1907年8月,通州女师延聘本学校第一位男教习尤金镛,教授师范本科的理化、博物;后保思毓教授数学、图画;杨向寅教授国文、历史、地理[③]。经过近一年的考察,学堂发现聘用男教习后学生成绩提升较快,于是决定自下学期开始,除体操、唱歌、手工、裁缝四门课程外,其他课程均聘用男性教习,张謇这种"拂逆"封建伦理道德的精神实属可贵,彰显出他在女子教育方面的大胆与慧眼。

毋庸置疑,张謇依旧是近代中国新旧嬗递时代的人物,在女子教育上他虽然知晓"日人不尚男女平权之说"[④],但另一方面又主张学仿日本东西折中的半近代化矛盾体——"贤妻良母"理念,其主张始终夹杂着旧时代与新知识触碰的矛盾与印痕,没能完全脱逸封建女子传统阃范式教育的界域,亦未真正理解何为西方"男女平权""自由解放"等内涵的真正高度。但无须苛责,张謇的诸多实践活动完全符契于中国近代教育车轮的延展方向与轨迹,值得钩沉与思考。

〔作者孙长亮,南通大学东亚文化研究中心副教授。南通 226019〕

---

① 张謇、凌文渊著,张晶萍校点:《癸卯东游日记·篇盦东游日记》,第51页。

② 张謇:《柳西草堂日记》,李明勋、尤世玮主编:《张謇全集》(第八册),第579页。

③ 《南通县女师范校十周年概览》,1916年,前任职员录。

④ 张謇、凌文渊著,张晶萍校点:《癸卯东游日记·篇盦东游日记》,第11页。

张謇创办教育的多重动因分析*

杨海红

摘　要:清末,中国社会经历着前所未有之大变局,强国富民成为时代潮流。素负家国情怀的张謇认为"举事必先智,启民智必由教育""实业、教育既相资有成,乃及慈善,乃及公益"。他从实业救国和教育强国的理想出发,从创办通州师范学校以为普及教育之基础起步,通过教育培养实业所需人才,先后创办师范教育、基础教育、职业教育、高等教育、特殊教育等,形成了一套完整的现代教育体系。考其创办教育的历程,可见教育救国的理念、清末的教育改革、同时代的新学实践、个人对科举弊端的认识、发展实业的迫切需要、东游日本的启示和自治建设的需求等,构成其创办教育的多重动因;而贯穿其中的是张謇强国富民的情怀与经世致用的抱负。

关键词:张謇　教育　动因

清末状元张謇是近代实业家、教育家、政治家和社会活动家,其个性鲜明的教育理念和职业教育实践,使其成为独具特色的职业教育思想家和实践家①。1894年5月,张謇中状元,那年他41岁。1896年1月,张謇在介于内河外江的唐家闸陶朱坝选址,开办大生纱厂,其意为"天地之大德曰生",兴办实业,促进民生发展,开启"南通王国"肇基之旅。1902年,张謇在南通创办私立通州师范学校,与1897年4月南洋公学附设的师范院、1898年京师大学堂附设的师范馆成为中国师范教育的三个源头。通州师范是中国近代教育史上独立师范学校设置的起点,也是张謇创办各类教育的始点②。从1902年起,张謇创办或参与创办的学校达40多所,其

* 本文系江苏省教育厅高校哲学社会科学研究项目"张謇田园诗对南通宜居环境营建路径研究"(2021SJA1674)阶段性成果。

① 马斌:《张謇职业教育思想的源流及脉象》,《中国职业技术教育》2016年第34期。

② 华国梁、毕连虎:《论张謇兴办教育》,《扬州大学学报》(高教研究版)1997年第3期。

中,专门学校和职业院校就有22所、师范学校4所、幼稚园4所、中小学14所。在他的影响下,南通地区掀起兴办学校的热潮,创办各类学校400余所。涉及师范教育、小学教育、职业教学、基础教育、学前教育、中学教育、大专教育、本科教育及特殊教育等不同类型与层次,工学、农学、商学、医学、金融、水产、商船、水利、陶瓷等不同学科和专业,构成了完整的教育体系。张謇的教育理念影响深远,实践活动惠及家乡,直接推动着南通乃至中国近代教育的进程。分析其创办教育的动因,主要有以下几个方面。

一、教育救国的理想

张謇出生于1853年7月1日(农历五月二十五日),正是鸦片战争后,中国逐步沦为半殖民地半封建社会的历史大变动时期。张謇一生爱国、爱家乡,曾经在《野渡》一诗中以"但无沧海警,安乐是吾通"来表达对家乡的爱[①]。1888年5月,张謇中举三年后,到江苏赣榆选青书院担任山长。1893年2月—1896年2月,张謇任瀛洲书院山长三年,对传统教育模式有了更深刻的思考,形成"今求国之强,当先教育,先养成能办适当教育之人才"[②]的理念。

1895年4月《马关条约》在日本签订。张謇于4月30日获知其内容,逐款抄录于日记中,并写下"和约十款,几罄中国之膏血,国体之得失无论矣"[③]。国力日衰,民族危亡加剧,张謇认识到中国日趋贫弱是教育落后导致,他认识到"一国之强"基于教育,强调教育是立国自强之本,把兴办教育与国运兴衰、民族存亡相联系。多年的科考经历让他深切体会到科举制度对读书人的摧残,"遂一意断仕进",萌生废科举、兴学堂的理念。1895年5月至12月,张謇在为张之洞起草的《条陈立国自强疏》中提出"广开学堂",要充分发挥新式人才的作用,要"培之于先",更要"用之于后",要从沉溺古代典籍、八股制艺到学习西方农业、工矿等科技知识。指出:"人皆知外洋各国之强由于兵,而不知外洋之强由于学。夫立国由于

① 张謇著,徐乃为校点:《张謇诗集》,上海:上海古籍出版社,2014年,第9—10页。

② 张謇:《柳西草堂日记》,李明勋、尤世玮主编:《张謇全集》(第八册),第1011页。

③ 张謇:《柳西草堂日记》,李明勋、尤世玮主编:《张謇全集》(第八册),第389页。

人才，人才出于学校，此古今中外不易之理……图存救亡，舍教育无由。”[①]1904 年 3 月，张謇在通州师范学校新学期开学演说中疾呼：“开民智，明公理，舍教育何由？然则今日国势之危，正迫我全校诸生热心普及教育之猛力药。”[②]1910 年 7 月 15 日—8 月 19 日召开的中央教育会大会上张謇致词：“今日最亟之教育，即救亡图强之教育也。”[③]大声疾呼发展教育、增强国民素质以拯救民族危亡。同年 10 月，张謇在《江苏教育总会咨呈江督、苏抚、宁苏提学司请开办实业教员讲习所》文中说道：“窃维环球大通，皆以经营国民生计为强国之根本，要其根本之根本在教育。”[④]“欲图自存，势已岌岌，舍注重实业教育外，更无急要之计划。”“工苟不兴，国终无不贫之理，……苟欲兴工，必先兴学，教育者为万事之母。”[⑤]“父教育而母实业”是张謇“强国富民”的两块基石，相辅相成，不可分割[⑥]。救亡图存、挽救国运是张謇一生的追求，强国富民是其一生的梦想，教育遂成为张謇实现追求和梦想的重要手段。

二、清末新政的教育改革

1901 年 1 月 29 日，清廷发布“变法上谕”，清末新政开始。4 月，张謇与两江总督刘坤一议《变法平议》时涉及“学堂事”。7 月 13 日，张謇到武昌拜访张之洞，认为“惟小学校必可立”。10 月 22 日，与缪荃孙议商新式学校办学方针，主张“主中宾外，不废诵读”。1901 年张謇参与清末新政和兴学规划，提出“普兴学校、酌变科举”等观点，为其接下来兴办通州师范做了前期理论准备。

---

① 张謇：《代鄂督条陈立国自强疏》，李明勋、尤世玮主编：《张謇全集》（第一册），第 20 页。

② 张謇：《师范学校开学演说》，李明勋、尤世玮主编：《张謇全集》（第四册），第 77 页。

③ 张謇《中央教育会开会词》，李明勋、尤世玮主编：《张謇全集》（第四册），第 188 页。

④ 张謇：《江苏教育总会咨呈江督、苏抚、宁苏提学习请开办实业教员讲习所文》，李明勋、尤世玮主编：《张謇全集》（第一册），第 208 页。

⑤ 张謇：《请设工科大学分呈》，李明勋、尤世玮主编：《张謇全集》（第二册），第 99 页。

⑥ 张绪武：《我的祖父张謇》，上海：上海辞书出版社，2008 年，第 75 页。

1901年,教育家张百熙上疏陈述“增改官制,整理财政,变通科举,广建学堂,创立报馆”的革新大计。1902年1月10日,张百熙负责制定大学堂章程。同年8月,清政府颁布了张百熙拟定的《钦定学堂章程》。由于1902年是壬寅年,这个包含《京师大学堂章程》《高等学堂章程》等在内的《钦定学堂章程》也被称为“壬寅学制”。“壬寅学制”将教育分为初等教育、中等教育和高等教育。其中,与高等学堂平行的有师范馆、仕学馆、高等实业学堂等。“壬寅学制”与1904年1月,即农历1903年(癸卯年)的“癸卯学制”拉开了中国近代教育的大幕。近代教育改革的潮流是张謇创办教育的重要因素之一。

1901年秋,张謇极力劝说刘坤一兴办新式学校,并为刘坤一拟定了初、高两级小学和中学课程规划。1902年春,张謇到江宁,与罗振玉讨论了新学次序,议定从师范办起。然而因藩司吴重熹、巡道徐树钧、盐道胡延的攻击,刘坤一以“此事难办,叹息不已”回复张謇。张謇即于此时“乃谋自立师范学校”。张謇将自己在大生纱厂5年的薪金二万多两银子提出,用作师范学校的建设资金,选定南通城南已荒废的千佛寺为校址。经过7个月修建改造,通州师范学校于1903年4月27日(农历四月初一)正式建成。通州师范学校属于中等师范,主要培养小学教师;设置的课程有管理法、修身、历史、地理、算数、文法、理化、体育等。后来又附设小学,增设测绘、蚕桑、农、工等科,建立农场、博物苑、测绘所等实训基地。

三、同时代的新学实践

1861年1月,恭亲王奕䜣和洋务派代表人物文祥奏请在北京开办京师同文馆,开设英文、法文、德文、俄文、日文等科目,后增设天文、算学,开创了我国近代化教育的新模式。1863年3月,李鸿章仿京师同文馆在上海设立广方言馆,这是一所培养翻译和外语人才的新式学校,是上海第一所外国语专科学校。1866年12月,左宗棠在福州马尾创办福州船政学堂,1867年,李鸿章在上海创办机器学堂,这是中国近代最早的官办实业学堂。1880年8月,李鸿章在天津开办培养海军人才的北洋水师学堂。1895年,盛宣怀在天津创办北洋西洋学堂(后改为北洋大学堂,即今天津大学前身);1896年底,盛宣怀在上海创办南洋公学(即今西安交通大学和上海交通大学前身);1898年,戊戌变法中,清政府在北京创办京师大学堂(即今北京大学前身)……这时期一系列新式学堂的创办,对张謇兴学具有重要的示范效应。

在张謇创办实业的同一时期,与其交往较多的赵凤昌、汤寿潜、沈曾植、经元善等人都有创办新式学堂的经历、投身近代教育的实践行为,这些也都影响着张謇创办学校、致力教育的行动。位于江海交汇的南通,孕育出了张謇、周家禄、沙元炳、范当世、孙儆等近代知识精英。这批知识分子对新式教育有着浓厚的兴趣,1894 年,张謇好友周家禄与他的学生刘桂馨在通州川港创办了白华中西书塾,这是南通新式学校教育的开端。1901 年,顾延卿与沙元炳在如皋筹建新式学校,次年如皋师范学堂及附属小学堂创办[①]。1902 年 2 月中旬到 3 月上旬,张謇筹建通州民立师范学校,咨呈刘坤一"核准在案"。同年 4 月,因"一司二道"的阻挠,张謇开始"乃谋自立师范学校",并称"后之人知中国师范之自通州始,必不知自二道一司激成之也"[②]。经过选址、筹建、延请教师、招生,1903 年 4 月 27 日,民立通州师范学校正式建立。此后,张謇在 1905 年创办通州女子师范学校和附属小学、通州师范学校附属小学;1906 年在通州师范附设农科,创办私立张氏初等小学(即今张謇学校);1907 年,创办南通县张氏私立贫民初等小学校(即今南通市城中小学);1908 年创办通海五属公立中学校(即今江苏省南通中学)等。1911 年 7 月,张謇创办银行专修学校,11 月开办乙种商业学校;1912 年 3 月,张謇和张詧创办通州医院附属医科学校,4 月开办南通纺织染传习所(1913 年定名南通纺织专门学校);1916 年 11 月创办盲哑师范传习所,这是中国第一所盲哑学校;1920 年筹划将医、农、纺、商等校并设为南通大学(该设想于 1928 年由其子张孝若完成)。同时代的新学兴办及张謇"父教育"的理念日趋成熟,师范教育、幼儿教育、职业教育、基础教育、高等教育、特殊教育、继续教育等,一套完备的现代教育体系在南通建立起来。

四、发展实业的迫切需要

1895 年 10 月下旬至 12 月中旬,张之洞以中日《马关条约》中有准许

---

① 都樾:《张謇时代的南通教育》,《档案建设》2016 年第 1 期。

② 庄安正:《张謇先生年谱》,长春:吉林人民出版社,2002 年,第 190 页。

日本人在内地设工厂的条款,谋划自设工厂,在长江南北的苏州、通州各设一座。张謇受命"任通官商之邮",筹备在通州设厂,实业救国行动自此开始。从1896年1月中下旬到2月上旬,张謇在唐家闸筹建大生纱厂。到1926年8月去世的31年间,张謇先后开办了大生纱厂、大生二厂、三厂、八厂;先后兴办了30多个垦牧公司;重工机械方面,兴办了资生冶厂、资生铁厂、大陆制铁公司等;轻工业方面,兴办了阜生蚕桑染织公司、复新面粉厂、广生榨油股份有限公司、大达公电机碾米公司、通燧火柴有限公司、颐生酒厂等。此外,还有内河航运公司,长江航运公司,码头、车站、商贸、银行和房地产等,涉及工、农、金融、商贸、交通、运输等门类。

在创办实业的过程中,张謇需要解决两大问题,一是建设和经营所需的资金和设备,二是实业需要的人力和人才①。师范学校的兴办,主要是解决师资问题,然而实业兴办所需要的人才,必须通过技术教育和职业教育完成。在这种情况下,张謇在通州师范学校附设测绘、蚕桑、农、工等科。随着实业的发展,银行、医学、纺织、商业、女工、镀镍、蚕桑等院校、传习所次第开设。张謇认为,中国办实业、兴教育既要聘请外籍人士,"势不能不延";也要根据财力而把握,"又不能尽延"。这是因为中国当时缺乏各类技术专业人才、管理人才及熟练技术工人,即使大量聘请日本、德国、荷兰的外籍技术人员,仍不能满足其实业的发展需求。立足南通、江南广大区域,培养自己的专业技术人才,成为张謇实业可持续发展的关键,成为张謇兴办教育的主要动因。张謇认识到,通过对人的教育和技术的培养,就能解决实业需要的各类人才,而实业的发展壮大与效益的提高,又能为教育进一步发展提供经费支持。实业与教育并举就是张謇"母教育、父实业"的理念践行。实业与教育的发展,是张謇"实业救国、教育救国"的志向起步,也是南通实现早期现代化、推行地方自治的起点。

五、对科举的清醒认识

1856年冬,3岁的张謇开始随父母读《千字文》。4岁时,三叔父张彭庚到常乐老家,张謇给其背诵《千字文》,"竟无讹"。其后,其父就安排张

---

① 张廷栖:《张謇对中国近代职业教育的历史贡献》,《南通纺织职业技术学院学报(综合版)》2013年第2期。

謇随三个哥哥入邻塾，跟随邱大璋先生学习，一直到10岁。其间，他读过《三字经》《百家姓》《神童诗》《酒诗》《鉴略》《千家诗》《孝经》《大学》《中庸》《论语》《孟子》等，其父认为张謇“可读书”，决定第二年延请西亭的宋效祁到家里授读①。

1868年11月到12月，15岁的张謇通过“冒籍”获得秀才功名。此后，经过6次乡试，终于在1885年10月18日以第二名中举。经1894年5月的初试、复试和殿试，最终在5月28日以一甲一名蟾宫折桂②。张謇在当天的日记中写道：“栖门海鸟，本无钟鼓之心；伏枥辕驹，久倦风尘之想。一旦予以非分，事类无端矣。”③张謇觉得自己如同栖息门楣上闲散的海鸥，已经没有步入官场、钟鼓庙堂的心思，更像一头蜷伏食槽的老马，早已不再有仆仆风尘的念头。这也是张孝若说的：“说也奇怪，我父中了状元，倒反主张废科举办学堂，当时大家觉得骇人听闻，我父反而泰然处之。”④26年的场屋经历，背诵过的那些四书五经对自己的成长和作为有着极大的推动作用，但也深受其负面影响，使张謇科举教育的弊端有着清醒的认识。张孝若说张謇认为科举就是让读书人“从小到老，从读书到做官，埋了头，捧了书、执了笔，只是为了赶考；先关在家里，再关到场里，拿一个人的活气灵气，都斫伤完了”⑤。张謇认为国富民强，走上务实的道路，必定要推翻科举的恶制度。所以，张謇办学的特征是面向寒门子弟、贫苦人家，而培养出来的学生多是一线技术和管理人员。张謇1884年9月10日由庆军营中返回常乐老家至1894年大魁天下的十年间，先后经历1885年乡试和“五次”会试，被章开沅先生称为“场屋蹉跌”，同时也开始“经营乡里”、著书立说⑥。他批评科举取士只限于一家之言，指责其扬朱（熹）而抑陆（九渊）的倾向，提出应该让读书人就其性之所近，自行选择“从学之涂，不限一辙”。张謇这种学术见解与当时的主流意识已有某些分歧，预示着他在新的历史机缘下转向近代新式教育的可能性。张謇大魁天下后，进一步认识到教育的重要性，普及有本，本在师范，乃知师范之设不可以已。1897年，张謇进一步主张学习西方，戊戌变法期间，他赞成

① 庄安正：《张謇先生年谱》，第3页。
② 庄安正：《张謇先生年谱》，第124页。
③ 张謇：《日记》，李明勋、尤世玮主编：《张謇全集》（第八册），第379页。
④⑤ 张绪武：《我的祖父张謇》，第85页。
⑥ 章开沅：《张謇传》，北京：中华工商联合出版社，2000年，第52页。

废科举、兴学校,并草拟大学堂办法;变法失败后,他在南京文正书院设立“西学堂”,这是他创办新式学堂的试验。张謇经15年获得秀才功名,又经17年中举,再经9年中状元的经历,使其个人对科举之路存在的弊端有着清醒认识,也成为张謇废旧学、创新式教育的缘由之一。

六、东游日本的启示

20世纪初,日本经过明治维新,极大地促进了国力发展,在甲午战争中大胜。清政府遭遇挫败的奇耻大辱,刺激了国内不少有识之士到日本学习。张謇的老师吴汝纶曾在1902年夏秋之际到日本做了为期4个月的教育考察。张謇在1902年10月19日到上海拜见了吴汝纶,读了其《东游丛录》。吴汝纶告诉张謇,中国教育改良应该分两步走,一是救急之法,二为长远之策,张謇颇受启发。1903年正月,日本驻江宁领事函邀张謇参观日本第五次内国劝业博览会,张謇欣然应邀。1903年5月22日,张謇登上日本游船会社“博爱丸”东渡,开始了为期70天的日本之行。张謇到日本之前,就定好了考察的次序,那就是“先幼稚园,次寻常高等小学,次中学,次高等,徐及工厂”①。因而,除了到日本不同地方需要的旅途时间外,张謇都是在考察日本的教育和实业情况。5月25日在日本长崎登岸,首先访问町村小学校、私立鹤鸣女子学校、伊良林寻常小学校。张謇观后说:“余向谓中国兴学之难,在学生食宿费多,其食宿费多,仍由于学校少,而从学者多去其乡也。”②5月31日参加大阪市小学校建校30周年纪念大会,6月1日参观爱日小学校、爱珠幼儿园,6月2日参观大阪东区第一高等小学校、大阪府立模范幼儿园,6月3日参观大阪桃山女子师范学校,6月4日参观中之岛高等工业学校,6月5日参观大阪府立师范学校及附属小学,6月6日再访大阪府立师范学校,等等。据不完全统计,张謇的日本之行,先后参观考察各类学校35所,与爱日小学校校长高桥季三郎、桃山女子师范学校校长大村芳树等10多位校长交流。张謇说:“学校形式不请观大者,请观小者;教科书不请观新者,请观

---

① 张謇:《柳西草堂日记》,李明勋、尤世玮主编:《张謇全集》(第八册),第1011页。

② 庄安正:《张謇先生年谱》,第216页。

旧者；学风不请询观都城者，请询市町村者。”[①]所以，当张謇7月8日在北海道游览石狩川途经一寻常小学校时，决定下车观之，并与校长兼教员的石附喜三太交谈，在日记中写下“罗叔蕴（振玉）东游时属其访查而不得，今于无意中遇之，可喜也”[②]。7月27日，张謇登上“弘济丸”离开日本，返回中国。综合日本的考察，可以看出，张謇东游日本考察，完全是与自身所要从事的事业密切联系在一起，并得出“就所知者评其次第，则教育第一，工第二，兵第三，农第四，商最下，此皆合政、学、业程度言之”的结论。

70天的日本考察之行，张謇进一步认识到中日甲午战争中国战败的原因是国事衰弱、缺少创新。《大阪朝日新闻》报道张謇参观女子师范学校及附属小学和幼儿园时称：“其重点除教学管理外，对其建筑、课业内容无不详细入微考察，并仔细测量教室椅子大小尺寸。对于学生体操课业、寄宿生活等似乎产生深刻印象。同时还对幼儿园学童们做火车游戏和积木玩具深表兴趣，并表示返国后将创办师范学校附属幼儿园。”[③]张謇在当年8月翰墨林书局铅印的《癸卯东游日记》中写道：“二十年来，稍留心于实业、教育，近方稍有着手处。”[④]经过此番东游，张謇的创校办学理念终臻完善。东游日本的见闻，更加坚定了张謇创办教育的信心，并为他创办各类学校提供了借鉴。

七、推行地方自治的需求

张謇一生中，地方自治事业是其用力最勤和成就最大的事业[⑤]。胡适说：“张季直先生独立开辟了无数新路，做了三十年的开路先锋，养活了几百万人，造福于一方，而影响及于全国。”[⑥]张謇以实业、教育、慈善作为

---

① 庄安正：《张謇先生年谱》，第555页。

② 庄安正：《张謇先生年谱》，第216页。

③ 《大阪朝日新闻》，明治三十六年五月三十一日。见南京大学留学生部：《近代改革家张謇》，南京：江苏人民出版社，1996年，第912页。

④ 张謇：《柳西草堂日记》，李明勋、尤世玮主编：《张謇全集》（第八册），第559页。

⑤ 张绪武：《我的祖父张謇》，第124—137页。

⑥ 胡适：《序》，张孝若：《最艰难的创业者——状元实业家张謇传》，北京：新世界出版社，2016年，第5页。

其地方自治规划的三大支柱,他认为:"举事必先智,启民智必由教育;教育非空言所能达,乃先实业;实业教育既相资有成,乃及慈善,乃及公益。"[①]张謇的实业、教育、慈善、社会事业等都需要各样人才,这一时期,不仅仅是南通,整个中国都缺乏专业技术人才。唯有通过教育,才能实现张謇"以成鄙人建设一新世界雏形之志,以雪中国地方不能自治之耻,虽牛马于社会而不辞也"[②]的报国之志。正因此,张謇在南通开设国文专修科、巡警教练所、监狱传习所、通俗教育社、妇女宣讲会、保姆传习所、伶工学社、发网传习所等与自治密切相关的教育机构,满足自治建设对人才的需求也就成为张謇创办教育的又一个缘由。

结　语

张謇一生倾心于创办教育事业,在南通构建了一套体系完备的现代教育体系,包括师范教育、学前教育、小学教育、中学教育、高等教育、职业教育、基础教育、特殊教育及至继续教育等。张謇清醒地认识到教育在救亡图存中的作用,需要通过普及教育唤醒国人;欲寻求国家的强盛,应当先从教育着手,培养出能办教育、实业的适当人才。培养适当人才,本在师范,乃知师范之设不可以已[③]。张謇在实践中认识到兴学要使学校与实业、事业有效结合。他在 1924 年对自己兴办教育做了简略回顾,说自己"通世界之趋势,知文化必先教育,……1902 年创办师范教育,以为普及教育之基础。纺纱须棉,须增产棉地,在棉产地,须讲求改良棉种法,遂创设农业学校;须纺织专门人才,故设立纺织学校,又设立商业学校;南通实业发达,来南通人渐多,乃注意卫生,设立医院和医校"[④]。通过张謇的自述,可以看出张謇兴学,立足实际,注重实用。张謇 73 年的人生,30 年的事业,爱国主义、救国理想、实业追求、教育理念以及个人经历使得这位晚清状元,通过主办或参与创办 370 多所各类院校,至今对南通、长三角乃至中国教育产生着深远影响。正如张謇所言:"天之生人也,与草木无

---

① 张謇:《谢参观南通者之启事》,李明勋、尤世玮主编:《张謇全集》(第五册),第 198 页。

② 张謇:《垦牧乡志》,李明勋、尤世玮主编:《张謇全集》(第六册),第 585 页。

③ 邹迎晞、陆碧波:《张謇一生》,吉林:吉林文史出版社,2020 年,第 68—71 页。

④ 章开沅:《张謇传》,第 321 页。

异。若遗留一二有用事业，与草木同生，即不与草木同腐。故踊跃从公者，做一分便是一分，做一寸便是一寸。鄙人之办事，亦本此意。”[①]实业救国、教育强国，构成张謇一生创办教育的强烈动因与力量源泉。

〔作者杨海红，江苏工程职业技术学院副教授、南通大学张謇研究院特约研究员。南通 226007〕

① 张謇：《第三养老院开幕演说》，李明勋、尤世玮主编《张謇全集》（第四册），第508页。

张謇地方社会治理思想探析

杨　晔

摘　要：张謇地方社会治理思想虽然呈现出多样化，但依旧具有体系性，并与传统地方社会治理模式之间有延续性。一方面，从外部视角，传统治理模式的政治文化背景有着“自治”的面貌，张謇以地方自治为前提，将宗族组织作为传统地方社会治理的经济与社会基础，推进民生与实业建设为自治提供经济保障，稳固了治理的根本。另一方面，从内部视角，传统地方社会治理的主体是乡绅，在治理内容上更关注于官方的统治需求；而张謇的地方治理思想则以地方精英为主导群体，以社会保障与公益事业作为治理重心。对传统的“官民共治”与张謇“自治社会”两种类型的体系结构进行比较，可以看出张謇地方治理思想相较于传统类型的转变，在其本质属性上彰显出自治社会化的特征。

关键词：张謇　地方治理　思想体系　社会治理

近代，不少地区存在着独特的地方治理实践，张謇作为地方的精英与领袖，主导与引领着南通的地方治理实践，是对地方社会治理进行探索的典型代表。对其地方治理的研究，也逐渐成为对张謇相关思想研究与关注的重点之一①。

张謇平生涉猎的领域极多，包括地方自治、实业民生、教育师范以及慈善公益等方面。张謇这些多样的实践与理念之间是否有所联系？彼此之间关系如何？如何理解与认识张謇在地方社会治理方面的思想？相比传统的地方社会治理由乡绅、宗族为主导的自治，张謇作为地方精英，其

---

① 相关研究参见庄安正：《张謇的社会治理主张与实践散论》，《南通职业大学学报》2015 年第 4 期；羌建：《张謇的义利观及其在“地方自治”中的实践》，《南通大学学报(社会科学版)》2017 年第 4 期；马珺：《张謇地方自治思想探究》，《中州学刊》2008 年第 2 期；陶燕辉：《张謇地方自治思想探析》，《南通职业大学学报》2007 年第 4 期；赵明远：《论张謇的社会管理思想》，《南通纺织职业技术学院学报》2011 年第 1 期；张荣生：《张謇经营南通地方自治的理念与实践》，《南通大学学报(社会科学版)》2008 年第 2 期；蔡苏龙、牛秋实：《张謇与晚清地方自治》，《益阳师专学报》2001 年第 5 期。

所倡导的南通地方治理的思路与实践，与传统中国地方社会治理模式之间的关系怎样？二者之间有何相似与相异？甚至张謇在南通的实践相比于传统的模式有何创新与转变，都是需要深入探讨的课题。

一、张謇地方社会治理思想的外部视角

张謇在南通的地方自治与实践，涉及的内容与领域多种多样，具体分为两个方面：一是张謇进行地方社会治理的大环境，所依赖的上层建筑即政治制度与文化背景；二是从社会与经济基础层面分析，即张謇在南通进行自治与社会治理的底层根基。此种一“上”与一“下”的宏观认识，可从外部视角对张謇的地方社会治理思想提供一种基本的刻画。

（一）地方社会治理的“自治”前提

不论是传统基层社会治理的模式，还是近代张謇地方社会治理的开展，都离不开宏观的政治大背景。从传统中国地方社会治理的模式来看，表现为相近于“自治”的面貌。一方面，从官方在地方的制度体制来看，“皇权”代表的机构组织基本停留于“县”一级。传统中国的国家政治与治理的秩序，被学者评价为皇权的无为主义与双轨制，皇权的代表——官员，最底层的官员是知县[①]；作为皇权代表的县级体制存在精简化与集约化的特点，从历史演变来看，秦时设置的县级政权组织有县丞、县尉，唐宋时是县丞、主簿和县尉等，至明代则是县丞、主簿，以及典史等[②]。可见，传统中国关于地方治理在最底层的行政组织设置倾向于精简化与简单化。以清代的县进行分析，县级各类属吏“佐杂”的类型逐渐出现增加的趋势，例如六房和书吏、幕友、衙役等辅助人员，尤其是各种类型非正式的幕友在地方政府中所起的协助作用，在清代得以明显繁盛。但是最为重要的职责权力依旧由地方主管官员把控，正式人员的数量与类型依旧保持稳定[③]。各县及其组织人员的数量，即便人口与管辖面积在清代有明

① 费孝通、刘豪兴：《乡土中国》，上海：上海人民出版社，2013 年，第 277—279 页。

② 程幸超：《中国地方行政制度史》，成都：四川人民出版社，1992 年，第 29、48、139、180、225 页。

③ 任立达：《中国古代县衙制度史》，青岛：青岛出版社，2004 年，第 7、93 页。

显变化与增加,县级数量与规模设置却基本保持不变①;县级机构设置与人员编制也并未明显变化,甚至有刻意降低数量的情况②。传统中国的地方社会治理的基本体制,有被称之为"一人政府"的,传统官方统治力量在地方治理模式中精简化的体制导致在县级层面官方势力有着明显的减弱③。

另一方面,从地方与基层的实际情况来看,却是以"自治"的面貌为主。此种县级以下的"自治"面貌一是依靠乡约制度维持。宋代开始在基层出现的乡约,是乡民自动、自发地制定规约,处理乡民中的治安、经济、教育与礼俗等问题④。乡约是基层民间的自治规范,虽然后期由民间自发走向官方主导,但依旧形成了一系列规范的组织机构形式⑤。方孝孺就曾经提出"乡族自治"的理论,萧公权称赞其可与地方自治相近似⑥。二是依靠宗族团体的影响。宗族的形成与发展有地缘因素,在地方与区域社会中一直保持一定的影响力,甚至如隋唐时期的族间制就反映了宗族的重要性,以致当时的基层社会几乎是宗族的社会⑦。明清时期,地方宗族具备乡约化与组织化的特点,成为民间乡里组织,族长对宗族的管理拥有极大的权限,既是官方对基层控制的重要手段延伸,也反映出宗族推动了地方治理的"自治"面貌⑧。三是依靠保甲与乡绅群体的影响。保甲制度形成了一种准官员文化,既帮助主官处理地方事务,也是地方利益的代表,为半正式性的基层官员⑨。而乡绅群体的身份属性也具备双重属

① 尤陈俊:《清代简约型司法体制下的"健讼"问题研究——从财政制约的角度切入》,《法商研究》2012 年第 2 期。

② 黄宗智:《集权的简约治理——中国以准官员和纠纷解决为主的半正式基层行政》,《开放时代》2008 年第 2 期。

③ 瞿同祖:《清代地方政府》,范忠信、晏锋译,北京:法律出版社,2003 年,第 31 页。

④ 牛铭实:《中国历代乡约》,北京:中国社会出版社,2005 年,第 3 页。

⑤ 董建辉:《明清乡约 理论演进与实践发展》,厦门:厦门大学出版社,2008 年,第 275 页。

⑥ 牛铭实:《中国历代乡约》,第 23—25 页。

⑦ 冯尔康、阎爱民:《中国宗族》,广州:广东人民出版社,北京:华夏出版社,1996 年,第 117 页。

⑧ 冯尔康等:《中国宗族史》,上海:上海人民出版社,2009 年,第 288—289 页。

⑨ 林辉煌:《"皇权不下县"治理方式的历史两面性》,《北京日报》2016 年 11 月 14 日,第 19 版。

性，属于地方精英群体，乡绅与官方的地方机构有密切的联系，又发挥着联系基层民众的衔接作用，是地方“自治”的重要环节[①]。

而从近代张謇地方社会治理的思想与实践来看，政治大环境则是以“地方自治”为前提，具体可以分为三个方面。首先，宪政作为这种地方自治理念与实践的前提条件。张謇对清末的地方自治改革高度关注，重视与利用各省与地方的咨议局来实现地方民主[②]。其中特别强调其立法的权能，“惟未立之法，将来必自由制台、抚台交议，或本局自行提议，皆需公决后呈请公布施行”，指出“咨议局为议会基础”[③]；并且，张謇认为咨议局是地方自治的基础，“知识何自而长？则普及教育是已；教育何由而普及？则筹集地方自治经费是已；地方自治之纲领，则咨议局也”[④]；“查议会发展自治，无论国省县，皆良好机关也”[⑤]。可见，张謇认为宪政是地方自治的前提与保障。甚至从反面来举例，以“日本政治学者所谓‘君主政体之下，自治无由发达’”作为说明，强调其重要意义[⑥]。

其次，在张謇地方社会治理的具体构想与实践中，将南通的社会治理与自治，以“村落”作为治理的主体，实施他设想中的“村落主义”。早期，张謇曾提及“謇自前清即矢志为民，以一地自效。苏人士嗤为村落主义”；之后，张謇则接受这一说法，“抑謇之所以辞国、省会，而终以村落主义自享也”[⑦]。张謇多次强调南通的实践是一种“村落主义”，如“年来以村落主义，整顿乡里”[⑧]；“故自持村落主义益坚”[⑨]；“近以夙昔村落主义，欲图

① 徐迪：《非正式关系与国家权力的互动——从明清乡绅自治到当代基层治理的演变及启示》，《领导科学》2019 年第 24 期。

② 王令云：《论张謇的君主立宪思想及其实践》，《经济与社会发展》2007 年第 7 期。

③ 张謇：《本省单行章程规则截清已行未行界限分别交存交议案》，李明勋、尤世玮主编：《张謇全集》（第一册），第 181 页。

④ 张謇：《致载译函》，李明勋、尤世玮主编：《张謇全集》（第二册），第 250 页。

⑤ 张謇：《致凌仁山萧绍庭函》，李明勋、尤世玮主编：《张謇全集》（第三册），第 1140 页。

⑥ 张謇：《致内阁电》，李明勋、尤世玮主编：《张謇全集》（第二册），第 288 页。

⑦ 张謇：《致袁世凯函》，李明勋、尤世玮主编：《张謇全集》（第二册），第 291 页。

⑧ 张謇：《复汤城函》，李明勋、尤世玮主编：《张謇全集》（第二册），第 611 页。

⑨ 张謇：《请解农商部长职专任水利局务呈》，李明勋、尤世玮主编：《张謇全集》（第一册），第 404 页。

一县旱潦有备之水利"[①];"謇抱持村落主义,三十年矣,未尝一日号于人"[②]。并且,张謇在多处场合以"村落"对南通的自治实践进行自谦,如"自效里邑,戋戋村落之绩,有何足言"[③],"走于南通营小小村落"[④],等等。

最后,深入至张謇地方社会治理的具体事务来看,张謇构想中的"自治"事务涉及内容广泛,包括三个主要部分。一是有关自治的经费。张謇针对自治的经费问题多次提出自己的观点,认为"夫地方自治经费应取给于地方税,准之公例,既无疑义"[⑤]。张謇还曾提出"言其里则地方自治教育费为尤要"[⑥]。二是有关自治的组织。张謇指出"苏社为研究自治机关"[⑦],以及"宝山衣周塘地,以苏社谋地方自治"[⑧]。三是有关自治的相关事业建设。张謇曾提出"自治之本在兴学,兴学之效在普及"[⑨];"今国家方宏普及教育之仁,父老亦将有地方自治之望"[⑩];"南通教育,由来以循分为养成自治之真源"[⑪];"非实业不足以自治"[⑫];"地方自治,交通尤要"[⑬]。可见,地方自治为其最终追求,而教育与实业都与之相关。

可见,从传统的地方自治到张謇的地方治理,相同之处在于都呈现出一种"自治"的面貌,但是其政治大背景,尤其是政治制度的根基是明显不同的,地方自治的性质与属性也有明显差异。传统地方治理的"自治"面貌,依赖于皇权所不及的地方社会自发形成的秩序;而张謇的地方自治实

---

① 张謇:《致段祺瑞函》,李明勋、尤世玮主编:《张謇全集》(第二册),第615页。

② 张謇:《复赵恒惕函》,李明勋、尤世玮主编:《张謇全集》(第三册),第880页。

③ 张謇:《复柯理尔函》,李明勋、尤世玮主编:《张謇全集》(第二册),第457页。

④ 张謇:《复马相伯函》,李明勋、尤世玮主编:《张謇全集》(第二册),第687页。

⑤ 张謇:《预计地方自治经费厘订地方税界限应请开国会议》,李明勋、尤世玮主编:《张謇全集》(第一册),第198页。

⑥ 张謇:《上度支部大垦淮徐海荒地为规复海军及地方自治教育费基本说》,李明勋、尤世玮主编:《张謇全集》(第一册),第170页。

⑦ 张謇:《复陈权均函》,李明勋、尤世玮主编:《张謇全集》(第一册),第755页。

⑧ 张謇:《致李纯函》,李明勋、尤世玮主编:《张謇全集》(第一册),第762页。

⑨ 张謇:《上学部条陈》,李明勋、尤世玮主编:《张謇全集》(第一册),第153页。

⑩ 张謇:《请拨给捐款补助通州中学公呈》,李明勋、尤世玮主编:《张謇全集》(第一册),第120页。

⑪ 张謇:《公告七中、商校农校医校县师范补习学校等》,李明勋、尤世玮主编:《张謇全集》(第五册),第271页。

⑫ 张謇:《请解农商部长职专任水利局务呈》,李明勋、尤世玮主编:《张謇全集》(第一册),第403页。

⑬ 张謇:《致张孝若电》,李明勋、尤世玮主编:《张謇全集》(第一册),第869页。

践，不仅基于地方自治的制度框架，而且与经费、组织和相关事业建设紧密相关。

（二）地方社会治理的“社会”基础

传统社会治理模式与近代张謇在南通的地方社会治理实践，同样都需要以社会与经济的运行作为基础。就传统的社会治理模式来看，其社会治理的经济与社会基础往往依赖于宗族的运行与发展，呈现出宗族组织化的特点。主要基于四个方面：一是宗族具备教化与凝聚的功能。宗族对族人的教育与规范，体现在生活的各个方面，强调族人之间的和善友睦、忠君勤俭[①]。宗族与乡约之间密切联系，宗族对于基层教化的开展有重要影响。并且设立“族学”与“义学”，通过族学的推进促进文化与观念的凝合，使宗族具备文化上的凝聚力[②]。二是宗族具备经济上的支撑。族田、义庄等在经济上支持宗族的势力[③]。此外还有祭田、义田、义学田，以及宗族对族人的赡养，这些都为宗族的发展提供了经济基础与保障[④]。三是宗族具备规范家法族规与纠纷解决的能力。宗族在基层纠纷处理上，魏晋时地方宗族与豪强势力强大，甚至已包揽词讼，组织化的宗族也为宗族解决族人争端、调息矛盾创造了条件[⑤]。宗族的族长被赋予一定的司法权，以族规解决宗族内部纠纷，说明宗族在传统地方社会中有重要的解决纠纷的功能[⑥]。四是宗族本身具备组织与系统的功能。基层宗族通过家庙祭祖制度，修建宗族祠堂。至明清时期，宗族规模扩大，宗庙祭祀普遍化，族谱的修立与宗族乡约化，宗族更为组织化[⑦]。

近代张謇在南通的地方社会治理思想与实践，其经济与社会基础则在于民生与实业的建设与发展。在张謇看来，民生与实业作为地方自治

① 冯尔康、阎爱民：《中国宗族》，第84—86页。

② 冯尔康等：《中国宗族史》，第191页；张明新：《齐家纲维：家法族规及其与国家法关系述论》，中国政法大学法律史学研究院，2011年。

③ 李文治、江太新：《中国宗法宗族制和族田义庄》，北京：社会科学文献出版社，2000年，第22页。

④ 冯尔康等：《中国宗族史》，第181—188、250页。

⑤ 赵秀玲：《中国乡里制度》，北京：社会科学文献出版社，2002年，第21、184页。

⑥ 参见冯尔康等：《中国宗族史》，第240—244页。

⑦ 参见冯尔康等：《中国宗族史》，第170—180、272、288页。

与社会治理的基础,可分为三个层次。首先,以实业的发展作为民生与自治的根本保障。张謇就曾提出:“非实业不足以自治”[①],“以我南通论,自治之本在实业”[②];“譬之树然,教育犹花,海陆军犹果也,而其根本则在实业”[③];“民生困苦,由于实业不兴”[④];“实业为民生国计之原”[⑤];“穷在无实业,堕落在无教育”[⑥];“实业教育为立国救国之本”[⑦],等等。将实业与民生建设和地方自治相结合来分析,认为实业是自治与民生以及地方治理的根本、源头。

其次,重视有关经济方面法律法规对实业与经济的维护作用。张謇针对实业相关保障的论述,就曾提及“实业之发达,必恃有完备之法律,以为之监督保障”[⑧];法律的完备性欠缺,被张謇认为是首要问题,即“第一问题,即在法律不备”,因而提出“惟有将现在农工商各业急需应用之各种法令,督饬司员从速拟订,如法公布”[⑨];以及“公司无法律,一切无所据依”[⑩];“我无法律为之防,其危险将视无可得资的为尤甚”[⑪];“是此等机关,非借法律不能发生,非有法律之保障,即发生亦不能巩固”等观点[⑫]。

---

① 张謇:《请解农商部长职专任水利局务呈》,李明勋、尤世玮主编:《张謇全集》(第一册),第403页。

② 张謇:《对于各盐垦公司之通告》,李明勋、尤世玮主编:《张謇全集》(第五册),第244页。

③ 张謇:《对于救国储金之感言》,李明勋、尤世玮主编:《张謇全集》(第四册),第337页。

④ 张謇:《咨议局联合会请饬阁臣宣布借债政策呈都察院代奏稿》,李明勋、尤世玮主编:《张謇全集》(第一册),第219页。

⑤ 张謇:《致孙中山函》,李明勋、尤世玮主编:《张謇全集》(第二册),第303页。

⑥ 张謇:《致赵凤昌函》,李明勋、尤世玮主编:《张謇全集》(第二册),第492页。

⑦ 张謇:《致曹锟函》,李明勋、尤世玮主编:《张謇全集》(第三册),第1226页。

⑧ 张謇:《咨议局联合会请饬阁臣宣布借债政策呈都察院代奏稿》,李明勋、尤世玮主编:《张謇全集》(第一册),第221页。

⑨ 张謇:《为拟定农工商法令呈大总统文》,李明勋、尤世玮主编:《张謇全集》(第一册),第262页。

⑩ 张謇:《大生分厂第一次股东会报告》,李明勋、尤世玮主编:《张謇全集》(第四册),第137页。

⑪ 张謇:《实业政见宣言书》,李明勋、尤世玮主编:《张謇全集》(第四册),第258页。

⑫ 张謇:《致商会联合会函》,李明勋、尤世玮主编:《张謇全集》(第二册),第439页。

可见，在张謇看来，在民生与实业发展中法律更多的是从反面起到不可或缺的预防与保障作用。

最后，张謇的具体民生实业涉及的领域较多，应包括教育、交通与水利等方面。张謇认为民生与实业是其他公益事业的基础，如“所谓实业为教育之母是也”①；“然非先兴实业，则教育无所资以措手”②；“兴教育必资于实业”③；“素以实业资教育，自治之要亦无过实业教育也”④；“地方自治，交通尤要”⑤；“首在划清界至，次筹水利、交通，为最要之政”⑥；“益专心致志于村落主义，更进而经营交通”⑦；“无水利无以利农，则湖河宜辟”⑧；“以苏社谋地方自治，先从实业、教育、交通、水利四项入手”⑨；“事关民生水利，盼切施行”⑩，等等。这些具体的实业建设事务，作为地方自治的经济基础，再进一步拓展至教育、交通、水利与农业等其他领域。

从传统到近代张謇地方社会治理的思想与实践，相同之处在于不管是宗族还是民生实业，都是地方治理的经济基础与社会条件；不同之处则是传统与近代的社会生产方式明显不同，传统的经济基础来源于较为稳定与封闭的宗族民间组织，而张謇地方社会治理则是立足于民生实业，立足于更为社会化的产业组织。

---

① 张謇：《欢迎日本青年会来通参观演说》，李明勋、尤世玮主编：《张謇全集》（第四册），第579页。

② 张謇：《垦牧公司第一次股东会演说公司成立之历史》，李明勋、尤世玮主编：《张謇全集》（第四册），第180页。

③ 张謇：《垦牧乡志》，李明勋、尤世玮主编：《张謇全集》（第六册），第581页。

④ 张謇：《对于各盐垦公司之通告》，李明勋、尤世玮主编：《张謇全集》（第五册），第244页。

⑤ 张謇：《致张孝若电》，李明勋、尤世玮主编：《张謇全集》（第三册），第869页。

⑥ 张謇：《督办吴淞商埠就职宣言》，李明勋、尤世玮主编：《张謇全集》（第四册），第478页。

⑦ 张謇：《欢迎日本青年会来通参观演说》，李明勋、尤世玮主编：《张謇全集》（第四册），第579页。

⑧ 张謇：《徐州应建行省议》，李明勋、尤世玮主编：《张謇全集》（第四册），第84页。

⑨ 张謇：《致李纯函》，李明勋、尤世玮主编：《张謇全集》（第三册），第784页。

⑩ 张謇：《致大总统及财政部农林部电》，李明勋、尤世玮主编：《张謇全集》（第二册），第342页。

二、张謇地方社会治理思想的内部视角

与外部视角的宏观与静态的特点相对应,考察张謇地方社会治理思想的内部视角则是一种具体与动态的分析角度。就地方社会治理的内部实际运作而言,一方面需要关注地方治理中的主体形象,基本表现为“精英”的样貌;另一方面则是地方社会治理中的具体内容,反映出社会的主要关系与治理重点。

(一) 地方社会治理的“精英”主体

在传统与近代张謇主导的地方社会治理中,不同的主体特点形成不同的治理模式。传统中国的地方社会治理中的“乡绅”,是作为治理过程的“精英”代表与主导群体。传统乡绅呈现为复杂的双重属性。乡绅有着浓厚的地方社会的背景,在基层社会中有深厚的社会民众基础,甚至比官方还有权威性①;其与地方宗族之间有深厚的血缘与地缘关系,利于关注与参与地方社会的具体事务②。乡绅、士绅又具备一定的官方背景或者经验,在地方社会中又常与地方主官合作,享有官府给予的一定特权,以及本身具备的丰富地方资源,甚至可以操控地方的保甲人选③。双重属性的乡绅群体,作为国家体制的“官”,又是宗族乡里的“民”,不仅是地方的精英代表,也是官民势力之间的纽带。

传统乡绅在地方社会治理中发挥着多元作用。乡绅具备官民双重属性,也能发挥辅助地方治理的功能,不仅努力使上意下通,甚至协助地方主官行政④。乡绅具备教化作用,在结合乡约制度的基础上,地方士绅宣讲乡约对乡里进行教化⑤。乡绅具备纠纷化解的作用,在基层纠纷解决之中发挥着独特作用⑥。在调解乡里纠纷与诉讼案件方面,可以发挥其

---

① 岑大利:《乡绅》,北京:北京图书馆出版社,1998 年,第 89—90 页。

② 杨银权:《清朝陕西地方社会治理视野下的士绅研究》,北京:中国社会科学出版社,2016 年,第 284 页。

③ 岑大利:《中国历代乡绅史话》,沈阳:沈阳出版社,2007 年,第 8、68—70 页。

④ 赵秀玲:《中国乡里制度》,第 253 页。

⑤ 岑大利:《乡绅》,第 117—128 页。

⑥ 杨银权:《清朝陕西地方社会治理视野下的士绅研究》,第 211 页。

双重属性的作用[①];乡绅调解的目的,更多是为维护基层的社会秩序,或需求纠纷各方互相满意的解决方案[②]。

近代张謇在南通地方社会治理的思想与实践中,也存在"精英"群体的主导形象。"精英"群体在南通的地方社会治理实践中发挥着重要作用,张謇及其家族、好友就是此种群体的代表。张謇曾多次自述自己对南通自治与社会治理的努力。如资金方面的努力,"鄙人兄弟用私资于乡里自治事业者,逾三十万"[③];"二十六年以来,謇之得于实业而用于教育、慈善及地方公益者,凡二百五十七八万,仍负债六十万有奇"[④];"创办之始,或以謇兄弟朋好所得于实业之给红奖,或由謇兄弟朋友于实业有关系之人展转募集""岁需必二十六万六百十九元,除已有少数基本及随时募集补助外,力求撙节,岁需亦必十八万二千一百三十八元。由今以前,筹措补助,皆謇兄弟任之"[⑤]。在实业方面,"从事实业二十余年,组织各种公司"[⑥];在教育方面,"为地方教育谋基产谋发展二十余年"[⑦];"謇营南通实业教育二十余年,实业教育,大端粗具"[⑧]。有关地方自治的,"查南通自治事业,赖地方人士与愚兄弟合力经营二十余年"[⑨];"而近二十余年之间,南通地方自治之事,若实业,若教育、慈善,若水利、堤防、道路,仍兴辈

---

① 赵秀玲:《中国乡里制度》,第 251 页;陈忠海:《乡贤与乡村治理》,《中国发展观察》2018 年第 8 期。

② 杨银权:《清朝陕西地方社会治理视野下的士绅研究》,第 210 页。

③ 张謇:《复周应时等函》,李明勋、尤世玮主编:《张謇全集》(第二册),第 583 页。

④ 张謇:《太虚以佛法批评社会主义录答问》,李明勋、尤世玮主编:《张謇全集》(第四册),第 623 页。

⑤ 张謇:《呈筹备自治基金拟领荒荡地分期缴价缮具单册请批示施行文》,李明勋、尤世玮主编:《张謇全集》(第一册),第 431 页。

⑥ 张謇:《大陆制铁公司通电》,李明勋、尤世玮主编:《张謇全集》(第二册),第 726 页。

⑦ 张謇:《公告七中商校农校医校县师范补习学校等》,李明勋、尤世玮主编:《张謇全集》(第五册),第 271 页。

⑧ 张謇:《南通中等以上学校联合运动会演说》,李明勋、尤世玮主编:《张謇全集》(第四册),第 511 页。

⑨ 张謇:《募集地方自治公债案》,李明勋、尤世玮主编:《张謇全集》(第一册),第 509 页。

起”[①]。有全面总结性的论及,“謇言自治二十有三年矣”[②];“廿余年来,教育、公益、慈善、实业,粗有端绪”[③]。

可见,张謇及其家族是南通地方自治与治理建设的主导力量。但张謇也表达了其个人与家族力量的局限性,“竭謇兄弟二人之力,万万不能”[④];“謇兄弟者,地方之个人也。地方之力有限,个人之力尤有限”[⑤]。因而,张謇在诸多场合都提及,在南通发展地方事业离不开亲友的鼎力相助,就乡里精英而言,汇集了官员、乡绅、富绅、学者等等各领域的人才[⑥]。张謇个人也曾提及“凡与謇共地方之事者,皆于中园有翕助劢相之劳,或以力,或以财,非一时,非一事,非一人”[⑦];“是一二人者,始实业而及教育,或乡里相友助成之”[⑧];“蒙亲戚朋友赞助,而一院告成”[⑨]。这些都反映出张謇与其地方精英人士对地方社会治理工作的积极推进与努力。

从传统地方社会治理中的乡绅群体,南通地方自治与社会治理的实践,都展现出“精英”群体的引领与引导特点。相比传统乡绅复杂的双重属性,在近代以张謇为代表的地方精英在地方治理理念中,更倾向于血缘联系、地缘纽带的作用,主张维护地方利益。

(二) 地方社会治理的具体内容

从内部视角看传统与近代张謇的地方社会治理的情况,治理过程中涉及的具体内容,反映着不同地方社会及其治理模式之间的差异。传统

① 张謇:《南通县图志续纂后序》,李明勋、尤世玮主编:《张謇全集》(第六册),第501页。

② 张謇:《致王瑚函》,李明勋、尤世玮主编:《张謇全集》(第三册),第859页。

③ 张謇:《复萨镇冰函》,李明勋、尤世玮主编:《张謇全集》(第三册),第1181页。

④ 张謇:《呈筹备自治基金拟领荒荡地分期缴价缮具单册请批示施行文》,李明勋、尤世玮主编:《张謇全集》(第一册),第431页。

⑤ 张謇:《谢参观南通者之启事》,李明勋、尤世玮主编:《张謇全集》(第五册),第199页。

⑥ 章开沅、田彤:《张謇与近代社会》,武汉:华中师范大学出版社,2001年,第319、335页。

⑦ 张謇:《南通公园记》,李明勋、尤世玮主编:《张謇全集》(第六册),第423页。

⑧ 张謇:《南通教育年鉴序》,李明勋、尤世玮主编:《张謇全集》(第六册),第612页。

⑨ 张謇:《第三养老院开幕演说》,李明勋、尤世玮主编:《张謇全集》(第四册),第508页。

的地方社会治理模式关注的即在“教化”、“赋税”与“治安”三大方面，反映的是传统中国统治者的统治需求①。首先，地方社会治理中教化职责，由官方职能向官民结合转换。从秦汉时期尊贵的“三老”职位呈现职役化的特点，此后地位也逐步下降②；宋代，已经不在地方设置教化职位③。地方社会教化治理走向官民合作的模式，如明代的老人承担教化与词讼两个主要职能④。从明代乡约开始，官方开始逐渐影响与主导乡约⑤；并利用地方的乡约、乡绅和宗族多元方式推行教化，控制乡里。

其次，地方社会治理中的赋税职责，始终成为官方治理的主要内容。如秦汉时的啬夫、唐宋时期的里正，都是负责基层的赋税管理⑥。明清时则是里长，通过里甲制与保甲制进行管理⑦。此外，地方与基层的经济事务，则依靠宗族、乡约、乡绅以及自发形成的民间组织进行处理。可见，官方对于管人与管钱的地方治理事务，保持着持续的掌控，民间势力与组织则具有补充的作用。

最后，地方治安的治理，是官方关注与改革的重点。宋代以前的基层治安，除了依照一般的行政管理制度之外，还有游徼、亭等人员参与管理⑧。宋代及之后，保甲制度与里甲制度才作为统筹地方治安与相关事务的制度设计。而民间力量虽然也对地方治安以辅助，但是其发挥的作用相当有限。简言之，传统地方社会治理更注重赋税与治安，而教化与其他事务，则倾向于官民结合模式或直接由民间自理。

张謇在南通的地方治理思路与实践，有三个重点内容，即教育、文化与慈善。首先，教育是地方社会治理的起始阶段与人才条件，针对的群体

---

① 张德美：《古代乡官的嬗变》，《政法论坛》2013 年第 1 期。

② 赵秀玲：《中国乡里制度 第 2 版》，第 20、79 页。

③ 参见张德美：《皇权下县——秦汉以来基层管理制度研究》，北京：清华大学出版社，2017 年，第 198 页。

④ 参见高福顺：《古代“乡绅之治”开启基层治理密码》，《人民论坛》2017 年第 35 期。

⑤ 参见谢长法：《乡约及其社会教化》，《史学集刊》1996 年第 3 期。

⑥ 赵秀玲：《中国乡里制度 第 2 版》，第 14、23 页。

⑦ 张德美：《皇权下县——秦汉以来基层管理制度研究》，第 126—128 页。

⑧ 赵秀玲：《中国乡里制度》，第 11 页。

是青年。张謇认为“实业教育,富强之大本也。教育所以开民智”[①];“根本之图,教育为亟”[②],“若教育未兴,人才缺乏,即有坚舰利炮,谁能用之?”[③];“教育尤为各种政策之根本”[④];“非教育不足以图存”[⑤];“宪政之要,首在教育普及”[⑥]。教育与实业相结合是张謇进行地方治理的重要方式,“衣食之原,父教育而母实业”[⑦];“教育为实业之母,师范为教育之母”[⑧];认定教育是民生的根本,即“以经营国民生计为强国之根本,要其根本之根本在教育”[⑨]。在张謇的观念中,民生与实业是其他各项事业的经济基础,而教育事业则是为其他各项事业提供人才保障,与实业建设的地位相同,但作用于不同的方面。

其次,文化与地方事业是地方社会治理的重点,针对的群体是普通民众。张謇就文化事业多次提出建议,并为建设博物馆、博物苑、图书馆、气象台做了切实的工作;地方事业,如团练、城市规划、地方经费、基础设施、赈灾济困、测绘舆图、水利工程、公共服务设施、道路工程,都属于张謇地方事业的范围。张謇在南通实践中所涉及的文化与地方事业,看似繁杂,但也反映出在地方社会治理与自治过程中,地方社会生活的内容逐渐复杂化与多样化,也体现出张謇地方社会治理主张的内容丰富与内涵广泛[⑩]。

---

① 张謇:《论创办地方实业教育致端抚函》,李明勋、尤世玮主编:《张謇全集》(第二册),第139页。

②③ 张謇:《代苏抚条陈规复海军疏》,李明勋、尤世玮主编:《张謇全集》(第一册),第160、164页。

④ 张謇:《中央教育会开会词》,李明勋、尤世玮主编:《张謇全集》(第四册),第188页。

⑤ 张謇:《请解农商部长职专任水利局务呈》,李明勋、尤世玮主编:《张謇全集》(第一册),第404页。

⑥ 张謇:《正告通五属办学诸君文》,李明勋、尤世玮主编:《张謇全集》(第四册),第115页。

⑦ 张謇:《通海中学附国文专修科述义并简章》,李明勋、尤世玮主编:《张謇全集》(第五册),第111页。

⑧ 张謇:《师范学校开学演说》,李明勋、尤世玮主编:《张謇全集》(第四册),第123页。

⑨ 张謇:《江苏教育总会咨呈江督、苏抚、宁苏提学司请开办实业教员讲习所文》,李明勋、尤世玮主编:《张謇全集》(第一册),第209页。

⑩ 庄安正:《张謇的社会治理主张与实践散论》,《南通职业大学学报》2015年第4期。

最后，慈善是地方社会治理的最终保障，针对的是弱势群体。张謇对于地方社会治理中的慈善救济，是在地方自治中发展教育事业之外，开展的救济与补充，即“而进行之事业，属于积极之充实者，最要为教育；属于消极之救济者，最要为慈善”；相比教育能够做到“率于以增进”而“慈善周遍，则缺憾于以弥补”[①]；以及“弥缝其不及者，惟赖慈善”的观念[②]。涉及内容多样，如慈善教育，“盲哑学校者慈善教育之事也”，“以城区为全县慈善开始，如他区有继踵而起者”[③]；如养老，“夫养老，慈善事也”[④]；还有“慈善如育婴、如养老、如贫民工场游民习艺、如残废、如济良、如栖流之事实披露”，等等[⑤]。张謇将慈善救济与地方自治、实业民生等结合，“乃先实业。实业教育既相资有成，乃及慈善，乃及公益”[⑥]；“慈善虽与实业、教育有别，然人道之存在此，人格之成在此，亦不可不加意”[⑦]。张謇的慈善事业是其地方社会治理思想中的重要部分，与教育事业、文化事业、地方事业等，共同构成其地方社会治理的内容。

由此可见，传统的地方社会治理与张謇的地方社会治理内容的相同之处，是都涉及地方与基层社会中主要的社会关系、生产生活秩序。差异之处在于，两者地方社会治理关注与维护的角度不同，即地方社会治理目的、整体秩序有明显的差异。

三、张謇地方社会治理思想的体系

对张謇的地方社会治理思想，通过从外部与内部两个维度进行考察，

---

① 张謇：《致卢鸿钧函》，李明勋、尤世玮主编：《张謇全集》（第三册），第 883 页。

② 张謇：《呈筹备自治基金拟领荒荡地分期缴价缮具单册请批示施行文》，李明勋、尤世玮主编：《张謇全集》（第一册），第 430 页。

③ 张謇：《狼山盲哑学校开幕会演说》，李明勋、尤世玮主编：《张謇全集》（第四册），第 350 页。

④ 张謇：《第三养老院开幕演说》，李明勋、尤世玮主编：《张謇全集》（第四册），第 508 页。

⑤ 张謇：《自治报告会展期通告》，李明勋、尤世玮主编：《张謇全集》（第五册），第 218 页。

⑥ 张謇：《谢参观南通者之启事》，李明勋、尤世玮主编：《张謇全集》（第五册），第 198 页。

⑦ 张謇：《致孝若》，李明勋、尤世玮主编：《张謇全集》（第三册），第 1537 页。

可进一步梳理出自治面貌、社会基础、精英主导以及治理内容四个要素或表征。对传统地方社会治理与张謇地方社会治理思想,以外部视角分析治理模式的政治文化背景与经济社会基础;以内部视角分析治理模式中主导的主体形象与治理的主要内容,可以展现出二者体系化的地方社会治理思想体系。

传统的地方社会治理体系,展现出"官民共治"的一种框架结构。一是体系的"上端"。地方、民间与官方之间形成了一种"官民共治"的"自治"面貌。此种自治面貌不完全是一种单纯的"自治",而是皇权在地方层面,因统治力与掌控力所不及而形成的一种平衡形态。从官方来看,此种"自治"实质是官方统治的进一步延伸与变相的治理策略①;而从民间来看,此种"自治"缺乏民众的权利来源基础、基层社会的主动性与主导型,以及切实的自治环境。二是体系的"下端"。传统地方社会治理的基础是宗族,宗族不仅拥有充分的组织力量,也为地方社会的运作提供最基本的经济保障与人员条件。宗族的特殊作用,也是源于官方与民间的互动与协调。地方官府需要宗族在乡里协助维持统治,同时也对宗族在地方的势力有所警惕与限制②。在此相互合作的前提下,双方形成了类似"自治"的平衡形态。三是体系中的"主体"。传统地方社会治理体系中的主体是乡绅,以及乡绅所控制的乡里,这二者的形成也与官民之间互动密切相关。乡绅虽具双重属性,但更具备官方的属性;乡里成员,也有类似双重属性,但更具备民间的属性。二者来源于基层"官民共治"的平衡形态,也维系此种官民共治平衡的地方秩序。四是体系中的"内容"。此种地方社会治理体系的具体治理内容,也反映出"官民共治"的平衡形态。官方关注赋税与治安等有关统治需求的内容,而教化与其他事务则支持官民合作,或者由民间自发形成的组织进行管理。简言之,传统地方社会治理体系,在一种"官民共治"的框架之下,实际上更多的是官方作为主导在推动。

近代张謇的地方社会治理体系,展现出"自治社会"的框架结构,也表现在四个方面。一是体系的"上端"。张謇地方社会治理思想体系的前提是宪政基础上的地方自治。张謇的地方自治首先是基于当时清廷不得已

---

① 参见郭宝平:《中国乡村自治的历史考察》,《唯实》2000年第1期。

② 冯尔康等:《中国宗族史》,第288—289页。

对“宪政”的追求，其地方自治围绕南通这一“村落”展开，反映了其基层属性。张謇由地方自治展开多项地方事务，此种“自治”是张謇的一种理想追求。二是体系的“下端”。张謇地方社会治理体系的社会基础是其在南通展开的民生与实业，张謇将其作为达成“自治”的根本，也视为其他地方事务开展的前提。三是体系的“主体”。张謇地方社会治理思想体系的主体是地方精英，他们与地方有极深的渊源与利益联系。其中以张謇为代表，有做官的经历，辞职回乡的特征也与传统乡绅类似。同时，张謇等地方精英以“自治”为追求，以群体力量维护地方利益与民生福祉[①]。四是体系的“内容”。张謇对于地方社会治理的推进，以在地方实现自治为未来图景，以实业民生为核心，以教育事业、文化事业、地方事业等作为地方社会治理的内容。这些地方社会治理涉及的内容看似较多，但系统全面，也有序推进[②]。其实质即是以民生与社会保障为中心，为地方“自治社会”服务。张謇的地方社会治理思想体系，反映出“自治社会”的特点之下，通过民间力量在民生与社会公益方面作为着眼点与重心。

四、张謇地方社会治理思想的创新

通过对传统地方社会治理模式与张謇地方社会治理模式的梳理，以及二者体系的比较，可以发现张謇地方社会治理思想展现出的创新及特征。

其一，在地方社会治理的前提下，从官方的管理与平衡，向民间的自治自主转变。传统地方社会治理的前提看似建立在“自治”的面貌上，而实际上是官方统治与管理的延伸以及与民间的合作、平衡；张謇地方社会治理的侧重点，是为了地方实现真正的自主与自治。但以张謇等精英主导的地方社会治理实践，与真正的地方自治还是有所差异的。

其二，在地方社会治理的基础上，从宗族向民生、社会团体转变。传统中国以宗族作为地方与基层社会的主导，是由农业社会与经济状况决定的；而张謇所处的时代，民生与实业已经能够为地方社会治理提供经济

① 陈亚杰：《民国初期的苏社与精英主导的江苏省自治》，《西部学刊》2019 年第 4 期。

② 赵明远：《论张謇的社会管理思想》，《南通纺织职业技术学院学报》2011 年第 1 期。

保障。这种变化不仅反映了治理思维的变化,还反映了社会的经济形态与生产方式,在近代中国也产生了转变。

其三,在地方社会治理的主体上,从官民属性的乡绅,向地方精英转变。传统乡绅的形成有其独特的历史背景,张謇等精英在身份上与其有明显的相似性。但是,地方乡绅在传统中国与近代,面临着不同的环境、任务与需求,使地方精英在地方社会治理中发挥不同的作用。

其四,在地方社会治理的内容上,从官方的统治需求,向民间的社会服务保障转变。传统地方社会治理关注的重点在于"管人"与"管财",即赋税与治安事务,是官方的统治需求;而张謇地方社会治理的内容绝大多数是社会公益事业,是为基层民众提供社会服务与保障。这种差异与转变,来源于不同治理模式的主导方的不同。张謇在南通的治理思路与实践,不仅暗合于传统地方宗族与民间组织管理赋税、治安之外的民生经济事务;还将此类民生与公益事务转化为地方社会治理的内容。

从与传统地方治理模式的对比中可以看到,张謇的地方社会治理思想表现出自治社会化的特征。第一,地方自治的追求,具备区域与地方社会化的特征。并将地方社会推进到一定的社会化程度,呈现为地方群体自主化与自治化的追求与实践。第二,以民生与实业产业的发展,作为地方社会治理的经济基础,更有赖于地方区域社会化发展的程度。地方区域的社会化,也有助于地方实业、产业的发展。第三,民生与公益事业是张謇地方社会治理的主要内容,反映出当某一区域社会化程度提高,民生与公益事业即有可能成为民众生活的保障。也应看到,张謇等地方精英主导的地方自治与改革,尽管促进了南通区域社会的发展,但也存在着能否担起社会主体责任的疑问,即是否与当时地方区域的自治社会化程度相符合,地方社会的自治社会化发展是否能够持续与稳定地发展。也就是说,张謇地方社会治理思想中的主导身份方面,存在一定的欠缺,主导者更应该是由政府与民众结合而成的社会本身,而非地方精英。

〔作者杨晔,海南大学法学院理论法学专业博士研究生。海口 570228〕

“本利循环”：张謇乡村建设的独特性*

熊　彤

摘　要：近代乡村建设富含先贤开拓性的智慧和经验，对之加强研究，有利于以史为鉴、古为今用。张謇在南通乡村建设中遵循“本利循环”理念，从经济入手，以工促农，以农助工，以“实业教育迭相为用”发展农村经济和教育，形成农工商教协调发展的良好态势，推动了生态循环农业和市镇化的发展。其“本利循环”理念的系统性和超前性凸显出优势，其所开创的“南通模式”对今天实现乡村振兴和共同富裕仍具有重要的借鉴价值和现实意义。

关键词：张謇　本利循环　南通模式　乡村建设　比较研究

近代乡村建设指近代中国进步人士（包括企业家、知识分子、社会团体和政府官员等）在乡村创立新事业、增加新设施，从政治、经济、教育、风俗等方面促进社会全面发展的社会改良运动①。这项运动发轫于19世纪末20世纪初，在20世纪二三十年代形成全国性的社会思潮，之后虽声势渐歇却流绪不绝，于本世纪千禧之交适时而发，为现今中国的新农村建设提供了宝贵的思想源泉和历史借鉴。近代中国的乡村建设类型众多，若按照主导主体不同，可分为三种类型：一是工商业者为主体的实业引导型，主要以张謇的南通模式②为代表。二是知识分子为主体的教育倡导型，主要以梁漱溟的邹平模式③和晏阳初的定县模式④为代表。三是政府

* 本文系江苏省社科基金项目“江苏家族史”（19WMB050）阶段性成果。

① 熊彤：《中国近代乡村建设的另一种典范——张謇的南通乡村建设》，《南通大学学报（社会科学版）》2009年第1期，第124—130页。

② 本文的南通模式是狭义的，是南通乡村建设模式的简称，与邹平模式、定县模式、江宁模式相对应。

③ 梁漱溟以山东邹平为实验区，设立“乡学村学”，推行“管、教、养、卫”合一的乡村建设模式。

④ 晏阳初以河北定县为实验区，推广“平民教育”的产物。采取“博士下乡”，希望通过开展学校式、社会式、家庭式“三大方式”，达到文艺、生计、卫生、公民“四大教育”的目的。

为主体的治理主导型,主要以江宁模式[①]为代表。其中,以张謇主导的南通模式出现时间最早、成效最为显著,对后来梁漱溟等人的乡村建设也产生了影响。

相较于梁漱溟、晏阳初等人的乡村建设,目前关于张謇乡村建设的研究成果并不多。有学者认为张謇在南通乡村举办的各项举措,促进了当地乡村教育、交通、医疗、社会救助等事业的发展,南通的乡村建设成效显著[②]。本文拟在吸取前人研究成果的基础上,对南通模式与其他两种乡村建设模式进行比较,从中发现张謇南通模式的独特和可贵之处。

一、张謇南通模式的核心理念“本利循环”

张謇筚路蓝缕,一生致力于“经营乡里”,倡导“地方自治”和“棉铁主义”,在家乡南通苦心经营数十年。在张謇的乡村建设思想中,以农工商协调发展、实业教育并举的思想最为独特。所谓实业与教育并重,即“以实业养教育,以教育促实业”,教育和实业之间实现了良性循环,这种良性循环促进了南通地区乡村的发展,改变了当地的落后面貌。如果用一个词语来概括南通模式的这种特点,那就是“本利循环”。

“本利循环”是张謇于1901年在《通海垦牧公司集股章程启》中提出的理念:“务使本利循环相生,故垦与牧兼办。”[③]本和利,本义指本金和利息;循环是周而复始的意思;“本利循环”则是本生利,利为本,周而复始,资本积聚扩大。“本利循环”本为一个经济理念,但在社会实践中,张謇将“本利循环”理念从狭义的经济范畴引申为广义的社会范畴,“本”乃根本,是基础和目的;“利”为末,是实现“本”的手段、工具和桥梁,涉及工业、农

---

① 南京国民政府在江宁县实施的乡村治理模式,是政府刻意打造的地方自治模范县,是一场行政指导下的自治实验。

② 主要有马俊亚:《有实无名的江南乡村建设事业》,徐秀丽、王先明主编:《中国近代乡村的危机与重建:革命、改良及其他》,北京:社会科学文献出版社,2013年,第263页;熊彤:《中国近代乡村建设的另一种典范——张謇的南通乡村建设》,《南通大学学报(社会科学版)》2009年第1期;凌振荣:《张謇农村建设思想与实践》,《南通纺织职业技术学院学报》2010年第2期;崔军伟:《民国时期长江三角洲地区乡村建设探析》,《求索》2013年第5期。

③ 张謇:《通海垦牧公司集股章程启》,李明勋、尤世玮主编:《张謇全集》(第三册),上海:上海辞书出版社,2012年,第26页。

业、民生、教育等众多领域。"本利循环"理念主要体现在以下几个方面:

(一)工业和农业相辅相成

张謇乡村建设的独特之处在于从经济入手,他通过兴办实业,筹备乡村建设资金,以工业促动农业,激活农村手工业,改造传统小农经济,配套实施地方自治、教育和公益慈善事业,实现政治、经济、文化协调发展。在传统社会,民以食为天,农为正本,工商为末。而以工促农,以农补工,则是"本利循环"。清末,张謇就大量引进美国棉种,让棉农种植;并将大生纱厂的机纱用于土布业,"1903—1904 年,大生纱厂年产十二支纱三万件,而织户用于织关庄布的十二支纱即需六万件之多"[①],机纱供不应求。工业的发展带动了农村和农业的发展,农业和农村的发展又为工业提供了充足的工业原料和广阔市场,从而促进了工业的发展。正如林百举所说:"即使在机纱内运,大生开车之后,土纺受了排挤,剩余的劳力,正好投入织布的补助工作,或多或少,还有一定的收入。"[②]纱厂为村民提供了新的谋生机会,据严学熙估算"一个辅助劳动力的年工资收入(按 30 年代初计算)高于佃耕甚至自耕 8 亩至 10 亩农田的收入"[③]。1901 年创办的通海垦牧公司解决了当地人多地少的矛盾。公司经过十年招佃围垦荒滩,各堤之内"栖人有屋,待客有堂,储物有仓,种蔬有圃,佃有庐舍,商有廛市,行有涂梁,若成一小世界矣"[④]。之后大批盐垦公司相继出现,截至 1925 年,苏北地区有 49 家以垦牧、盐垦或垦殖命名的公司。淮南垦殖是当时全国最大的垦殖区,投入资金达 2000 万元,占有土地 700 余万亩,其中开垦经营土地 110 万亩、年生产商品棉 30 万担左右。不论是兴办实业还是发展乡村经济,张謇的乡村建设就是一个环环相扣的"本利循环"大系统。

---

① 杨桐:《大生企业系统兴衰原因初探》,江苏省中国经济史研究会编:《经济史论衡》,南京:南京大学出版社,1987 年,第 22 页。

② 林百举:《近代南通土布史》,南京:南京大学学报编辑部,1984 年,第 25 页。

③ 穆烜、严学熙:《大生纱厂工人生活的调查》(1899—1949),南京:江苏人民出版社,1994 年,第 212 页。

④ 张謇:《垦牧公司第一次股东会演说公司成立之历史》,李明勋、尤世玮主编:《张謇全集》(第四册),第 182 页。

(二) 各级教育循序渐进

1895 年,张謇在《代鄂督条陈立国自强疏》中设计了一套完整的现代教育体系。他认为办教育要循序渐进,应先从师范入手,“师范乃小学师资所从出,小学乃教育之基础”①,只有筑牢基础,教育才可能获得良性发展。最基础的小学教育是“本”,培养小学教员的师范为“利”,教育的良好发展能为小学师资力量的培养创造有利条件,则是一种“本利循环”。从师范入手办教育,再建小学、中学和大学,这就是张謇所说的“师范启其塞,小学导其源,中学正其流,专门别其派,大学会其归”②。如此,教育的各个环节首尾相连,相互促进,“本利循环”理念在此得以逐一呈现。

为了将“本利循环”理念落到实处,张謇相继创办了通州师范、通州女师,培养师资力量。之后又创办通州师范附小、通州女师附小、张徐私立女子小学、张邵高等小学校、女子师范纪念小学、大生副厂职工子弟小学、常乐镇国民初等小学、张氏私立初等小学、张徐私立常乐第三初等小学校、唐闸私立实业小学等各类小学,夯实教育基础。后来又创办南通纺织专科学校,培养技能型人才。在乡村建设实践中,张謇创办的师范学校为乡村教育培养了大量师资。他考察燕尾港(今属灌云县)时,发现那里观念落后,于是带回两名当地学生,进入通州师范学校学习。其中一人毕业后回乡创办了盐务小学,由当地农垦公司承担学校的经费开支,所收学生均为盐民子弟及贫民子弟,免收学费、书本费。这所完全小学总共招收了 300 多名学生③。由此可以看出,张謇创建的南通乡村教育体系也是一个“本利循环”系统。

(三) 实业和教育相得益彰

张謇主张“实业与教育迭相为用”,以教育为目的、实业为手段。在此,教育是“本”,实业为“利”,两者相辅相成、互相促进,是典型的“本利循

① 张謇:《欢迎日本青年会来通参观演说》,李明勋、尤世玮主编:《张謇全集》(第四册),第 579 页。

② 张謇:《正告南通自立非自立各学校学生及教职员》,李明勋、尤世玮主编:《张謇全集》(第四册),第 613 页。

③ 《林淮川口述》,姚谦整理:《张謇农垦事业调查》,南京:江苏人民出版社,2000 年,第 478 页。

环”理念。张謇晚年愈发精辟地阐述了实业与教育两者的关系:“以实业辅助教育,以教育改良实业,实业之所至,即教育之所至。”[①]张謇在南通投入了大量教育经费,“综计先生积年经费所耗,凡二百四五十万,一以实业所入为济,不足则举债以益,又或鬻字以补之。”[②]为培养农垦专门人才,1902年张謇在通海垦牧区私资创办南通农业专门学校——农学堂;1906年改称农科学校,附属通州师范;1909年改为独立的初、高等农业学校;1919年改为农科大学;1928年农科大学与医科大学、纺织大学合并为南通大学。据《南通县图志》记载:“邑为农校农学会,欲以究农学而良种植,并张氏为之倡。初办三四年间,都其试验所得尚仅,近则观效渐普。张氏轫办淮南各盐垦公司,亦各设场实验,种植人才实胚胎于此。”[③]张謇用大量资金创建农校并设实验场所,目的是为棉种改良和垦牧等乡村建设事业服务,实乃“本利循环”。

(四)建立农业生态系统

张謇注重生态环境保护,提倡农林牧副渔协调发展的多种经营。以通海垦牧公司为例,张謇直接提出“本利循环相生”,要求公司兼事林业,垦牧结合。张謇劝说当地农民种植经济价值较高的柏和桐,要求间隔一丈二尺种一棵,柏秧桐秧由公司以成本价发售。公司指导农民培植,并收买种子[④]。由垦牧公司筑堤修渠,通过淡水洗盐来改良土壤;之后再移植芦苇“种青”,等一两年后,再移入牧场养殖,等田地卤气下降了再开垦。将畜牧放在芦苇“种青”之后、棉豆粟麦种植之前,既能用畜牧的肥料给土地施肥,又能用畜牧业所得利润来疏浚渠道[⑤]。畜牧养殖改良了土壤,土壤的改良和灌溉渠道的疏通为农作物丰收提供了保障。在此,农垦为

---

① 张謇:《暑期讲习会演说》,李明勋、尤世玮主编:《张謇全集》(第四册),第615页。

② 顾公毅:《张謇传略》,教育部中国教育年鉴编审委员会编:《第一次中国教育年鉴》戊篇,上海:开明书店,1934年,第406页。

③ 范铠纂、张謇续纂:《南通县图志·物产志》卷三,南通:纂传抄本,1921年,第1页。

④ 张謇:《通海垦牧公司招佃章程》,李明勋、尤世玮主编:《张謇全集》(第五册),第35页。

⑤ 张謇:《通海垦牧公司集股章程启》,李明勋、尤世玮主编:《张謇全集》(第五册),第25页。

"本",畜牧为"利",这种将畜牧养殖和农业种植相结合的农业生态系统体现了张謇乡村建设"本利循环相生"的特点。在"大力度推进生态文明建设""贯彻绿色发展理念""把乡村振兴战略作为新时代'三农'工作总抓手"[①]的今天,张謇"本利循环相生"的农业生态发展体系无疑具有重要的现实意义。

综上可见,张謇的"本利循环"理念涉及领域广泛,各个领域自成一环,环环相扣,相互之间又形成一个大的"本利循环"社会系统,具有鲜明的经济性、统筹性、社会性、系统性。

二、张謇的南通模式与教育倡导型乡村建设之比较

近代中国,面临"三千年未有之大变局",如何外御强敌、强国富民成为有识之士面对的时代难题。作为一种以改造乡村社会为直接目标,以实现民族独立和国家富强为最终鹄的的实践性社会运动,乡村建设是当时中国有识之士对社会问题思考的结果。

(一) 南通模式与教育倡导型乡村建设的相同点

乡村建设运动处于以救亡图存为主题的时代背景之下,张謇、梁漱溟等人提出的乡村建设理论和各种实践活动皆是对这一时代主题的直接回应。

1. 基本理念相同

张謇作为中国近代著名的实业家,重视实业,也始终把教育作为强国的根本途径。1896 年 3 月,他在日记中谈及自己办大生厂的肇端时说:"今求国之强,当先教育,先养成能办适当教育之人才。"[②]1903 年游历日本之后,他写道:"然则图存救亡,舍教育无由,而非广兴实业,何所取资以为挹注。"[③]因此,他主张"父教育而母实业",提倡"实业救国"和"教育救

① 习近平:《把乡村振兴战略作为新时代"三农"工作总抓手》,《求是》2019 年第 11 期。

② 张謇:《啬翁自订年谱》,李明勋、尤世玮主编:《张謇全集》(第八册),第 1011 页。

③ 张謇:《柳西草堂日记》,李明勋、尤世玮主编:《张謇全集》(第八册),第 566 页。

国"并重。

近代大儒梁漱溟从文化哲学角度出发,把文化、农村和整个中国的命运联系起来。他认为要拯救现实中国,须着眼于中国文化的改造,通过创造一种新文化来实现中国社会的复兴。而改造中国文化必须依靠教育,教育是他进行乡村建设的主要手段。认为:"今后建设新中国的工作,完全是一种创造,处处要创新,没有成规可循。非有社会运动团体之自发的志愿不可;非有教育家循循善诱来启发人的态度不可;非有学术家研究实验的态度不可。总而言之,非普通行政机关所能办。"[①]他在乡村创办乡农学校,希望以此来复兴中国固有精神,为中华民族生存立一根基。

留美学者晏阳初认为教育是实现"民族再造"的最有效方法,"中国不必亡,亡不亡全在教育界"[②],提倡"实验的改造民族生活的教育"。他试图用乡村平民教育唤起民众,把广大民众培养成为具备知识力、生产力、健康力、团结力的新民,促使民众从麻木中觉醒。明确表示,乡村改造主要目的是在摆脱困境的过程中真正开发出个人和社会的发展与创造能力,开拓新世界前景,使社会和个人都得到良好的全面发展[③]。

张謇与梁漱溟、晏阳初等人有着共同的基本理念,他们都提倡"教育救国",将教育作为强国的根本途径。

2. 现实基础相同

张謇等人基于相同的现实基础,均主张以农为本,希望通过乡村建设拯救濒临破产的农村,达到国家和民族复兴的目的。

张謇曾在上光绪皇帝的奏疏中力主以农为本,"臣窃上溯三代,旁考四洲,凡有国家者,立国之本不在兵也,立国之本不在商也,在乎工与农,而农为尤要。盖农不生则工无所作,工不作则商无所鬻。相因之势,理有固然。"[④]力陈农业和农村的重要性。梁漱溟持相同观点,认为中国一直

---

① 《我们的两大难处》,梁漱溟:《梁漱溟全集》(第 2 卷),济南:山东人民出版社,1990 年,第 579 页。

② 《平民教育》,晏阳初:《晏阳初全集》(第 1 卷),长沙:湖南教育出版社,1989 年,第 51 页。

③ 《乡村改造运动十大信徒》,晏阳初:《晏阳初全集》(第 2 卷),长沙:湖南教育出版社,1992 年,第 566 页。

④ 张謇:《请兴农会奏》,李明勋、尤世玮主编:《张謇全集》(第一册),第 26 页。

是以乡村为本,以农业为主;国民所寄托在农业和乡村[①]。但由于西方文化的入侵,中国乡村遭到了极大的破坏。认为,中国近百年的历史可以说是一部乡村破坏史[②]。如果乡村遭到破坏,则中国传统文化就会失去赖以生存的土壤,则中国的民族独立、文化复兴就成无源之水、无本之木。因此,只有把握住乡村,才能把握住整个中国,则中国的民族独立、国家富强才有可能实现。晏阳初也认为农村是民族复兴的基础,要建设国家必先建设乡村。外敌入侵使整个中国陷于纷乱状态,农村濒于破产;而"中国人——尤其是大多数的农民——的衰老、腐朽、钝滞、麻木和种种退化现象,更让中国整个社会的问题严重到不可收拾"[③]。他认为,要挽救民族危亡,必须沉下心来反求诸己,非谋求自力更生不可,而乡村建设正是实现中华民族自力更生的有效途径[④]。

尽管张謇和梁漱溟等人都有着"教育救国"的基本理念,都基于现实希望复兴乡村经济,但张謇具有更为独特的"本利循环"理念。他强调教育要循序渐进,兴办教育要从培养师资的师范入手,继而小学、中学、大学;同时主张实业和教育相得益彰,实业为教育提供资金,教育培养人才促进实业;在振兴农村时,注重农林牧副协调发展,重视农业生态系统。这些做法在当时可谓别具特色,具有一定的系统性和超前性。

(二) 南通模式与教育倡导型乡村建设的不同

张謇和主流乡村建设派不同的人生经历也决定了两者的乡村建设存在差异。最根本的差异在于入手点和实施效果迥然不同。

1. 入手点不同

张謇是从经济入手,重视实业。在南通的实践中,张謇首先发展乡镇工业,从经济上改善农民生活;然后在改善经济环境的基础上,配套实施教育、公益等其他事业。南通的乡村建设是以大生集团雄厚资本为基础的。张謇认为,没有坚实的经济基础,发展教育无异于空中楼阁。如果不

---

① 《乡村建设大意》,梁漱溟:《梁漱溟全集》(第1卷),济南:山东人民出版社,1989年,第608页。

② 《乡村建设理论》,梁漱溟:《梁漱溟全集》(第2卷),第150页。

③ 《十年来的中国乡村建设》,晏阳初:《晏阳初全集》(第1卷),第561页。

④ 《十年来的中国乡村建设》,晏阳初:《晏阳初全集》(第1卷),第560页。

发展实业,就无法为教育提供充实的经费,"不广实业,则学又不昌"[①]。张謇发展南通教育的巨额经费来自大生资本集团及其个人。通过兴办实业,不仅解决了乡村教育的经费来源,改善了村民的教育状况,还提高了村民的经济收入。

梁漱溟认为,中国存在的根本问题是文化失调,复兴农村的工作必须立足于文化建设,而文化建设的关键在于乡村教育。故梁漱溟从教育入手改造乡村,进而改造中国文化和中国社会。他把"乡学村学"作为解决中国地方自治问题的钥匙,并强调新政治习惯的培养必须与中国固有的伦理精神相结合,中国乡村尤其要走伦理情谊之路[②]。他设计的乡农学校是一种面向村民的教育组织,采取学校兼社会式的教育方式,"以乡村自然领袖为学董,以专门技术人才为教师,以本乡区全体民众为学生,以解决社会问题为目的。"[③]既是建设者们改造和救活乡村的大本营,也是指导民众解决问题、改进生活的行政机关。

晏阳初认为解决中国乡村问题的关键在于发展乡村人的潜力,而人的潜力发展必须依靠教育,只有通过教育,才能救治中国的愚昧、贫穷、体弱及缺乏公共精神这四大病患。他认为,教育是乡村建设的根本所在,"新习惯、新技能,只有通过四个方面的教育计划渗入他们的生活之中,才能获得"[④]。只有经过教育,人们的思想意识才能有所创新,乡村建设计划才能实现。为此,他在河北定县大力兴办平民学校,希望通过教育提高劳动者的文化素质和农业科学技术,以推动农村的经济建设。

2. 实施效果不同

张謇在南通,实业、教育并举。在大生集团支持下,张謇推广普及教育,要求小孩六岁皆入学,为此规划"必小学校七百余所。校均计必凡六十人,识字之人,乃略当人口今数二十余分一"[⑤]。到1924年,南通已有

---

① 张謇:《复商部大臣函》,李明勋、尤世玮主编《张謇全集》(第二册),第160页。

② 梁漱溟讲,李澂笔记:《村学乡学之由来》(辅导员乡理事谈话会上讲词之一),《乡村建设》(山东)(第4卷)第3期,1934年8月21日,第3—5页。

③ 王湘岑:《乡农学校进行之步骤》,《乡村建设》(山东)(第6卷)第11、12期合刊,1937年3月1日,第35页。

④ 《定县的乡村建设实验》,晏阳初:《晏阳初全集》(第1卷),第259页。

⑤ 张謇:《南通教育年鉴序》,李明勋、尤世玮主编:《张謇全集》(第六册),第612页。

初级小学校300余所,还计划扩充至1000所以上①。教育的发展为当地经济发展提供了优质的人力资源,促进了经济的进一步发展。同时,张謇创建的企业加速了通海地区的早期现代化进程。1895年以前,通海地区以自给自足的自然经济为主,经济落后。经过张謇长期经营,一系列工厂和文化设施相继建立,几十家盐垦公司出现,通过兴修水利,广植棉花,落后面貌得以根本改变。张謇的乡村建设事业成效明显,受到当地村民的热烈支持,南通被冠以"模范县"称号。

主流乡村建设派尽管拥有理论上的优势,但是,知识分子无法调动农民的积极性,实施效果并不佳。梁漱溟承认邹平的乡村建设实施效果很不理想,"本来最理想的乡村运动,是乡下人动,我们帮他呐喊。退一步说,也应当是他想动,而我们领着他动。现在完全不是这样。现在是我们动,他们不动;他们不惟不动,甚至因为我们动,反来和我们闹得很不合适,几乎让我们作不下去。此足见我们未能代表乡村的要求!"②由于资金不足,他们很难满足农民经济上的根本要求;加之政府对乡村建设的过多限制,最终只能使乡村建设陷入"号称乡村运动而乡村不动"的尴尬境地。

而张謇本着"本利循环"理念,从经济入手,先办实业,以农为本,以工促农;再办教育,"以实业养教育,以教育促实业";继而慈善和公益,其理想是建成一个贫富相济的"新新世界",即实业、教育、慈善全面发展的乡村建设蓝图。因此,南通模式成效较为显著。

三、张謇的南通模式与治理主导型乡村建设之比较

南京国民政府主导的乡村建设以江宁乡村治理最为典型。南通模式与江宁模式存在很多差异,前者从兴办实业和教育入手,注重农民的参与互动;后者是运用行政力量自上而下地采取一些乡村治理措施,不注意调动农民积极性。

---

① 张謇:《欢迎日本青年会来通参观演说》,李明勋、尤世玮主编:《张謇全集》(第四册),第579—580页。

② 《我们的两大难处》,梁漱溟:《梁漱溟全集》(第2卷),第575页。

(一)实施目的和侧重点比较

南通乡村建设是张謇"救国图强"活动的一部分,乡村建设轨迹是先办实业,教育次之,然后再配套实施社会公益事业。南通模式侧重于实业、教育和慈善事业,这三者被张謇看成地方自治的核心。

1933年2月10日,江苏省政府以江宁地近首都南京为国际观瞻为由,提出一切政治建设以该县先行试办为要,这样既可给外人以良好印象,又容易引起国内注意和效仿①,将江宁设为自治实验县。县政府改组后即着手整顿财政和治安、发展教育、救助农村和推广农业技术、倡导卫生、改良风俗等工作,而尤以改良税收体制、整顿警政与社会治安以及整理户籍等政治建设为乡村治理的侧重点。

(二)乡村自治管理体制比较

清末"新政"之前,保甲制是控制乡村社会的主要方式,之后保甲制开始逐步被具有现代意义的地方自治体制所取代。1901年张謇在《变法平议》中主张效仿日本,设立府县议会,实行地方自治。随后清政府颁布了一系列地方自治法规,如1908年颁布《城镇乡地方自治章程》和《城镇乡地方自治选举章程》。依据法规,南通的地方自治机构分为县、乡、村三级,县城设议事会和董事会,各乡设议事会和乡董,议事会、董事会和乡董成员均由本地居民投票选举产生。1908年9月张謇曾自任筹备自治公所议事会正议长,其兄张詧任筹备自治公所董事会副会长。南通地方自治采取县、乡、村三级制,是一整套近代化的乡村管理机关。这些乡镇自治机构运行经费绝大部分出自张謇的大生集团。

江宁在乡村治理实验期间对自治区域进行了重新划分,在农村废止邻闾制,改编村里,合并乡镇,裁撤区公所,设置自治指导员,力图使乡村更符合政治管理的需要。村里长暂不由村里会议选举,而由乡镇长于各村里居民中荐举加倍人数,由县政府择委。在江宁,村里不再成为一级自治单位,"乡镇自治体不仅没有独立的自治权,也没有民主选举制度,实际上是自治形式下的政府行政工具,显然违背了孙中山地方自治设想的根

---

① 许莹涟、李竞西、段继李编:《全国乡村建设运动概况》,邹平:山东乡村建设研究院,1935年,第530页。

本精神。”[①]政府在江宁整顿户籍，设立保切结制度。该制度规定每乡有户籍员，两乡设1名户籍警，随时按户调查。通过这种乡村控制制度，江宁虽“无保甲之名，而有保甲之实”，甚至比其他县份的保甲还要严密。江宁的地方自治陷入有名无实的境地。

(三) 实施效果和影响比较

张謇在乡村着力发展农村经济，改善农民生活条件，他创办的纱厂、农垦公司等为农民带来实际利益。大生纱厂为南通乡村建设提供了稳定充足的资金来源，张謇用纱厂的盈余结合招股，先后创办了通海垦牧公司、广生油厂、大达外江轮步公司等20多家企业。再利用这些企业的结余资金建立通州师范学校、南通农业专门学校和乡村学校，发展乡村慈善事业。南通教育蔚然成风，“国人觇江苏教育者，必举无锡、南通”[②]，乡村教育的普及以及职业教育的推广提高了农民的素质和能力。同时，张謇在南通创办了一揽子公益事业，实践他的“本利循环”理念，从育婴堂到养老院、公墓的开辟，真所谓“从摇篮到坟墓”，体现了他对民众的殷切关怀，南通“全县没有一个乞丐”[③]。

政府主导的乡村治理是基于更好地管理村民这一政治目的。江宁虽然在禁赌、禁烟、禁缠足、稽查盗匪等方面取得了一定成绩，但却是以政府强制力做后盾取得的，因此遭到知识分子的批评。黎康民认为：“民众对运用行政力量的乡村运动团体或乡村工作者不能有亲切的同类感，而会在情绪上发生迁就、畏惧、躲闪或甚至憎恶与怨怼；那自然不能发动他们起来，使凝成伟大的力量了。”[④]另外，乡村治理经费除小部分拨款外，绝大部分由县政府自筹，必然导致名目繁多的苛捐杂税，“徒使人民未得自治之益，而先蒙自治之害”[⑤]，自然得不到村民支持。政府乡村改造存在

---

① 李德芳：《民国乡村自治问题研究》，北京：人民出版社，2001年，第148页。

② 张謇：《南通教育状况序》，李明勋、尤世玮主编：《张謇全集》(第六册)，第435页。

③ 张孝若：《南通张季直先生传记》，台北：台湾学生书局印行，1974年，第379页。

④ 黎康民：《乡村运动与政府农政之分际问题》(上)，《乡村建设》(山东)(第6卷)第7期，1936年11月16日，第2页。

⑤ 梁漱溟：《敬告今之言地方自治者》，《梁漱溟全集》(第5卷)，济南：山东人民出版社，2005年，第242页。

重自治组织而忽略发展自治事业的倾向,使乡村自治只有组织形式而无实际内容。

(四) 时人评价存在差异

在乡村建设中,梁漱溟认为“凡乡下事万勿使官府过问”[①],政府竟然是被改造的对象,所以乡村建设不应完全由政府主导,而以知识分子为主、政府为辅的局面最佳。但是江宁的乡村治理一开始就是政府主导的自上而下的乡村改良运动,享受许多优惠政策,甚至还免除了省税,这种特权是为自治经费困扰的普通县无法享有的。因此,江宁模式能否为他县借鉴仿效毋庸置疑。而南通模式是张謇秉持“本利循环”理念,并根据南通实际设计的以工促农、“实业教育迭相为用”、农工商协调发展的系统性乡村建设。实施20年后,南通的乡村建设取得了显著成效,张謇对乡村建设的创新探索也为后来的乡村建设提供了有益的借鉴。

结　语

民国时期三种乡村建设模式由于入手点和目的不同,侧重点和效果也不一样。以梁漱溟、晏阳初为首的知识分子把乡村教育作为入手点,致力于推广识字运动、棉种改良、卫生改善和风俗改良等方面;江宁县政府侧重于改良税收体制、整顿警政与社会治安、整理户籍等政治建设。这些乡村建设和乡村治理运动开始进行得有声有色,但随着时间的推移,教育倡导型乡村建设因经费困难、农民不能积极配合而难以为继,最后无疾而终;治理主导型乡村建设则因政府过多参与,重名不重实,乡村实验陷入绝境。而张謇主持的南通模式则从经济入手,实业、教育并举,以工促农,成效显著,这无疑得益于张謇“本利循环”的建设理念。

张謇的南通模式拉开了淮南农垦事业的序幕,促进了该地区市镇化的发展。继通海垦牧公司之后,大批农垦公司相继成立。据统计,在20世纪初20多年的时间里,20万左右的通海农民迁入淮南垦区。淮南垦殖所需大批熟练劳动力的难题依靠南通的乡村教育得以解决,通海境内

---

① 梁漱溟:《马儒行君来书附答》,《村治》第1卷第4期,1930年7月16日,第9页。

的人口压力也得以缓解[①]。随着垦殖规模的逐渐推进,人口不断聚集,许多公司驻地建立市镇,建设仓库、学校,修筑道路、桥梁,设立邮政,架设电话线等[②],昔日荒寂的海滩出现了一批新兴市镇,比如,海复镇以及今属大丰县的北镇、大中集和南阳集等便是如此发展而成[③]。

〔作者熊彤,浙江省博物馆副研究馆员。杭州 310007〕

① 庄安正、杨如环:《张謇在淮南垦殖中的历史贡献》,《盐城师范学院学报》2000 年第 1 期,第 140 页。

② 严学熙:《张謇与中国农业近代化——论淮南盐垦(代序)》,姚谦调查整理:《张謇农垦事业调查》,南京:江苏人民出版社,2000 年,第 17 页。

③ 李华丰:《张謇与东台》,中国人民政治协商会议江苏省盐城市委员会文史资料研究委员会编:《盐城文史资料选辑》第 1 辑,盐城:内部资料,1984 年,第 71 页。

张謇共富观的时代价值

马　斌　何恒兵

摘　要：习近平总书记在视察南通博物苑、参观张謇事迹展陈时指出，张謇提倡实干兴邦，起而行之，兴办了一系列实业、教育、医疗、社会公益事业，帮助群众，造福乡梓，是我国民族企业家的楷模。这是对张謇发展南通、追求共同富裕的赞许。张謇共富观内涵丰富，其主要实践进路有：兴办实业、教育和慈善公益事业，构建"五位一体"模式；帮助弱势群体自立自强，推进"兜底"式保障工程；力行"请进来、走出去"，建设开放式门户；强化交通和城市基础设施建设，经略模范城市等。张謇共富观及其实践特色鲜明，对推进新时代共同富裕社会建设的新实践，具有重要的现实借鉴意义和深远的历史启迪价值。

关键词：张謇　共富观　共同富裕　共富精神

张謇对穷苦人始终怀有极大的同情怜悯之心，并通过实业、教育、慈善、文化和城市建设与治理的诸多方面，以建设"新世界雏形"的坚定信念，不仅改变了南通民众物质生活上的贫乏困顿，而且在精神文化生活上也由愚昧、落后逐步走向移风易俗、开明开放。他认为"中国须振兴实业，其责任须在士大夫"[①]，张謇以士大夫的责任感及"儒者的本分"感，矢志于"人人有饭吃"，特别对于弱势群体，更要使他们拥有一技之长，以自食其力，以改善生活境况。张謇的共富观及其实践，使南通在20世纪20年代一跃而成为全国的"模范县"。这种使绝大多数人在物质和精神生活上摆脱贫困而走向富足的理念和做法，对新时代续写共同富裕社会新篇章具有重要的启迪意义。

一、张謇共富观的主要内容

张謇共富观，指的是张謇为消除通海及相关地区百姓生活窘困之状，

---

① 张謇：《柳西草堂日记》，李明勋、尤世玮主编：《张謇全集》（第八册），上海：上海辞书出版社，2012年，第536页。

矢志以实业、教育和慈善等举措,着力普遍改善和极大提高大众生活和文化水平的理想、认知和理念。张謇提出:“惟见社会不平,必求所以改革,固办种种实业教育,为穷人打算,不使有冻馁之忧……贫富是实事,颇难解决。《周礼》一书,调剂贫富之方法,粲然具备,此虽非社会主义,颇足以泯除社会上之不平等。将来国家苟能明定法令,使富人帮助穷人,则尽善矣,然非可一蹴而几也。”①张謇在这里提出了富人帮助穷人、调剂贫富、消除不平等以致社会共同富裕的主张及其兴办实业与教育的初心与意涵,也指出这不是一蹴而就的事情。

张謇的共富观及其实践,其内涵和意蕴是非常丰富的。

首先,张謇追求的富裕,不是个人或少数人生活的富足,而是人人共建共创获得的福祉。张謇创办大生纱厂、实业获得成功后,他并没有为个人积累起巨额私产,而是将个人从企业所得报酬的绝大部分返还社会。张謇之子张孝若说:“当时还造了工房,工人可以住;学校,工人和子弟可以求学;医院和公园,工人可以享受;储蓄处,工人可以储工资生利息。凡关工人的生活乐利,我父想得周到,也办得周到。大生厂办有成效以后,又陆续办了油厂、面厂、铁厂、丝厂、轮船公司。凡适合于通州农产工业的制造和利用,及增加人民地方的便利和幸福,无不一一依次着手。”②南通教育、慈善和诸多社会事业,大部分经费都是张謇与张詧兄弟以个人所得薪酬来承担的。1925年张謇在《大生纱厂股东会建议书》中说道:除纺织专门学校和通州师范外,他和其兄每年承担的费用具体为:教育事项58440元、慈善事项22560元、公益事项4080元,总计85080元。他在《呈政府文》中写道:“益营盐垦、水利、交通、公益、慈善、诸事。综计积年经费所耗,达百数十万,皆以謇兄弟实业所入济之。岁丰则扩其范围,值歉则保其现状,不足又举债以益之,俟有赢羡而偿其负。”③二十多年来,“除謇自用于地方,及他处教育、慈善、公益可记者一百五十余万外,合叔兄所用

① 张謇:《暑期讲习会第二次演说》,李明勋、尤世玮主编:《张謇全集》(第四册),第626页。

② 张孝若:《张謇传》,长沙:岳麓书社,2021年,第65—66页。

③ 张謇:《为南通地方自治二十五年报告会呈政府文》,李明勋、尤世玮主编:《张謇全集》(第一册),第524页。

已二百余万。謇单独负债，又八九十万余圆”[1]。张謇不仅把个人所得无私捐助给社会，有时还靠卖字鬻物筹措经费。张孝若说道：“我父生平最不爱财，不但非分的财绝对不取，就是自己所有的财产，都用在地方建设上去了。……我父一生一世为地方事业抱莫大牺牲的决心，所以他所有的钱财都用掉了。他本人虽依旧穷了，然而南通地方可是就光明灿烂了。”[2]张謇的“不爱钱财”，是由其无私的金钱观决定的。他曾这样说道：“有钱人的势焰，实在难受，所以我非有钱不可。但是那班有了钱的人是一毛不拔做守财虏，我可是抱定有了钱非全用掉不可。”[3]张謇认为：“一个人的钱，要从我的手内拿进来，再用出去，方才算我的钱，不然还是人家的钱，或者是箱柜里边的钱”，“人单单寻钱聚财不算本事，要会用钱散财”，“我是穷人来，还是穷人去。”[4]张謇眼中的金钱财富，不是仅供个人独自享用的“独食”，而是应该用于社会的共同财富，这就是要“以少少人之劳苦成多多人之逸乐”[5]。

其次，张謇所追求的富裕，不是停留在衣食住行上的享用和满足，而是物质与文化的同时并举。张謇说道：“我们儒家有一句扼要而不可动摇的名言：天地之大德曰生。这句话的解释，就是说一切政治及学问，最低的期望要使大多数的老百姓，都能得到最低水平线上的生活。换句话说，没有饭吃的人要他有饭吃；生活困苦的，使他能够逐渐提高，这就是号称儒者的本分。为什么称大生纱厂，就是由天地之大德曰生的含义。”[6]在他看来，让饥寒的百姓有饭吃、艰苦的生活得以改善，是儒者应尽的责任。不仅如此，张謇更将开启民智、以文化人、移风易俗作为精神生活中去愚脱贫的重要手段，作为社会共同富裕不可或缺的重要方面。因此，张謇在兴办实业的同时，还大力举办文化教育事业，创建从小学、中学到大学的各级学校，从家政教育、女工教育、戏剧教育到垦牧教育的教育机构，文化设施从剧场、图书馆、博物苑、印书局、科学社，文化活动从戏剧演出、电影拍摄、报纸发行到科学大会举办、名家诗词唱和与题写楹联等，让文化知识与科学思潮成为改良社会风气、提升国民素质、推动社会进步的锐器。

---

① 张謇：《大生纱厂股东会建议书》，李明勋、尤世玮主编：《张謇全集》（第四册），第573页。

②③④ 张孝若：《张謇传》，第212页。

⑤ 张謇：《南通公园记》，李明勋、尤世玮主编：《张謇全集》（第六册），第423页。

⑥ 刘厚生：《张謇传记》，上海：上海书店，1985年，第251—252页。

张謇提出:“人莫哀于心死,国莫哀于民亡。今有亡理二:一道德堕落,一生计贫穷。穷在无实业,堕落在无教育。”[①]认为贫穷就是道德和民生的双重贫穷,而富裕则是道德和民生的共同富裕,即物质和精神生活的共同富足。因此,张謇花大力气既办工厂亦办学校、既兴业亦养德,“凡以为改良匡正风俗之计者,不敢自逸,次第举行。……矫正地方风俗,引为己任,必自细微积至于高大也。”[②]

再次,张謇所追求的富裕,是以办好实业和教育为根本基点和路径。张謇把创办实业和教育、做大做强实业和教育作为各项事业兴旺发达的基石和支撑。他曾详细阐释了实业、教育与慈善公益之间的相互关系:“举事必先智,启民智必由教育;而教育非空言所能达,乃先实业;实业、教育既相资有成,乃及慈善,乃及公益。”[③]张謇之所以强调实业和教育是社会共同富裕的基础,是由于“自治须有资本”、富裕唯赖资金和智力,就此而言可称实业和教育是社会共富的根基和源泉,实业的振兴与教育的发展本身不可分割,人们精神的解放和思想文化的繁荣,与教育的发达也息息相关。发展实业和教育既是百姓物质生活富裕的源头,也是民众精神生活富足的活水。因此,无论是救民于水火的抗灾救灾及慈善公益事业的兴办,还是旨在使人们摆脱愚昧无知的启蒙教育及文化设施的建设,张謇都是立足于自己的实业、仰仗于自己的实业、依赖于自己的实业。倘若没有大生企业集团作为根柢,张謇的各项事业、社会改造的系统工程就无从谈起。“南通事业向系自动的,非被动的,上不依赖于政府,下不依赖社会,全凭自己良心做去。”[④]“今人民痛苦极矣。求援于政府,政府顽固如此;求援于社会,社会腐败如彼。然则直接解救人民之痛苦,舍自治岂有他哉。”[⑤]

再次,张謇所追求的富裕,所办实业和教育等各项事业,其目的在于

---

① 张謇:《致赵凤昌函》,李明勋、尤世玮主编:《张謇全集》(第二册),第492页。

② 张謇:《通告城区父老昨日一日之观念》,李明勋、尤世玮主编:《张謇全集》(第四册),第440—441页。

③ 张謇:《谢参观南通者之启事》,李明勋、尤世玮主编:《张謇全集》(第五册),第198页。

④ 张謇:《交通警察养成所开学演说》,李明勋、尤世玮主编:《张謇全集》(第四册),第440页。

⑤ 张謇:《苏社开幕宣言》,李明勋、尤世玮主编:《张謇全集》(第四册),第461页。

要建设一个“新世界雏形”的南通，他全身心地投入宜居宜业、宜商宜学的“后花园式”的自治建设之中，由此开始了办工厂、兴学校、修马路、设医院、建公园以及开荒垦牧等一系列的城市建设与经营治理。他提出，“窃謇以国家之强，本于自治，自治之本，在实业、教育，而弥缝其不及者，惟赖慈善。”①他又说道：“查地方自治，以进增社会之能率，弥补人民之缺憾为其职志。而进行之事业，属于积极之充实者，最要为教育；属于消极之救济者，最要为慈善。教育发展，则能率于以增进；慈善周遍，则缺憾于以弥补。”②张孝若在评述父亲时说道：“他认定一个人要忠爱国家，先要忠爱地方。如果希望把国家搞好，要得先把地方弄好。而且人民是下一层的基础，国家是上一层的结顶。地方又夹着在两层的中间，所以关系极为重要。”③由地方治理在整个国家发展中的地位，再由脱贫、共富在南通地方治理中的地位，就可以明白张謇的目标不是少数人占有财富、攫取巨大利益后分肥而富，而是要把南通建设成名副其实、藏富于民的“海内文明国村落”，即“以一隅与海内文明国村落相见，此或不辱我中国”④。基于此，张謇不断扩张、拓展其实业规模，纱厂从一厂规划到八厂，垦牧公司也一个接着一个的布局。他说：“我已发下一个心愿，在通州、如皋、东台、盐城、阜宁五县境内，开辟垦荒棉田一百万至二百万亩。假如变通通海垦牧公司办法，每户农民领田二十亩，可供给十万或二十万户耕种。以每户五口计，可供五十万或一百万人之生活。”⑤一个陆续开办了多个小学堂及其生活设施基本齐全的东海边的新村落，在张謇的努力下终于出现在本是一片荒芜的滩涂上，“各堤之内，栖人有屋，待客有堂，储物有仓，种蔬有圃，佃有庐舍，商有廛市，行有途梁，若成一小世界矣。”⑥

最后，张謇所追求的富裕，是在接续不断地发展各项事业中为民谋利，以求行稳致远。张謇深知，解决贫穷与愚昧两大痼疾而使南通百姓过

---

① 张孝若：《张謇传》，第431页。

② 张謇：《呈筹备自治基金拟领荒荡地分期缴价缮具单册请批示施行文》，李明勋、尤世玮主编：《张謇全集》（第一册），第430页。

③ 张孝若：《张謇传》，第82页。

④ 张謇：《复周应时等函》，李明勋、尤世玮主编：《张謇全集》（第二册），第583页。

⑤ 刘厚生：《张謇传记》，第125页。

⑥ 张謇：《垦牧公司第一次股东会演说公司成立之历史》，李明勋、尤世玮主编：《张謇全集》（第四册），第182页。

上物质和精神层面都舒坦惬意的日子,绝非一日之功、一己之力所能达到,而是要持续不断地做精做强相关基业,加快发展各项事业。“于是分门别类,格外积极的规划起来,将已有的事业尽力地改进,应有而未有的建设,再努力地扩充,做到应有尽有的气象。”①无论是水利的规划实施与水害治理,还是公路、车站、水路、航道、港口、码头的开辟,无论是与民生密切相关的各类工厂企业的创建,还是370多所大、中、小学的兴办,以及铁路、电厂、气象台、博物苑等领潮流之先的“稀罕物”的建设,无一不是从民生出发,无一不是深谋远虑,功于当时,利于长远。特别是滩涂围垦,投入大、风险高、周期长,短期内难以收回投资,但张謇依然从长计议。直到今天,大生企业仍在继续生产,马路、码头、水闸、桥梁等仍在继续效力于民生。

二、张謇共富观的主要实践进路

张謇共富观念下的实践是笃实而行,并行之有序和行之有效的。

首先,兴办实业、教育和慈善公益事业,构建“五位一体”模式以共富。张謇把实业作为万事之基、事业之源,“从光绪二十七年(1901)到光绪三十三年(1907),张謇先后总共创立了19个企业单位……这些企业大多是以大生纱厂为轴心,直接或间接为大生纱厂服务,或者凭借大生纱厂以获取利润。”②在张謇创办实业集聚资金的同时,他深感技术人才的缺乏与民智不开带来的危害,因此以“父教育而母实业”、“实业与教育迭相为用”的深刻认知倾情兴办教育,“欲雪其耻而不讲求学问则无资,欲求学问而不求普及国民之教育则无与,欲教育普及国民而不求师则无导,故立学校须从小学始,尤须先从师范始。”③普及教育是为了开启民智和改善社会风气,他认为:“一个地方上受过教育的人多了,那地方上的风俗就自然而然地变好了。”④而张謇大力创办职业教育、社会教育等学校,则以强

① 张孝若:《张謇传》,第151页。

② 章开沅:《张謇传》,北京:中华工商联合出版社,1994年,第150页。

③ 张謇:《师范学校开学演说》,李明勋、尤世玮主编:《张謇全集》(第四册),第70页。

④ 张謇:《金沙市第十六国民学校演说》,李明勋、尤世玮主编:《张謇全集》(第四册),第498页。

化职业技能训练和提高职业技能为根本目的，“首先为工人子弟创办了艺徒预教学校，后又创办了实业教育讲习所、镀镍传习所、吴淞水产学校、苏州铁路学校、初等商业学校、银行专修科、吴淞商船学校、巡警教练所、交通警察传习所、发网传习所等，提高了职工的素质，也使待业的人具备了就业的条件。”①张謇还倡导举办全市体育运动会，旨在提高民众身体素质，并在大生纱厂东侧为职工建立了可供休闲怡情的唐闸公园，在濠河周边开设了各具特色的东、西、南、北、中五座公园，不时举办各种游园、娱乐等活动。张謇把“脱贫、启智、强技、健体和怡情”融为“五位一体”的模式，开启了全方位社会共富与和谐的治理范式。章开沅说：“他殚精竭虑，孜孜不倦，希望能为南通居民提供一个优美而又富有教育寓意的社会环境。”②

其次，帮助弱势群体自立自强，推进“兜底”式保障工程以共富。张謇除了举办义庄、社仓、捐赠、救助、以工代赈等扶贫济困以外，更兴办了各类福利、慈善和公益机构。从 1904 年创设新育婴堂于唐闸，后又在石港、五福桥、兴仁、金沙等地相继建立了育婴堂，收养弃婴。1908 年底，育婴堂有婴儿 1500 名；能容纳 120 人的第一养老院建成后十年间，先后入院受养的老人有 250 余人，能容纳 146 人的第三养老院收养老人的数目更多；残废院在建成之初就收养残疾人 49 人。直至张謇逝世前，共举办医院、育婴堂、养老院、贫民工场、残废院、盲哑学校、栖流所、济良所等 16 所。张謇把担任两淮盐政总理的薪金全部用来开办南通、东台、仪征三个贫民工场，工场内设木藤、油漆、皮革、织布、雕刻、缝纫等工种，吸纳数百名贫民习练手艺。从 1916 年到 1933 年，贫民工厂、习艺所等先后收容 1470 多人，这些人在学会一门手艺后即送回原地谋生。张謇兄弟俩曾多次把给他们祝寿的礼金用于建设养老院等，使老人、弃婴、乞丐、流浪者、残疾人、妓女等，都得到温情而有尊严的关怀，使他们得以回归社会。这些从根本上剪除“穷根”的举措，也是基于“木桶效应”的补短板之策。因为，没有弱势群体生活的改善，便没有整个社会的共同富裕。

再次，建设开放式门户以共富。自张謇兴办实业教育以来，南通逐步由封闭走向开放，敞开门户，使得人悦其行、货畅其流，初步形成了地尽其

① 刘厚生：《张謇传记》，第 82 页。

② 章开沅：《张謇传》，第 326 页。

力、物尽其用、人尽其才的境况。一是交通和基础设施建设立足于外向而立,轮船驶向武汉、九江;马路、旅社、客栈、饭店、剧院、医院、堆场和仓储等次第出现;二是通城产品大批量南下北上,走向全国和世界市场,南通土布、魁星牌棉纱、沈绣(仿真绣)、颐生茵陈酒、精制盐等,通过参加国际博览会、劝业会、展销会以及开设精品店等途径,声名鹊起,店铺甚至开到了上海和巴黎、纽约等大都市;三是名流大师、专家学者纷纷前来,杜威、王国维、黄炎培、梅兰芳、欧阳予倩等,科学大会、教育讲演、学者论坛、名角演出,为南通吹进一股强劲的文明、时尚、科学之风的同时,也为民众带来诸多经营和就业机会;四是积极引进各类人才赋能事业发展,创办大生纱厂时聘用英国的汤姆斯、忒纳和玛特等安装机器设备;聘用日本技师生产精制盐,聘用荷兰水利专家奈格、贝龙猛、特来克,瑞典施美德,英国葛雷夫,比利时平爵内助力水利工程建设;聘用德国医学博士夏德门到医校和南通医院授课;聘用法国梭尔格博士、瑞典安特森博士指导勘探铁矿;聘用韩国的金沧江为翰墨林印书局督校;聘请日本的村忠治郎、西虎谷二等到通州师范学校任教。"对于世界先进各国,或师其意,或撷其长,量力所能,审时所当,不自小而馁,不自大而夸"①的"借才异域"的做法,凸显了张謇的睿智与精明;五是在上海开设大生集团驻沪办事处"大生沪所",使之成为大生集团货物、人员、资金、资讯往来的集散中心,也是观察世界形势、紧跟世界潮流的重要窗口。

最后,强化交通和城市基础设施建设,经略模范城市以共富。张謇依托大生纱厂及其附属、关联企业的创办,一方面建起水路、陆路便利快捷的交通网络,以利原材料、产品和经贸人士的进出往来,还建立起良好的基础设施和住宿餐饮、文化娱乐、风景观光之处,使南通成为中外人士、访者游客、商贾贤达喜欢的城市。同时,也为普通市民提供安居乐业、生活便利的各种基础设施。另一方面,张謇实业发展所带来的丰厚利润也为他的"新世界雏形"城市经营提供了物质基础和保障。"一城三镇"的布局及其"实业如农、如垦、如盐、如工、如商之物品陈列所,教育如初高小学、如男女师范、如农商纺织医、如中学、如女工、如蚕桑、如盲哑、如幼稚园之成绩展览及联合运动,慈善如育婴、如养老、如贫民工场、游民习艺、如残

---

① 张謇:《为南通地方自治二十五年报告会呈政府文》,李明勋、尤世玮主编:《张謇全集》(第一册),第524页。

废、如济民、如栖流之事实披露，公益如水利所建各堤闸、涵洞、河渠、桥梁，如交通所辟县乡干支各道之建设”[①]，皆一一铺展开来，建成了享誉全国的“模范县”。

三、张謇共富观及其实践的主要特色

张謇的共富观及其实践，具有与他人不同的特质和特色。

一是以弘扬民本爱国为人道之存。张謇的共富观及其实践，凸显了他的民本仁爱及爱国救国思想。张謇十分诚恳地说道：“士大夫有口当述苦人之苦，有手当救穷人之穷。”[②]他把兴办公共事业、追求全社会的共同富裕，看作是应尽的天职。他说：“以有用之金钱，与其消耗于无谓之酬酢，何如移其款而办公共事业。……夫养老，慈善事也。迷信者谓积阴功，沽名者为博虚誉。鄙人却无此意。不过自己安乐，便想人家困苦；虽个人力量有限，不能普济，然救得一人，总觉心安一点。……平粜赈灾，非别有希冀也，不过为地方办事，以求做一好人而已。”[③]张謇在对日本友人驹井德三陈述心迹时说：“予为事业生，当为事业死。虽曾就农商总长之职，然此不过为完成事业之一经过耳。足下为日本人，闻斯言或觉奇异，然予信今日之最忠于中国国家者，在能完成一事，以示国民而不疑也。”[④]张謇在给张孝若的信中写道：“父十余年前谓中国恐须死后复活，未必能死中求活；求活之法，惟有实业、教育。儿须志之。慈善虽与实业、教育有别，然人道之存在此，人格之存在此，亦不可不加意。儿须志之。”[⑤]

二是以发展实体经济为共富支撑。张謇这样说道：“策中国者，首曰救贫；救贫之方，首在塞漏。”[⑥]在他看来，“堵塞漏卮”唯有实施“棉铁主义”之棉铁两业。他说道：“救穷之法惟实业，致富之法亦惟实业。……须

---

① 张謇：《自治报告会展期通告》，李明勋、尤世玮主编：《张謇全集》（第五册），第218页。

② 杨立强、沈渭滨主编：《张謇存稿》，上海：上海人民出版社，1987年，第88页。

③ 张謇：《吴陋轩遗像跋》，李明勋、尤世玮主编：《张謇全集》（第六册），第358页。

④ 张孝若：《张謇传》，第237页。

⑤ 张謇：《致孝若》，李明勋、尤世玮主编：《张謇全集》（第三册），第1537页。

⑥ 张謇：《大生纱厂章程书后》，李明勋、尤世玮主编：《张謇全集》（第六册），第279页。

究今日如何而致穷,他日如何而可富之业。”[①]“国非富不强,富非实业完不张。”[②]张謇虽曾兴办银行等金融业,但实业和实体经济始终是张謇着力最深、吃苦最多,也是实力最强的部分,是其他各项事业的根基和支撑。“富民强国之本实在于工……中国人数之多,甲于五洲,但能于工艺一端,蒸蒸日上,何至于有忧贫之事哉!此则养民之大经,富国之妙术。”[③]因此,他千方百计谋划把实业做大做强,无论是纱厂的扩张,还是滩涂垦牧,他都试图把实业的规模、质量和效益做到极致。特别是“盐垦一百万至二百万亩、供给十万或二十万农户耕种、维系五十万或一百万人生活”,将近乎梦幻般的规划设计付诸行动。

三是以物质文化互补及系统推进为发展诉求。张謇共富理念是将脱贫减灾作为改良社会系统工程中的重要一环。张謇将实业发展与兴办教育文化事业和城市基础设施建设等同步进行,使生活脱贫、知识脱盲、精神脱困、文化脱愚、风气脱俗成为融为一体的系统工程。张謇还把脱贫脱困、抗灾救灾与地方自治、社会安定和谐放在一个系统中进行深层次综合考量,认为“失养”“失教”之民的存在,会使南通地方自治的成绩大打折扣,“为地方自治之缺憾者小,为国家政治之隐忧者大也”[④]。他在《南通第三养老院开幕启》一文中说:“吾通于国,腆然以自治称。使无告之老,流离道路,何自治足云。”[⑤]他还说:“使人民目前有以糊口,日后赖以裕生,庶可以清匪之源,减匪之助,地方成其为地方,自治成其为自治也。”[⑥]张謇创办盲哑学校,即开宗明义阐明其目的:“盲哑学校者,慈善教育之事也……夫人人能受教育以自养,则人人能自治,岂惟慈善教育之表见而

① 张謇:《拟请酌留路股合营纺织公司意见书》,李明勋、尤世玮主编:《张謇全集》(第六册),第253页。

② 张謇:《劝通州商业合营储蓄兼普通商业银行说帖》,李明勋、尤世玮主编:《张謇全集》(第四册),第67页。

③ 张謇:《代鄂督条陈立国自强疏》,李明勋、尤世玮主编:《张謇全集》(第一册),第22—23页。

④ 张謇:《呈筹备自治基金拟领荒荡地分期缴价缮具单册请批示施行文》,李明勋、尤世玮主编:《张謇全集》(第一册),第430页。

⑤ 张謇:《南通第三养老院开幕启》,李明勋、尤世玮主编:《张謇全集》(第五册),第235页。

⑥ 张謇:《淮沂沭治标商榷书》,李明勋、尤世玮主编:《张謇全集》(第四册),第490页。

已。此愚兄弟创设斯校之微旨也。”[1]

四是以内敛质朴、艰苦奋斗为共富意蕴。张謇在为公益事业一掷千金的同时，却过着俭朴的生活。张孝若在追述其父日常生活时说道：“他穿的衣衫，有几件差不多穿了三四十年之久，平常穿的大概都有十年八年。如果袜子袄子破了，总是加补丁，要补到无可再补，方才换一件新的。每天饭菜，不过一荤一素一汤，没有特客，向来不杀鸡鸭。写信用的信封，都是拿人家来信翻了过来，再将平日人家寄来的红纸请帖裁了下来，加贴一条在中间，日常都用这翻过来的信封，有时候包药的纸，或者废纸，拿过来起稿子或者写便条用。……平常走路，看见一个钉，一块板，都捡起来聚在一起，等到相当的时候去应用它。（张謇）常说，应该用的，为人用的，一千一万都得不眨眼顺手就用；自用的，消耗的，连一个钱都得想想，都得节省。”[2]而在多封家书中，张謇总是一再叮嘱夫人持家要“加意节省”，叮嘱“每日菜蔬，一腥一素已不为薄。须是将债还清。……能安居有饭吃有衣穿者，便是幸福，余家须一切谨慎，勤俭。……凡人家用度，若但出入相当，已不足以预备非常之急，若复过度，则更不合处家之道。”[3]张謇在建造厂房、校舍等用功用料以及机器设备和生产原料的采购时，都是精打细算，想方设法“省用费，厚余利”。

五是以甘当世之牛马为责任使命。张謇深受儒家传统文化和佛家、道家观念的影响，把发善心、做善事看作是“以自完其为人而已”，是人的自我完善，张謇说：“若因果报应，道家之求长生者，须积善之功，赒人之急，济人之穷。释家云，布施为第一波罗蜜。”[4]张謇不只是从儒释道的乐善好施、行善积德层面做扶危济困之事，他其实有着“舍身喂虎”的更高境界。在近代中国还没有谁能够像张謇这样，依靠个人的力量，在自己的家乡从事这么多的教育、慈善公益事业和整体性的社会改造与共富社会建设工程。张謇把人生融入造福一方的事业中去，用一生的业绩精辟地阐述了自己的贫富观、金钱观和人生价值观。张謇在给其兄张詧信中表达

---

① 张謇：《狼山盲哑学校开幕会演说》，李明勋、尤世玮主编：《张謇全集》（第四册），第350—351页。

② 张孝若：《张謇传》，第203页。

③ 张謇：《致吴夫人》，李明勋、尤世玮主编：《张謇全集》（第三册），第1519页。

④ 张謇：《救济太嘉昆宝常五县难民募捐起》，李明勋、尤世玮主编：《张謇全集》（第五册），第257页。

自己人生志向时曾说:“此后之皮骨心血,当为世界牺牲,不能复为子孙牛马。”[①]这种为世界肯牺牲、为大众谋福祉、为社会求共富的殉道精神,正是他“为大众利益事,去一切嗔恨心”[②]的生动写照。

四、张謇共富观及其实践的历史启迪

张謇的共富观及其实践是在清末民初社会大转型的历史条件下孕育和践行的。张謇创办实业和教育面临的政治、经济和社会生态极其恶劣,只能在南通这片区域里尽己所能,以致力于区域自治施展自己的聪明才智。虽然为南通赢得了前所未有的发展及获得“模范县”声誉,但张謇本人并未慨然欣然,甚至产生了更多壮志未酬的悲愤、愁绪,“生已愁到死,既死愁不休”[③]。因为他的许多设想难以实现、诸多事业亟须推进。在寂寥落寞中,1926 年 8 月 24 日,张謇走完了自己 73 岁的人生旅程。政治环境与社会生态的险恶,纵使是张謇,也无力挽狂澜于既倒。张謇只能长吁短叹:“以一人之觉察之知识之财力,而谋百二十余万众教育之母……而曾不知止,何其不自量也。”[④]张謇嫡孙张绪武这样说道:“祖父创办事业不依赖政府和他人,而是以自己的努力去创造财富、积累财富,他认为是‘世界上最光明有价值的事’。”[⑤]“民国肇建,内乱外患稠叠洊至,借款累累债权四压……至于今日,败坏不可收拾,斫伤人民之企业心、合群心,耗散最可宝贵之资本,不一而足。”[⑥]所以,张謇只好无奈地长叹:“謇不幸而生中国,不幸而生今之时代,尤不幸而抱欲为中国伸眉书生吐气之志愿,致以畸然自待之身,溷秽浊不伦之俗。虽三十年前,反复审虑,投身实业、教育二途,一意孤行,置成败利钝于不顾,而幸而利,幸而成,又展转而至

---

① 张謇:《析产书》,李明勋、尤世玮主编:《张謇全集》(第六册),第 306 页。

② 张謇:《题大生纱厂公事厅》,李明勋、尤世玮主编:《张謇全集》(第七册),第 439 页。

③ 张謇:《释愁》,李明勋、尤世玮主编:《张謇全集》(第七册),第 315 页。

④ 张謇:《师范学校后记》,李明勋、尤世玮主编:《张謇全集》(第六册),第 516 页。

⑤ 张绪武:《我的祖父张謇》,上海:上海辞书出版社,2008 年,第 211 页。

⑥ 张謇:《实业政见宣言书》,李明勋、尤世玮主编:《张謇全集》(第四册),第 257—258 页。

于钝，几于败，亦可已矣。”①

“进入新时代，全面推进现代化建设，虽然时代条件、战略方针、具体举措与张謇那个时代不能同日而语，但作为人类社会发展进程的必然阶段，现代化建设有着许多共同的性质和规律。前人探索推进现代化进程的实践和思想，非常值得后人借鉴参照。”②张謇探索南通共富之路的目标不是仅囿于南通，而是放眼全国又试图示范全国。章开沅指出：“张謇从一开始就没有局限于通海地区的狭小范围。他不仅着眼于江苏全省的规划，而且还想把这种地方自治的模式推广扩大到全国。……张謇是有宏伟气魄的，但同时他又是脚踏实地的。他不骛虚名，讲究办实事。他深知中国之大和办全国性之事之难，因此宁可按部就班、由点到面、由近及远，走‘垦牧乡—通海地区—江苏省—全国’这样比较稳妥的道路。”③“南通当年为全国现代化提供的样本示范作用，为中国地区性现代化提供的标本实验价值，是十分独特而珍贵的。特别是以政治现代化推动全面现代化，以实业带动民生建设，以城乡互动推进区域一体化发展等，需要我们进行认真深入的梳理研究。”④

结　　语

张謇的共富思想及其实践，其实是一种刻骨铭心的对国家、对乡土、对百姓的眷恋情怀、仁爱之心、责任意识和笃实行动。这些不仅造就了一位实业家、教育家和政治活动家，而且还成就了一项事业、一座近代第一城，以及一方洋溢着民本仁爱、爱国爱乡、乐善好施的江海社会共富文化。商务印书馆专家邝富灼曾说：“他抛弃了虚荣，更抛弃了因做官而得到的势力和金钱，情愿找能替社会尽义务的机会，在中国实业上，另辟了一条新路，完全从他的机警、创造性和智慧几方面得来。……在四十年中，创造了很伟大而适合于中国的实业，而又把他的生长之地、一个风气很闭塞的南通，变成中国的模范县。……著者曾经同英美法日各国外宾到过南

---

① 张謇：《为实业致钱新之函》，李明勋、尤世玮主编：《张謇全集》（第三册），第1388页。

② 罗一民：《了不起的张謇》，上海：上海辞书出版社，2012年，第179页。

③ 章开沅：《张謇传》，第207页。

④ 罗一民：《了不起的张謇》，第126页。

通,访晤先生,参观地方各事业,大家所得的印象,都很深刻,不是说他是一个创造者,就赞叹他成就了何等伟大的事业,并且大家都确认为他所创造的南通,是中国的乐土。”①从这个意义上说,张謇堪称建设共同富裕社会的伟大先驱或开路先锋。张謇不仅创造了百姓衣食无忧、精神富足的南通和谐共富的盛景,而且他所体现出的“共富精神”,在新时代更具典范意义和弘扬价值。

〔作者马斌,南通理工学院教授、南通大学张謇研究院特约研究员;何恒兵,如东中专高级讲师。南通 226000〕

① 张绪武:《我的祖父张謇》,第224—225页。

张謇治水方略及其实践

——以黄淮水患治理为例*

陆玉芹　杨玮焘

摘　要:清末民初是中国传统官僚治水模式向近代专家治水模式转型变革的关键时期。张謇关注民生,注重水患治理。他在致力于黄河流域、淮河流域水患治理的实践中逐渐总结了蓄泄并重、协同治理、统筹全局以及重视科学测量等治水方略。他创造性地提出开凿串场新河(新运河)、浚治王家港以缓解淮、运泄水造成的苏北水患困局。张謇的治水思想和躬身实践对后世治淮和苏北生态环境建设具有积极的现实意义。

关键词:张謇　水利　黄河　淮河　串场新河　王家港

国内学术界关于张謇的研究主要聚焦实业、教育、盐垦、立宪、地方自治等领域,关于张謇水利思想与实践的专门研究不多,论述重点主要包含以下几个方面:一是从宏观上论述水利文化和水利环境时涉及张謇治水对生态环境修复的重要性①;二是集中研究张謇治理淮河方面的思想和实践②;三是大力宣传张謇作为有责任的企业家的治水贡献③;四是论述

---

* 本文系国家社科基金项目"张謇盐垦经营与苏北生态环境建设研究"(21BZS102)阶段性研究成果。

① 如马俊亚:《近代淮地环境灾难与生态修复》(《近代史研究》2022年第2期)、何菲:《华洋冲突下的制度演进——略论民初全国水利局的建立》(《自然辩证法通讯》2019年第4期)。

② 主要成果有庄安正:《对张謇导淮几个问题的探讨》(《江海学刊》1996年第1期)、沈雨珣:《近代以来治淮思想变迁》(南京农业大学硕士论文,2011年)、须景昌:《张謇与淮河水利》(《南通大学学报》2007年第5期)。

③ 如陈春华:《治水才长 功追大禹——张謇的水利人生》(《档案与建设》2016年第8期)、牛志奇:《张謇:我国近现代水利的奠基人》(《文史参阅》2020年第12期);时德青:《清末唯一研究水利的学者——张謇》(《治淮》2000年第7期)。

张謇与盐垦水利[1]。此外,还有学者将张謇的水利思想和其他学者比较[2]。上述论著评述了张謇的水利思想和具体实践,但系统将黄淮水患联系起来考察张謇的治水方略与实践的研究成果并不多,本文拟以近代黄淮流域水患治理为例,阐述张謇的水利思想及对黄淮流域水患治理的实践,进而评析其成败得失,为现代水利建设和苏北生态环境建设提供借鉴。

一、心系黄患,初涉水利

晚清自然灾害的发生呈现出范围广、破坏性强等特点。在众多灾害中,水灾是这一时期最频繁、最严重的自然灾害[3]。在清末发生的水灾中,当属黄河流域和淮河流域破坏性最大,而水患的成因既有天灾亦有人祸。

(一) 关心民生,以身涉险勘察灾情

据史料记载,清朝共发生自然灾害 1121 次,其中水灾 192 次,约占五分之一[4]。黄河是决堤、泛滥最频繁的河流。邓云特指出:"至光绪三十年,黄河决口竟达 139 次。"[5]"光绪十三年(1887)八月河决郑州。"[6]"漂没村庄、镇集以二三千计……溺死之人,蔽空四下,若凫鸥之出没。"[7]自 1882 年到 1890 年,黄河曾连续九年发生漫决,堤坝决口宽达数百余丈,

---

① 如羽离子:《两淮垦殖业及工业的发端:近代中国工业革命的缩影》(《中国矿业大学学报》2004 年第 3 期、须景昌:《张謇与盐垦水利》(《江苏水利》2001 年第 2 期)以及 Magdoff, Fred. *Ecological agriculture: Principles, practices, and constraints* [J]. Renewable Agriculture and Food Systems, 2007。

② 如蒋国宏:《张謇与孙中山水利思想之异同》(《南通大学学报》2017 年第 2 期)、《张謇与陈炽水利思想之比较》(《华北水利水电大学学报》2017 年第 5 期)将张謇的水利思想分别和陈炽、孙中山做了比较。

③ 李文海等:《中国近代十大灾荒》,上海:上海人民出版社,1994 年,第 230 页。

④ 邓云特:《中国救荒史》,上海:上海书店出版社,1984 年,第 30—32 页。

⑤ 邓云特:《中国救荒史》,第 74—75 页。

⑥ 赵尔巽等:《清史稿・河渠志》,北京:中华书局,1986 年,第 3808—3809 页。

⑦ 张謇:《郑州决口记》,李明勋、尤世玮主编:《张謇全集》(第六册),上海:上海辞书出版社,2012 年,第 85 页。

水势汹涌，泛滥成灾。黄河决堤吞噬百姓的生命，祸害下游数省广大地区。

据张謇《郑州决口记》记载：光绪十三年（1887）九月黄河在郑州下汛十堡口处决堤，决口最初宽三十余丈，仅仅三日后扩大至三百余丈，洪水不断注入淮河，灾情严重。是年，张謇受故人孙云锦之邀入驻开封幕府，恰逢黄河决口，他立即投入抗灾救灾工作。为了更为直观地勘察灾情，取得第一手治水资料，他不顾自身的安危，多次冒着生命危险与孙云锦之子孙东甫沿河乘舟查看水势，办理急赈，几乎走遍了黄河决口的每一处，探寻黄河水灾发生的原因。

（二）博采经验，初拟治黄《疏塞大纲》

光绪十三年（1887）九月黄河决口后，延至十月，朝廷才命户部从各省洋药（即鸦片）加征厘税银十万两赈灾。十一月，朝廷命大臣李鸿藻视察河道抢修和赈灾情况。

面对黄河泛滥的严峻形势，张謇受河南巡抚倪文蔚委托，参与救灾工作，草拟《疏塞大纲》。张謇阐述道：堵塞黄河堤坝缺口是眼下亟需的权宜之计，只有疏通黄河淤塞的河道河床才能从根本上解决黄患问题。他认为“河身深远宽通”，只需加以疏通，水势就下而趋，“并归正道”[①]。而决口浅涸，堵塞易施，对黄河的“堵”和“疏”必须双管齐下，同时兼顾。张謇钻研明清水利专家潘季驯、丁显、冯道立等人的水利著作，结合实地考察，提出“堵塞并举、分流入海”的黄河系统治理方案，主张趁黄河漫流之际，“复禹故道”。张謇甚至对所需器具（包括先进的外国机器）、经由路线以及人工来源等问题都做了详细的规划安排，提出以“切滩取直法”[②]治理黄河南段来化解险情，并建议采用机船疏浚以便施工。但倪文蔚对这些合理建议拒不采纳，张謇空有满腔热血和抱负却无用武之地，同年十一月，愤而辞职南归[③]。

---

① 张謇：《上倪文蔚书》，李明勋、尤世玮主编：《张謇全集》（第二册），第36页。

② 切滩取直法又名裁弯取直法，指在过度弯曲的河段上的狭颈处开挖引河，加速河道由弯趋直的工程措施。切滩取直法多应用于弯曲型河流当中，具有畅泄水流、降低上游水位、减少泛滥、改善航行条件等作用。

③ 章开沅：《开拓者的足迹——张謇传稿》，北京：中华书局，1986年，第34页。

二、奔走导淮,矢志不渝

张謇南归,途经徐州、淮阴、淮安等地,目睹黄河大水漫流而下,淮河流域生灵涂炭,他决定暂居淮安,详细研究淮河流域的受灾状况。后来,张謇先后担任全国水利总局总裁、导淮总局督办、治运督办、江苏新运河督办,为治理淮河奉献了毕生精力。

(一) 复淮浚河,江海分流

淮河流经安徽、山东、江苏、湖北诸省,全长两千余里,淮河流域气象变化多端,洪涝、旱灾频发,支流源短流促,河床坡度落差较大,中游地势“两头翘,中间洼”,洪水下泄困难,汛期水流湍急。

张謇最早接触淮河治理问题是在同治十三年(1874),他随通州知府孙云锦调查淮安渔滨积讼案,时年22岁。当时黄河虽然已经北徙,但淮河水利失修,尾闾不畅,苏北百姓颠沛流离,苦不堪言。张謇见此情景,深感“怦怦心动,以为淮不治,则江北无宁日”①。从此,每当见到有关水利方面的书籍,张謇都要深入研究,探求导淮对策。他从冯道立《淮扬水利图说》、丁显《请复淮水故道图说》以及潘季驯《河防一览》、靳辅《治河方略》等水利著作中大受启发,这一时期的张謇受前人治水理念影响较大,主张疏浚淮河故道,将淮水全部引入大海。

经过实地调查后,张謇发现淮河故道在黄河夺淮以后已废弃700多年,河床由于黄河泥沙的长期淤积高出两岸地面数米,形成“地上河床”,疏浚故道不仅靡费巨多且难以持久。张謇经多方考虑,放弃了前人的治淮主张,提出“江海分流”的设想。1913年张謇在其《治淮规画之概要》一文中提出“分注江海”“沂泗分疏”②的导淮规划方略,并且在《导淮计画宣告书》中提出标本兼治的主张:“所谓本者,则有如详加勘估,确定入海及分流入江之路线”,“所谓标者,先浚淮沂近海入运之路,以杀

---

① 须景昌:《张謇的治水思想和治水活动》,李明勋、尤世玮:《中国近代水利史论文集》,南京:河海大学出版社,1992年,第19—23页。

② 张謇:《治淮规画之概要》,李明勋、尤世玮主编:《张謇全集》(第四册),第241—243页。

其势。”[1]在《江淮水利施工计画书》中提出“拟分淮水十之七入江，其三全由旧黄河入海”，也就是“七分入江，三分入海”的治淮主张[2]。

在当时的客观条件制约下，张謇既不盲从古人，也不迷信权威，他留下的“江海分流”的治淮方略较为科学地解决了淮水出路问题。

（二）蓄泄并重，协同治理

张謇在治理黄淮水患的过程中，始终坚持勘察研究、博采广受、权衡主次、实事求是的精神，形成了一系列治理黄淮水患的方法与策略。

张謇提出：“治水贵蓄泄兼筹，因水之有余为害也而泄之，亦当计水之不足亦害也而蓄之。古人开辟河道为泄也，而建筑闸坝即为蓄……可知必蓄泄互用，乃能旱潦有备。”[3]此后他采用夏禹治水之法、明代水利官员潘季驯的“束水攻沙”之说和清代金安清、赵秉节、丁显等人的导淮对策，参考国外水利学者诸如美国詹美生、塞伯尔、费礼门的意见，总结各家治淮理论，提出了“蓄泄并重，协同治理”的上下游兼顾的治淮蓝图。

张謇在治理水患时展现了区域协同治理的科学思想，冲击了传统的官僚治水模式，突破了官僚体制区域分割的桎梏。他批判了传统的“各人自扫门前雪”的地方主义行为，认为“划界为治，两有不利”，“淮不治之害，皖与苏共之；治则利亦相共”[4]，呼吁黄淮流域各省精诚协作，共同治理淮河水灾。1950年淮河突发大水，毛泽东主席作出“根治淮河”的重要指示。在周恩来总理主持的治淮会议上曾发生争论，时任水利部技术委员会主任的须恺力排众议，主张采用张謇“蓄泄兼施，协同治理”的策略，在淮河支流上游修建水库蓄水，在下游挖掘水道，泄洪入海，从此淮河水患问题得以根治。

（三）统筹全局，黄淮并举

黄河、运河、淮水、沂水、泗水等具有连带性质，经过数十年的实践探

---

① 张謇：《导淮计画宣告书》，李明勋、尤世玮主编：《张謇全集》（第四册），第245—248页。

② 张謇：《江淮水利施工计画书》，李明勋、尤世玮主编：《张謇全集》（第四册），第397—400页。

③ 张謇：《致刘少青函》，李明勋、尤世玮主编：《张謇全集》（第三册），第1129页。

④ 张謇：《筹兴水利为咨议局基本金之设备说》，李明勋、尤世玮主编：《张謇全集》（第四册），第157页。

索,张謇逐渐总结出“统筹全局,复淮浚河”的科学治水方略。

张謇认为治理水患要纵观全局,在导淮的同时兼顾黄河治理,才能系统地、全面地解决黄淮流域的水患问题。他在《请速治淮疏》中论述了导淮的重要性和迫切性:“非大治淮水,上自颍凤,中贯泗徐,下澈淮海,穿辟大河,使水有顺轨安流之势不可。”①“长淮千里,节节壅水,无宣泻之路,亦无停潴之区,潦固为灾,旱亦受病,诚非速筹疏导不可。”②在积极奔走倡导治淮的同时,张謇也重视对黄河及其支流的治理,1913 年张謇发表的《条议全国水利呈》谈道:“导淮而不兼沂、泗,淮即治而功不完,导沂、泗而不析于淮,沂、泗盛而患亦难杀……此謇所谓除害之大者,莫如导淮而兼沂、泗二水也。”③后来他在《江淮水利计画第三次宣言书》中再次重申:“沂不治则病泗,沭不治则病沂,中运、里运不治,则淮、沂、泗无共同行水之道,灌溉交通,两失其利。”④可见系统性、整体性和关联性是张謇治水方略的重要特征,也是张謇水利思想区别于传统水利学家的重要方面。

三、另辟蹊径,治理淮运入海尾闾

张謇认为治理黄淮水患,不仅要注意到黄淮上游、中游疏浚,而且要注意黄淮入海故道疏浚。黄河北徙后,苏北水患主要来自淮水和运河泄水。由于水利工程规划涉及多方利益,经费巨大,难以统筹,张謇另辟蹊径,动议开凿新河,增加淮水、运河水量暴涨时的泄洪能力。在致力于苏北沿海废灶兴垦运动时,张謇深深感受到黄淮水患对苏北沿海百姓的侵袭。此中缘由张謇有深刻的认知,“所谓受灾之源者,淮水也”“淮所以为

① 张謇:《请速治淮疏》,李明勋、尤世玮主编:《张謇全集》(第一册),第 73—74 页。

② 张謇:《就京城暂设导淮总局并颁给关防呈》,李明勋、尤世玮主编:《张謇全集》(第一册),第 268 页。

③ 张謇:《条议全国水利呈》,李明勋、尤世玮主编:《张謇全集》(第一册),第 302—306 页。

④ 张謇:《江淮水利计画第三次宣言书》,李明勋、尤世玮主编:《张謇全集》(第四册),第 390—396 页。

灾者，入海路断，入江路淤，水一大至，漫溢四出”[1]。沿海各县地处下游，乃泄水之尾闾，受灾更为严重。频发的灾害导致沿海地区经济萧条、盗贼生发、民生困苦。东台、泰州、兴化、盐城、阜宁、涟水、灌云“七县平滩广野，横纵数百里，除其县城外，大都无文化、物产、商业之可言，而水旱频仍，盗贼横恣，民无宁岁，亦无宁宇”[2]。

（一）“辟治江北沿海五县串场大河”（新运河）

串场河（指串场旧河）地处苏北滨海地区，紧邻范公堤，为人工开凿的运河，因串通两淮各盐场而得名。串场河既是两淮食盐外运的交通要道，也是淮扬运河余水（淮水）减泄入海的重要河道[3]，“淮阳（扬）一带运河减泄之水，向由东堤各闸坝经下河各州县境内，汇入串场河，分流注海”[4]。然而清朝嘉庆、道光以后，随着淮盐的衰落以及淮扬运河战略地位的下降，串场河年久失修，早已淤垫，“每逢久雨，积潦汪洋，泄海无路，非横溢则上汛耳，但雨三日即足成灾，固害田稼，亦病盐场”[5]，其水利容蓄与交通功能都已大大萎缩，“旧有串场河，偏于西部，其于各县水道迂曲浅隘，彼此不相衔接，言乎交通则不通，故及于水利则无利”[6]。

张謇指出，要想改变苏北长年遭受水患的状况，“非谋水利，谋交通，必无以清乱源，植治基”[7]，根本方法在于治淮。早在光绪三十年（1904），张謇就上呈了《请速治淮疏》，提议“大治淮水，上自颍凤，中贯泗徐，下澈淮海，穿辟大河，使水有顺轨安流之势”[8]。导淮虽可一劳永逸，然而工程

---

① 彭安玉：《明清苏北水灾研究》，呼和浩特：内蒙古人民出版社，1996 年，第 32—33 页。

② 张謇：《变更新运河筹款呈》，李明勋、尤世玮主编：《张謇全集》（第一册），第 585 页。

③ 朱楹辑：《下河集要备考》（第一册），马宁主编：《中国水利志丛刊（38）》，扬州：广陵书社，2006 年，第 5 页。

④ 《清实录·宣宗成皇帝实录·道光六年十一月壬辰》，北京：中华书局，2008 年。

⑤ 张謇：《规辟六县盐河呈文》，李明勋、尤世玮主编：《张謇全集》（第一册），第 476 页。

⑥⑦ 张謇：《为辟治江北沿海五县串场大河并建省道计画书呈》，李明勋、尤世玮主编：《张謇全集》（第一册），第 516—517 页。

⑧ 张謇：《请速治淮疏》，李明勋、尤世玮主编：《张謇全集》（第一册），第 73—74 页。

巨大,经费支绌,短期内难以实现。为此,张謇决意采取变通之法,“先为一隅之绸缪,俾淮在苏之下游有所宣泄”①,即先解决沿海地区水源蓄泄能力不足的困境。

其时“串场河之距海以里计,最近者百五十里,最远者不止二百里”②,已无力承担这一重任。一旦上游泄水,范堤以东无所容蓄,大水漫过,危害甚大。为此张謇才有开辟新运河的主张,“是非就各县东部特辟一河若膀胱者,上不能承受胃府,容运河非常之涨泄,下不能转输尾闾,绾各县流量之枢机”③。而新运河一旦开成,“通、如、东、兴、盐、阜、涟七县之地农工商业,可次第发展,计岁而课功矣”④。他在给刘少青的信中指出“謇为下河滨海各县计水利,曾拟自东台之角斜起,至灌云之陈港止,计程四百七十一里,辟新运河一道”⑤。在回复凌文渊时则言“自阜、盐、东沿海各盐垦公司发生,又值连年大水为灾,筹划水利,乃有新运河之议”⑥。

1914 年张謇任北京政府水利总长时,曾试图开浚串场新河并派人进行了实际探勘,并邀请江北士绅共同商议,“此案于民国三年謇承乏水利局时,曾经派员测绘成图。兹经复测,并邀集江北士绅公同磋议,拟具计画书由謇正式具呈办理”⑦。1921 年 3 月,张謇正式上呈辟治串场河的方案,并附计划书、图各一件,呈送大总统并咨呈内务部、财政、交通、农商、陆军部、全国水利局以及江苏督军、省长。该份计划书详细规划了串场大河的概貌:串场大河南起东台之角斜镇,北至涟水之陈家港,河长共计 472 里。利用挑挖之土,筑捍海大堤于东岸,以防御海潮,就堤筑闸,操纵

① 全文蔚:《新运河办理经过及今后之意见》,《农业周报》1935 年第 4 卷第 25 期,第 810 页。

② 张謇:《就胡议员等质问辟治串场河复江苏省长文》,李明勋、尤世玮主编:《张謇全集》(第一册),第 593 页。

③ 张謇:《为辟治江北沿海五县串场大河并建省道计画书呈》,李明勋、尤世玮主编:《张謇全集》(第一册),第 517 页。

④ 张謇:《致各盐垦公司函》,李明勋、尤世玮主编:《张謇全集》(第二册),第 750 页。

⑤ 张謇:《致刘少青函》,李明勋、尤世玮主编:《张謇全集》(第三册),第 1131 页。

⑥ 张謇:《复凌文渊函》,李明勋、尤世玮主编:《张謇全集》(第三册),第 1170 页。

⑦ 张謇:《致徐世昌靳云鹏张志潭叶恭绰周自齐李国珍函》,李明勋、尤世玮主编:《张謇全集》(第三册),第 856 页。

河道之水流量。筑沿河大道于西岸，以为省道，便于交通。计划书中附录了工程的河线走向、建设规模（河底、河床横断面、河形曲度）以及土方与闸坝经费。整个工程分两部分进行，用时五年，总费用共计 300 万元[①]。

北京政府国务院接到上呈后，认定张謇所陈串场大河计划确属可行，但因财政困难，要求江苏省与张謇会商具体筹款办法，“查辟治江北沿海五县串场大河计划，自系为兴水利便交通起见，惟所需经费三百万元为数甚巨，地方如何筹措，应请贵省长查核，并与张督办接洽办理。仍祈复电，以凭核办”。后张謇又上呈了新运河筹款五法，同时指出，“有人建议，谓串场河为宋代旧名，今虽以串场大河为别，仍恐混淆。请名此河为新运河，说亦不无可采”，“串场大河恐与旧串场河名义混淆，拟请定名为新运河”[②]。

后因筹款无着，串场大河（新运河）工程除测量外，未能实际开展。1925 年，长期追随张謇的水利专家沈秉璜[③]有《上张督办新运河兵工草案》，指出新运河“事关国计民生，且筹画业经数载……仰祈从长核议，见之施行”[④]。据《张謇日记》记载，民国十五年（1926）二月二十四日“沈生同午来，为新运河也”[⑤]，沈同午撰写的《兵工开浚新运河兼筹屯垦计划书》，内容与沈秉璜所议相似[⑥]。由此可见，即便到张謇逝世前夕，他仍未放弃力图促成新运河的计划。

（二）“救灾急策，惟有先开王家港”

王家港即今盐城大丰区境内王港河，因流经下游王家舍出海而得名。

---

① 中国第二历史档案馆编：《中国民国史档案资料汇编》（第 14 册），南京：江苏古籍出版社，1991 年，第 313—317 页。

② 中国第二历史档案馆编：《内务部、财政部、农商部、全国水利局呈大总统为核覆江苏督军省长请辟治江北沿海五县新运河计画拟请照准并请特派督办文》，《政府公报》1925 年第 2180 期，南京：江苏古籍出版社，1992 年，第 5—6 页。

③ 沈秉璜，字豹君，江苏海门人，曾就读于南通师范学校工科，后又入河海工程专门学校深造，著名水利专家，长期追随张謇，任江苏运河工程局秘书兼工程科长，从事水利测绘及规划工作，著有《勘淮笔记》等。

④ 沈秉璜：《沈秉璜上张督办新运河兵工草案》，《督办江苏运河工程局季刊》1925 年第 22—25 合期。

⑤ 张謇：《啬翁自订年谱》，李明勋、尤世玮主编：《张謇全集》（第八册），第 979 页。

⑥ 沈同午：《兵工开浚新运河兼筹屯垦计划书》，《河海周报》1926 年第 14 期。

此河原是天然港道,明朝时称小海灶河,西起串场河东岸小海闸,向东流入北胜团港,折而东南流入大庆港(即今小海河北街市),达于钩蛏港而入于海,是两淮盐区"输赋于仓,载薪于团"的重要河道,历代都进行过疏浚。

1921年农历五六月份以后,江淮流域由于连续两个多月的强降水,形成了全流域的大洪水。此次江淮流域及里下河大水,在《扬州水利志》《盐城县志》《东台县志》《如皋县志》中都有记载,如"七月,江、淮、沂、泗、蒙、汴、汝、睢、淝、涡诸水,同时并涨,又值飓风,海潮大上,下游泄泻不及,泛滥成灾"①。上游亟待泄水,下游又遇海潮,盐垦区岌岌可危,盐灶即将毁于一旦。张謇从南通奔赴兴化、东台、泰州等灾区查看灾情。旧时,朝廷在江苏里运河东堤,设置了南关坝、新坝、中坝、车逻坝、昭关坝五座归海减水坝,其中昭关坝建在江都邵伯镇境内。当时,运河上游各县百姓要求在昭关开坝分洪,下游各县则要求保住昭关坝,坚决不让开坝,因为每逢开坝,下游尽成泽国,生灵涂炭。一方要开,另一方坚决不让,群情激奋,矛盾一触即发。而当时遭遇大水灾的东台民众对下游的大丰公司、裕华公司等的水利闸坝因阻碍泄水也是纷争不断。为保护下游生灵和解决矛盾纷争,9月21日,张謇赴扬州会见时任江苏省运河局会办韩国钧,与他讨论暂不开放昭关坝。

为解决公司与串场河流域、里运河流域民众的矛盾,张謇到苏北各县实地调研,当地人提出须开王家港的建议,"鄙人在兴、东时,询兴、东人救急之策,佥称须开王家港"。他结合历史上的治水经验,于10月发表了《治王家斗龙新洋三港商榷》,提出苏北"救灾急策,惟有先开王家港"。为解决水患,最好将新洋、斗龙、王家港三港同时竣工,但考虑到经费困难和解决问题的主次矛盾,张謇调研发现,斗龙、新洋二港目前的泄洪能力尚在王家港之上。"王家港路线短,倾斜急。路线短则工费省,施工易;倾斜急则流率速,刷力大",认定开王家港会收到事半功倍的效果②。

张謇经过充分调研论证,很快回南通组成测量队,会集东台,分段测量王家港。根据《大丰县文史资料》第10辑记载,为获得各方支持,从

① 张謇:《筹治王家斗龙新洋三港商榷书》,李明勋、尤世玮主编:《张謇全集》(第四册),第491页。

② 张謇:《筹治王家斗龙新洋三港商榷书》,李明勋、尤世玮主编:《张謇全集》(第四册),第492页。

1921年9月7日至1922年5月7日止，张謇为此次水灾向社会各界发出的信函多达67封，呈送民国政府大总统徐世昌、国务总理梁士诒、外交总长颜惠庆、江苏省长王瑚、江苏省财政厅长严家炽、江苏督军齐燮元、全国水利总裁李国珍、江苏省运河局会办韩国钧、淮南垦务局总办吕道象、华洋义赈会暨各有关县市地方士绅等，向他们陈述苏北各县遭受水灾的情况，阐明治理王家港的理由，商议疏港方略，筹措工程款项。此外，信件内容还涉及运河、淮河水系的宏观治理和安全等。

王家港整治工程于1921年12月16日开工，1922年5月全线竣工。"港须治者七十里，分上中下三段，而先从下段入手……中下段之间设九孔大闸"①，工程原计划整治70里，分上中下三段实施，裁弯取直共24里，但由于资金不足，仅完成了计划的3/4，全线并未贯通，原先规划中的港口也未能建成。即使这样，王家港的浚治，至今仍为这一地区的交通运输、蓄淡灌溉、排涝泄洪发挥着无可比拟的作用。

四、一腔热血，壮志难酬

张謇没有把水利研究当作入仕的敲门砖，而是在从事实业建设的同时，不辞劳苦地奔波于河湖之间，把半生精力贡献给黄淮水患治理。

（一）尊重科学，注重勘测

张謇在治理黄河、淮河、运河、王家港，规划新运河时，都特别重视勘查测量。光绪三十二年（1906）张謇上书端方，建议朝廷复淮浚河。建议被批准后，他在清江浦筹议导淮局，进行初期的测量规划工作。三年后张謇设立江淮水利公司，民国元年改设江淮水利测量局，开始勘测淮河、运河的河道、雨量、地形、流量及水位等，为导淮施工提供详细可靠的依据②。1911年1月，张謇抽调通州师范土木测绘科40名学生，分组组班，实地勘测淮河、运河及沂、沭、泗各河道。在实测废黄河口潮位中，以1912年11月11日下午5时的低潮位为基准面，称"废黄河零

---

① 张謇：《王家港治理开工启》，李明勋、尤世玮主编：《张謇全集》（第五册），第220页。

② 时德青、孔玲：《清末唯一研究水利的学者——张謇》，《治淮》2000年第7期。

点”,从而确立了淮河流域以废黄河零点为基面的统一高程基点,沿用至今。

张謇认为“计画之依据全在测量”,只有通过实地测量的数据,才能做出相应的规划设计。尽管有时候无法亲力亲为,张謇还是通过书信的方式,对测量进行关注。比如关于串场新河的水位测量“按九月下旬实测灌河高潮位九尺,浅潮位一尺六寸,以江淮水利局测验潮位推算,最高潮位真高八尺,最小潮位真高在海平面下一尺一寸”[①]。通过测量数据,经过计算得出新串场河(新运河)的具体数值。关于河线的规划从角斜港到灌河,每一处都有具体的测量数据。对于当时各河段的土质,张謇也做出了考量,因为在设计河床横截面时,需要考虑到河岸的土壤状况。据不完全统计,张謇主持勘测的图籍资料主要有《淮水入海施工计划图》《淮水入江施工计划图》《中运河施工计划图》《里运河施工计划图》《为辟治江北沿海五县串场大河并建省道计画书》《江淮水利计划施工以后各处洪水位及河底高度表》等,这些都为后来导淮工程提供了重要资料和科学依据。

张謇在光绪十三年(1887)初涉黄河水患治理时,曾深入灾情第一线调查,见识到了外国先进器械的身手,深感中国器械科技的落后,多次上书朝廷希望能够加以引进,最后从美国进口了一批现代先进仪器,一定程度上改变了近代中国水利科技的落后面貌。近代杰出水利学家宋希尚在其所著《河上人语》中曾评价道:“五十年前用仪器来测量水利工程作为设计依据,不易置信,张公实为推动最力之人。”[②]

张謇求贤若渴,对于知识和人才十分尊重。他认为建设一个现代化国家不能没有人才,现代世界的竞争是“农工商之争”,但归根到底仍然是知识学问之争,也即人才之争。张謇深感中国水利建设人才匮乏,于是将培养水利技术人才视作重中之重,呼吁设立高等工科学校,开设河海工科专班。在他的不懈努力下,河海工程专门学校于1915年在南京建立,这是中国近代第一所专门培养水利人才的高校,是中国近代水利教育事业之滥觞。张謇坚持唯才是举,主持黄淮水患治理时更是不惜重金聘请外

---

① 张謇:《两淮串场大河施工计画书》,李明勋、尤世玮主编:《张謇全集》(第四册),第475页。

② 宋希尚:《河上人语》,台北:中外图书出版社,1964年。

国专家，例如荷兰的奈格、特来克，英国的葛雷夫，瑞典的施美德，比利时的平爵内，美国的方维因等，都曾为近代中国水利事业做出过贡献。

（二）多方协调，筹款艰难

为保证水利工程顺利实施，张謇多方筹款。1913年，北京政府设导淮局，全面统制导淮事宜。次年，改导淮局为全国水利局，张謇任总裁。此时江淮地区水灾肆虐，民不聊生。国内外很多有识之士皆认为中国必须重视水利建设，拯救黎民百姓于水火，大力支持张謇的治水计划。为筹集导淮经费，张謇与美国红十字会签订《导淮借款草约》，拟借款300万美元，但由于一战爆发等复杂原因，最终未能履约。

为解决经费问题，张謇曾在《为辟治江北沿海五县串场大河并建省道计画书呈》中提议抽调通扬淮三镇的部分士兵组成工程队[①]。民国十一年（1922），张謇制定了详细的筹款办法，“工程经费三百万元，分为五股，每股六十万圆。一劝各盐垦公司特别益地”，一劝淮南盐商“分年垫助”，淮南垦务局“所收之场价扣二成，作为地方河道又带征水利费一成”，“一本省亩捐，按亩带征银二分……各场人民既享其利，理应负担此项义务。亦以六十万圆为额，如额即止。一政府任之”[②]。然而，北京政府回复“第五款所需各项，拟由中央补助三十万元，分五年匀拨外，其余各款，如果确有把握，亦应准予就地筹款应用”[③]。政府年仅拨款五万，显然与张謇的期待相差甚远，这也是张謇拒任新运河督办的重要原因。这点在1月11日他回复田中玉[④]的信函中得到印证，“江北沿海新运河，本昔所主张”，然而“筹款之法必政府为倡，今之政府力何能及？若地方及各盐垦公司，则大灾之后，更何所筹措耶？昨已电辞”[⑤]。

毕竟新运河的开辟有利于改善整个苏北的生态环境，在这点上各方的利益诉求一致。治理水患，涉及各方利益。利益诉求方面的差异可以

---

① 张謇：《为辟治江北沿海五县串场大河并建省道计画书呈》，李明勋、尤世玮主编：《张謇全集》（第一册），第516—517页。

② 张謇：《变更运河筹款呈》，李明勋、尤世玮主编：《张謇全集》（第一册），第585—586页。

③ 《政府公报》1922年3月28日第2180号。

④ 田中玉，字蕴山，直隶（河北）临榆人，时任山东督军兼省长。

⑤ 张謇：《复田中玉函》，李明勋、尤世玮主编：《张謇全集》（第三册），第1005页。

弥合,张謇一方面公开回应消除误解,一方面通过信函对苏北士绅进行解释,“秉璜随钧座后,对于此河之查勘,计划已非一次,且约合二三同志疏解各县人士之误会,只以无款,无法进行”①,工程缺款才是导致新运河开浚计划夭折的重要原因。

筹款开凿新运河仅是一例,其他水利工程也是如此,由于经费不足,或无法动工,或动工后半途而废,或工程量减少未能按原定计划书施行。

(三) 时局动荡,壮志未酬

社会的和平稳定以及政府的统筹领导是科学的治水方略得以付诸实践的重要保证。张謇虽然对黄淮水利治理倾注了大量心血,但由于时代的制约、经费的短绌、体制的桎梏,他的治水实践大多以失败告终。

水利建设是一个庞大复杂的系统工程,牵涉多方利益,稍有不慎便会令工程前功尽弃,尤其是在北京政府时期,已步入晚年的张謇不得不将大量精力投入与各方势力的斡旋当中,无暇全力投入水利建设事业。1925年1月,张謇在给段祺瑞的电文中写道:“窃自民国八年暨九年前后数年间,以地方督促、政府任命,忝任督办江苏运河工程事宜兼督办吴淞商埠事宜。比经济困蹶,两局应行事宜无由发展……应请准予辞职,另简贤能,即日接替。”②曾经意气风发的张謇厌倦了钩心斗角的官场争斗,黯然退场。

从经济层面看,国内经济凋敝,民生困苦,国库空虚。“本局应支之款及淮北区域所需测费,全属虚悬。如果财部核拨之款迅速发转钧局,按期拨给本局,测务方能继续进行,否则即将停辍,不胜迫切”。张謇在全国水利局总裁任内主持规划测量淮河水况,但因资金匮乏无奈恳求财政部拨款,但最终不了了之。张謇主导的许多水利工程因经费短缺而“胎死腹中”,更遑论大规模引进西方先进技术和人才。

从社会层面看,当时的社会风气十分闭塞,上自中央大员下至黎民百姓受封建思想荼毒颇深,或对水利建设不以为意,或将张謇的治水行为视

---

① 沈秉璜:《沈秉璜上张督办新运河兵工草案》,《督办江苏运河工程局季刊》1925年第22—25合期。

② 张謇:《致段祺瑞电》,李明勋、尤世玮主编:《张謇全集》(第三册),第1328页。

作对本地的“入侵”，从而怀有强烈的戒心。凡此种种，构成了张謇治水失败的客观因素。张謇开浚王家港时，在《致场食各商函》中说：“忆勘昭关时，贵商等派代表江干卿（徽州盐商）到坝（昭关坝），极以场灶产业数千百万计，请予保坝……当时要请保坝，声称场灶财产数千百万言。设（假如）以百分之一计，当若干，以千分之一计，当若干？”①张謇对场灶垣商过河拆桥行为十分不齿，愤怒地质问道：“今王港之工费，请问于场有关系乎？即去以后王港无关系，请问当日保坝时所谓千百万财产之危险，诚乎？伪乎？”②

结　　语

自初次接触黄淮水患治理直到1926年去世，张謇为黄淮水患治理事业呕心沥血四十余年。随着个人任职的变化，他从治黄、治淮到黄淮协同，从分河段到重点河段，从干支流到全流域，形成分时段、分层次、分区域、分缓急的治理理念。结合数年的调查研究，先后主持制定了《江淮水利施工计划书》《淮沂泗沭治标商榷书》《为辟治江北沿海五县串场大河并建省道计画书》《筹治王家斗龙新洋三港商榷书》等工程计划书。他不仅拟定了详细的实施方案，而且为推动计划实施奔走呼号，不懈努力，其识见、担当与魄力，皆非一般人可比。然而水利工程是庞大工程，缺乏政府的资金支持，缺乏市场的运作机制，终难达到预定的目标。

张謇的治水方略主要是从古代典籍和西方理论中汲取经验，同时又充分调研本地的实际情况。他用先进的理念指导实践，又从实践中不断完善理论，最后又落实到每一项具体的水利工程设计中。在其致力于黄河流域、淮河流域的水患治理实践中逐渐总结了蓄泄并重、协同治理、重视科技等治水方略。特别是他统筹全局，另辟蹊径，选择规划开凿串场新河（新运河）、疏浚王家港等措施缓解治淮困境的方略，彰显了张謇敢为人先的开拓精神、百折不挠的顽强意志、泽被乡里的爱民情怀以及脚踏实地的务实风范。尽管受制于时局和经费，受制于官僚体制的桎梏，张謇的治

① 张謇：《致场食各商函》，李明勋、尤世玮主编：《张謇全集》（第三册），第999页。

② 陈同生：《〈先治王家港商榷书〉的历史解读》，转引自《大丰日报》2020年9月3日。

水方略未能完全付诸实践,但其治水思想和躬身实践的言行对苏北生态环境建设仍然具有积极的现实意义。

〔作者陆玉芹,盐城师范学院历史与公共管理学院院长,大运河文化带建设研究院盐城分院常务副院长,南通大学张謇研究院特约研究员。盐城 224002;杨玮焘,苏州市相城区相城实验中学教育集团教师。苏州 215100〕

认知异化与法治自觉：清末立宪时期张謇对代议制的思考

奚海林

摘　要：代议制是近代立宪顶层设计中的重要内容。张謇内心理想的代议制机关先后经历了变法框架下权舆之制、立宪语境中的帝国议会以及预备立宪时期的法治国会三种样态。张謇代议制认知的三个阶段，反映出他对西方立宪制度的认知异化以及对本土法治的自觉，这不仅是近代立宪派士绅救亡图存、积极试错的过程，也是一位实业政治家对国家现代性议题中诸多关系进行思考的过程，背后折射的乃是近代实业政治家在民族情怀渲染下，利用儒家义理调和新旧文明，并对国家现代性问题进行独立思考的立宪旨趣。

关键词：张謇　代议制　认知异化　国民程度论　法治自觉

一、问题的提出

庚子事变后，清廷下诏变法，施行新政，伴随修律与立宪运动的开展，西法东渐的序幕正式拉开。在此期间，国内士绅立宪派逐渐成为一股与革命派和清王室不同的新兴立宪建国力量①。其代表人物包括张謇、赵凤昌、汤寿潜及郑孝胥等，这群人多为地方实业领域中的士绅领袖，他们深受传统儒家文化的影响，交游广泛，虽远离朝廷权力中枢，对国家政治却饶有兴趣。伴随民族危机的不断加深，国内士绅派明确将“立宪”作为自己的政治诉求，试图通过君主立宪来实现国家富强，他们推动的清末立宪运动，极大地促进了近代中国的法理转型。关于清末的士绅立宪派，学

① 高全喜：《制宪立国：作为现代立国者的张謇》，《文化纵横》2017年第3期。

界长期以来一直将他们视为“立宪—富强”近代化范式的标准注脚①。诚然,对近代中国立宪的分析,不能脱离国家外部危机的时代背景,而追求国家富强的立宪目标恰恰昭示了这场政治变革的外部起因,因此“富强”视角下的解读是合理的,也是必要的。但是,作为对国际关系挑战的一种内部回应,“富强”实则建立在对外关系的逻辑基础上,如果仅仅关注清末立宪派的“富强论”,则势必会造成一种理论上的危险性②——不仅会使清末的立宪运动流于口号化,更容易忽略立宪派对国家现代性以及他们在立宪本土化问题上的思考。

效法西方立宪模式,以宪法和代议制为基点,建立一个新型的国家体制,以整合国家各方力量,本应是清末立宪的任务③。然而在具体的移植过程中,有种现象却耐人寻味:在西方原本用以保障国民自由、反映社会民意的代议制度④,在中国却一度成为辅助朝廷决议的政策安排,但此种安排却又未能持久。这种南橘北枳的异化,究竟是当时立宪党人刻意的误用⑤,还是西法东渐过程中受人类认知规律制约必然要经过的一个试

---

① 王德志:《对“宪法—富强”思维范式的再思考》,《时代法学》2009 年第 1 期;门中敬:《中国富强宪法的理念传承与文本表征》,《法学评论》2014 年第 5 期;赖骏楠:《清末立宪派的近代国家想象——以日俄战争时期的〈东方杂志〉为研究对象(1904—1905)》,《中外法学》2018 年第 4 期;金欣:《中国立宪史上的“宪法—富强”观再讨论》,《交大法学》2018 年第 1 期;王人博:《寻求富强——中国近代的思想范式》,北京:商务印书馆,2020 年;等等。

② 如梁治平教授指出,如果将近代中国法律转型的这段历史仅仅作为中国对外关系史的一部分,那么就可能忽略中国社会自身的问题和要求,因此既不能真正了解中国社会,也不能充分了解制度移植在中国社会中可能具有的意义。参见梁治平:《论法治与德治:对中国法律现代化运动的内在观察》,北京:九州出版社,2020 年,第 107 页。

③ 《宣示预备立宪先行厘定官制谕》(光绪三十二年七月十三日),故宫博物院明清档案部编:《清末筹备立宪档案史料》(上册),北京:中华书局,1979 年,第 43 页。

④ [英] J. S. 密尔:《代议制政府》,汪瑄译,北京:商务印书馆,2009 年,第 77—78 页。

⑤ 例如张晋藩教授认为,西方的宪法文化输入中国以后,便被近代中国知识界置于国情背景下进行了某种改造,形成了中国特有的宪法思想和价值追求,参见张晋藩:《中国宪法史》,北京:中国法制出版社,2016 年,第 8 页。

错环节[1]？尽管解释不一，却不可否认存在这样一个共识，即清末对西方法律制度的移植，并非"拿来主义"式的机械模仿，而是体现了某种特殊的旨趣，对此种旨趣的内容及其价值，传统的"立宪—富强"理论未能提供有效的解释。解决这一问题，回归具体历史语境，对立宪运动重要人物的思想轨迹进行分析，张謇便是其中一个理想的观察对象。

张謇是推动清末立宪的重要人物之一，不同于梁启超法理立宪的风格，张謇具有实业家、教育家以及政治家等多种身份，这使他对立宪的理解具体而又丰富——其思想之中包含实业、教育、地方自治以及代议制等多个因素，且这些要素彼此关联，共成一整体。尽管张謇多数立宪主张未被清廷采纳，但其思想却丰富了近代中国的立宪谱系，对近代中国的立宪事业起到了不可忽视的"开路先锋"作用[2]。

二、《变法平议》与权舆之制

（一）中央与地方代议制的表述分歧

张謇对代议制度的最早阐述出现在他1901年所作的《变法平议》中，在这篇政论中，张謇以六部为纲，对中国传统政治体制提出了一系列的改革倡议。在"吏部之事"一节里，张謇提出了在中央建置"议政院"以及在地方建立"府县议会"的设想，从他对这二者的相关表述中，我们可以了解张謇早期的代议制认知。

尽管张謇花了不少笔墨阐述了他对代议机构的设想，但内容上似乎

① 金观涛教授总结出，近代中国政治观念的形成大致经历了三个时期，即：用原有政治文化观念对西方现代观念选择性吸收的时期、以开放姿态接受西方现代化观念的时期以及中国人对西方观念进行消化、整合和重构的时期。依金氏之论，清末代议制度的异化在实质上较符合第一时期的特征。参见金观涛：《观念史研究：中国现代重要政治术语的形成》，北京：法律出版社，2010年，第8页。

② "开路先锋"是胡适在张孝若所著《张謇传》序言中对张謇一生事业的评价，此外他还评价张謇是"伟大的失败的英雄"、"独立开辟了无数新路"以及"造福于一方，而影响及于全国"。参见张孝若：《张謇传》，长沙：岳麓书院，2021年，"序言"，第3页。

无甚新意,其认知未能超越前人权舆之制的范畴①。例如文中认为,中国之所以需要议会,是因为它能够发挥沟通君民的作用,“凡制定新法改正旧章,上有所建交院议行,下有所陈由院议达,故下无不通之情,上无不行之法”②。“然国有兴革,何以使民不疑? 国有征敛,何以使民不怨? 兴革视民之俗,何以杜其疑而使之和? 征敛视民之力,何以平其怨而使之服? 权衡枢纽,必在议会。”③君民一体,则万事可成,这完全是从君民关系的视角对议会制度进行的解读。又比如,对议政院议员的选举方式,张謇认为应当由四五个大臣“自辟议员”,这些议员的任务也仅为“集思广益”④,议员只可辅助,但无决策,更无监督,这显然与近代代议制度的内涵相去甚远。有人据此指出“其思想水平仅与19世纪的早期维新派相当”⑤。

但是,再看其关于府县议会的一段表述:

> 其府县会议之法,以地方大小,定议员多寡,多不过五人。议长若副,选于议员之中,上其名于内务省。选举之人、被选举之人,均以家资或有品望者充之。示期投票,票数多者中选;票均较年,年均则定以阄。选定布其名于众,每二年以抽签定留易之半。无俸,有往来滞留之费。常会岁三月一开,临时会有事即开。议事草案,由知事令交付其所议之事会决之。其府县事以地方税支办者,预算之数额,征收之方法,会定之。可否视同议者多寡:可,数多者;数同,则决于长。有大利害,则议员得上其议于内务卿。若妨碍国安背律违规者,知事令,得罢其议。议场许人集听,而亦严毁贬、喧扰、乱杂之禁。⑥

尽管对地方议会的职权依旧有所限制,但“会决之”已经表明地方议

---

① 权舆之制的核心在于实现君主主导下的“君民共主”,在张謇之前,王韬、郑观应、陈炽等人对此早有论述,参见王人博:《寻求富强——中国近代的思想范式》,第32—42页。

② 张謇:《变法平议》,李明勋、尤世玮主编:《张謇全集》(第四册),第35页。

③ 张謇:《变法平议》,李明勋、尤世玮主编:《张謇全集》(第四册),第39页。

④ 张謇:《变法平议》,李明勋、尤世玮主编:《张謇全集》(第四册),第35页。

⑤ 侯宜杰:《立宪运动中的张謇》,严学熙主编:《近代改革家张謇——第二届张謇国际学术研讨会论文集》(上册),南京:江苏古籍出版社,1996年,第72页。

⑥ 张謇:《变法平议》,李明勋、尤世玮主编:《张謇全集》(第四册),第39—40页。

会对非“大利害”的事务拥有决定权,此外议员的选举方式、议事形式,甚至议会的社会地位,又大不同于议政院,反而与西方的近代议会制度在形式上颇为相似。虽然未能超越权舆之制的认知,但因此认为张謇对代议制的思考较前人并无进步,显然不够客观。很明显,张謇在代议制的建构上进行了某种异化。

(二)变法的技术性与原则性

看似逻辑不统一的表述,其背后实则源于张謇对变法谨慎的态度。

建置议政院与府县议会,本就是张謇变法思想在具体制度改革上的演绎,因此其背后变法的思想是我们理解张謇代议制认知的关键。尽管《变法平议》的基调是支持响应朝廷变法,以挽救时局,但其中却充斥着一种晦涩的保守主义倾向,正如其文开篇所示:

> 护墉熏鼠,鼠未尽而墉穿;爱林逐鹳,鹳即去而林扰。乘积弊之后,挟至锐之气,取一切之法而更张之,上疑其专而下不喻其意,伊古以来,变法固未有不致乱者矣。然则鉴变之祸而惟弊之承,可乎?曰:恶乎可![1]

借“墉鼠”“林鹳”关系的隐喻,张謇意在传达这样一种无奈,即“变法”与“变祸”总是如影随形,但又不可“鉴变之祸而惟弊之承”,字里行间无不透露着对变法的忧虑。事实上,这并非张謇第一次表达对变法的谨慎,《啬翁自订年谱》有这样一条记录:“在京闻康有为与梁启超诸人图变政,曾一再劝勿轻举,亦不知其用何法变也。至是张甚,事必固不成,祸之所届,亦不可测。”[2]可见,张謇并不赞成随意的变法,通过对中外几次变法运动的分析,他先是总结理想的变法须具备“可变之机枢”、“商量”以及“条理”等要素[3],这是张謇对变法技术性要求的阐述,其后他又通过对“道”与“法”关系的一段论述,指明了对变法的原则性要求:

---

①③ 张謇:《变法平议》,李明勋、尤世玮主编:《张謇全集》(第四册),第34页。

② 张謇:《啬翁自订年谱》,李明勋、尤世玮主编:《张謇全集》(第八册),第1013页。

夫法所以行道,而法非道。道不可变,而法不可不变!日月星辰,睢明而无常度,布帛菽粟,饱暖而无常品。法久必弊,弊则变亦变,不变亦变。不变而变者亡其精,变而变者去其腐,其理固然。而迫隘之计又不可以救汹乱,盖必恐惧修省,而后能定匕鬯之守;必含宏光大,而后能致品物之亨。[1]

坚持法背后的常道,是变法的原则性要求,唯有如此,才能在达到去弊效果的同时,又不至于衍生出祸乱。在张謇看来,议政院与府县议会不过都是"法"的一种具体化,儒家所强调的伦理纲常则是应该恪守的"道"。既然是变法,那就需要在维护伦理纲常的前提下,满足"可变之机枢",有"商量",讲"条理",权宜递序,不能一蹴而就。故而与君主关系更紧密的议政院,不但不能掣肘皇权,反而应该为其服务,对其限制较多,而与庶务关系更大的地方议会,则更显灵活。

值得一提的是,张謇认为建立代议机构,并不意味着政治制度的西化,而是对古老儒家传统的一种复兴[2]。由此可见,在张謇最初的设想中,其曾试图将代议制度纳入中国儒家的思维框架下,亦即在维护伦理纲常的前提下,通过谨慎地变法,对现代议会制度进行必要的异化,使其既能彰显君权,又能对庶务有所裨益。

三、"立宪"语境下的帝国议会

其变法框架下的权舆之制,实则是意图利用传统儒学思维限制西方代议制度的一种努力,这种思维的运用在当时国内士绅中并不罕见,例如张謇好友,同为立宪派的汤寿潜所作《宪法古义》,便试图以中国古书印证各国宪法中的权利[3]。而造成这种思维方式的原因,则是此时国内士绅,

---

① 张謇:《变法平议》,李明勋、尤世玮主编:《张謇全集》(第四册),第62页。

② 张謇认为,询于众庶的权舆之制,中国古已有之:"《周礼》乡大夫各掌其乡之政教禁令,其吏有州长、党正、族师、闾胥、比长,岁终会政致事。又有询于众庶之法,即日本府县议会之权舆也。"参见张謇:《变法平议》,李明勋、尤世玮主编:《张謇全集》(第四册),第39页。

③ 孙祥伟:《近代历史变局中的过渡人物:以汤寿潜为个案的考察》,北京:中国财富出版社,2015年,第72页。

尚受制于传统儒家义理的知识结构，对西方制度缺乏亲身的体验，因此未能把握西方宪法以及代议制度的精神，这也决定了此种叙述方式下的代议机构，与西方议会貌合神离甚至貌神俱离。

（一）从“变法”向“立宪”的转变

在张謇的观念中，“变法”与“立宪”是两种不同的思维方式。前者是在中国传统政治文化下所进行的调整，其目的在于“防弊”，具有很大的被动性和保守性；而后者则在试图摆脱传统的桎梏，主张对政体进行改造，“朝廷变法自强，屡下明诏，凡百新政，未尝不渐次设施。然政体不变，则虽枝枝节节而为之，终属补苴之一端，尤当安危之大计”①。

1903 年 4 月日本大阪举行第五届“劝业博览会”，受日本驻南京领事转托徐乃昌的邀请，张謇开启为期七十余日的考察。他先后到访神户、大阪、东京等地，对当地学校、工厂、新闻社等作考察并有详细记录。尽管此次他考察的对象集中在教育与实业上，但这期间的所闻所思却为其后来政治思想的转变提供了契机。

在参观日本造币局时，张謇由日本币制改革联想到本国政治文化的一大弊病，反映出他已经从过去谨慎“变法”的思想中脱离：

> 我政治家之性质，习惯有一大病，则将举一事，先自纠缠于防弊。不知虫生于木，弊生于法，天下无无虫之木，亦无无弊之法，见有虫则去之，见有弊则易之，为木计，为法计，虽圣人不过如是。而我之有立法权者，未更未见弊之法，先护已无法之弊，慎已。东西各国办事人，并非别一血肉特造，止法度大段公平划一，立法、行法、司法人同在法度之内，虽事有小弊，不足害法。②

“防弊”固不能举事，唯有公平划一的良法善治才能带来社会的改良，如何实现这一目标，在张謇看来，日本的“学国”模式，似乎提供了可资借鉴的路径：“自维新变法三十余年，教育、实业、政治、法律、军政一意规仿

① 张謇：《与汤寿潜赵凤昌改定立宪奏稿》，李明勋、尤世玮主编：《张謇全集》（第一册），第 118 页。

② 张謇：《柳西草堂日记》（光绪二十九年五月初十），李明勋、尤世玮主编：《张謇全集》（第八册），第 544—545 页。

欧美,朝野上下孜孜矻矻,心摩力追,其用意最当处在上定方针,下明大义……余谓日本真学国也。”[①]言下之意,中国需要像日本一样虚心学习西方的先进制度。

相较写作《变法平议》时的心态,此时张謇对西方制度文明的态度更显包容,然而应该向欧美学习,还是向日本学习,张謇很快在这一问题上陷入了困惑:

> 十八日　伯斧往游天满宫,余休于旅舍,听二华生论日人十年内与华人交际情状。一生曰:日本风俗由来褊小,维新以后,直中国政令不修,万事隳废,得行其远交近攻之计。士大夫一着欧衣,沾沾自喜,其心目中遂觉凡支那人无不在其下,强暴者无往不为轻蔑凌侮之举,其用柔术者,乃欲揽中国教育之权,以中国为殖民之地。观宏文学院之所为,联队西乡之无行,其最显明者。彼自宋以前无一不效法中国,今唯其老成长者犹能言之,亦尚有惓惓同洲之意,至其政府以迄新进少年殊大不然。彼亦学欧美耳,我学其似而仍须欧美之真是学,而又须摧眉抑颜以受之,不若尽中国学子分游欧美。即使欧美人之待遇犹之东人,我已权二而省其一,不犹愈乎?我是以决去日而游美。是说也,我思之。一生曰:登高必自卑,行远必自迩。以我普及教育未兴之人,一蹴而几欧美,是责三尺之童以乌获之任,鲜不蹶者。不若就其犹近我者而借径焉,以为梠也。我之君臣上下,诚确有勾践、种蠡坚忍自奋之图,亦何嫌会稽持盈定倾节事之待。彼骄则我益下,彼肆则我益恭,以求进于学问,下则志苦,恭则气肃,进退消长于实业、教育程度衡之,我果有自立之日。今日之受侮,皆我玉成之资也,苟不自立,人即朝摩而夕咻之,其耻均耳。是说也,我思之。[②]

中国留学生在学欧美还是学日本的问题上发生了分歧,这也是张謇的困惑:在国民教育尚未普及,对日民族矛盾激烈的背景下,欧美与日本的制度何者更适合效仿。回国后,张謇同时组织翻译《日本议会史》以及

---

① 张謇:《柳西草堂日记》(光绪二十九年五月初十),李明勋、尤世玮主编:《张謇全集》(第八册),第545页。

② 张謇:《柳西草堂日记》(光绪二十九年五月十八日),李明勋、尤世玮主编:《张謇全集》(第八册),第550页。

《英国议会史》,亦可视为该困惑在议会制度选择上的延伸。

不过,张謇的困惑似乎未持续太久,日俄战争的爆发让张謇很快有了答案。

其实早在新政之初,国内“立宪”的声音就已经陆续出现,例如梁启超曾在1901年发表《立宪法议》一文,提出“君主立宪者,政体之最良者也”的论断[①],只是这在当时尚未引起国内士绅群体的普遍关注,稍有讨论者也是在秘密的状态下进行。日俄战争的爆发,则让更多人开始思考立宪与国家前途之间的关系,例如《万国公报》创始人林乐知就曾在此期间指出,中国贫弱的根源在于“事业不振兴”以及“情宜不联孚”,并认为“欲祛此弊,非早立议院不可”[②],《东方杂志》的创刊,更是为“立宪”的讨论提供了舆论平台[③],一时间,“立宪”俨然成为一种新的思潮,就像当时有人形容的那样,“其机已动,其端已见,其潮流已隐隐然而欲涌出”[④]。

日俄战争中张謇对立宪的思考无疑是具有前瞻性的。早在战争初期,张謇就已预判出战争的结局,并将日本的胜利归功其国内“实业”及“教育”的成功,而这两项事业无不得益于日本宪法之治的推进:

> 日本全国略与两江总督辖地相等,若南洋则倍之矣。一则致力实业、教育三十年而兴,遂抗大国而拒强国;一则昏若处瓮,瑟缩若被絷。非必生人知觉之异也,一行专制,一行宪法,立政之宗旨不同耳。而无人能举以为圣主告也,可痛可恨。[⑤]

日俄战争最终让张謇成为了一个坚定的立宪主义者。他不但组织翻译了《日本宪法义解》《日本议会史》等图书,频繁与官场上的友人讨论立

① 梁启超:《立宪法议》,《清议报》1901年第81期。

② 林乐知:《中国立宪之希望》,《万国公报》1904年第187期。

③ 关于日俄战争期间《东方杂志》对立宪的讨论,可参见赖俊楠:《清末立宪派的近代国家想象——以日俄战争时期的〈东方杂志〉为研究对象(1904—1905)》,《中外法学》2018年第4期。

④ 佚名:《论中国立宪之要义》,《东方杂志》1904年第5期。

⑤ 张謇:《柳西草堂日记》(光绪二十九年十二月三十日),李明勋、尤世玮主编:《张謇全集》(第八册),第577页。

宪并赠送翻译本[①],甚至还与汤寿潜、赵凤昌等人秘密准备《立宪奏稿》,试图直接游说清廷进行立宪。

(二)日本模式下的帝国议会

受日本立宪成功的鼓舞,张謇在《立宪奏稿》中大力宣扬立宪富强论[②],“各国宪法不同,其宗旨均归于利国便民,顺人心而施政策,即合众力以图富强”[③]。而要实现立宪,当以日本为榜样:

> 第欧美非澳各洲,种族各殊,宗教互异,党派又复纷歧,宪法即不能尽合我用。惟日本以帝国为政策,统于一尊,且与中国同洲同文,土俗民情大致不远,明治维新,当时亦由外侮激迫而成,其国势与今日中国亦复异地同揆。[④]

因为中国与日本在文化与国家命运上的相似,张謇通过日本在战争中的胜利看到了未来中国崛起的希望,因而决心以日本为榜样。日本对西方立宪制度的移植,同样经历了一番异化。尽管日本帝国宪法是伊藤博文在考察欧美政治的基础上制定的,但其内容实则已经就日本特殊的情况而作了重要改变。正如严复所评:“日本之立宪法也,伊藤氏之曹,实杂采欧洲诸国所已行者就之,间亦度其国势、民情所能行者,以为损益,故是编者谓之日本帝国宪法可耳,若以概欧洲立宪之制,则亦有僢弛不相比附者矣。”[⑤]而日本帝国宪法的一大异化,即表现在其对帝国议会进行限权的设定上:

---

① 其热情在日记中可见一斑:“蒯礼卿来说立宪事,谈甚久”“抱冰来,复谈立宪”“丁衡甫至沪。见叔蕴稿,说宪法”“以《宪法义解》印本送铁侍郎”“闻铁侍郎奉召还之命,意项城所为也,诣与之谈宪法”。参见张謇:《柳西草堂日记》(光绪三十年五月八日),李明勋、尤世玮主编:《张謇全集》(第八册),第583、584、595、596页。

② 张謇从5个角度论述了立宪对实现国家富强的意义,包括(1)强大的社会动员能力;(2)沟通君民,消除吏弊;(3)缓解外交压力;(4)维护国家安全;(5)消除革命隐患。参见张謇:《与汤寿潜赵凤昌改定立宪奏稿》,李明勋、尤世玮主编:《张謇全集》(第一册),第119页。

③④ 张謇:《与汤寿潜赵凤昌改定立宪奏稿》,李明勋、尤世玮主编:《张謇全集》(第一册),第118页。

⑤ 严复:《日本宪法义解序》,《政艺通报》1904年第7期。

> 盖议会为立法之参与者,非主权之分割者也,有议论法律之职能,无确定法律之权能。议会之参议职能只限于宪法原文赋予之范围,不存在无限之权能。议会作为立宪大政之相关机构参与立法,且议会非只参与立法,亦间接负有监督行政之任务。[①]

在《立宪奏稿》中,张謇吸纳伊藤博文"有限议会"观念的意图亦十分明显:

> 论者或以君权稍替为疑,查宪法精义,在万几决于公论一语。伏念中国圣经贤传之所诰诫,本朝列祖列宗之所贻谋,莫不以违背公论为兢兢,即近年皇太后皇上遇有大事何尝不咨询在廷,诏求谠论?是宪法所谓公论,不过变咨询之少数为多数且仍决之于上,是君权转因之益尊。[②]

张謇对日本宪法模式的选择,实际上也意味着与欧美立宪的分道扬镳。当时日本学者盐野庸一郎曾对世界各国代议制进行总结,并划分出三种形态,即"主权之主体的性质"、"立法权之主体的性质"以及"代表国民之意思的性质",其中"主权之主体的性质"又是"久为论者所公认"的学说[③]。日本帝国宪法所创设的帝国议会,并非主权之分割者,作立法的参与者,却缺少确定法律的权能,其所谓的公论,亦不过是变咨询之少数为多数而已。因此,日本模式下的帝国议会,实际并不受世界通行制度的承认,虽名为议会,但实与代议制精神相龃龉。某种程度上,张謇在《变法平议》中那种对代议制度的异化期待,在日本帝国宪法的模式下得到了满足,而日俄战争的胜利,使他更加确信了这种异化是必要且可行的。

---

① [日]伊藤博文:《日本帝国宪法义解》,牛仲君译,北京:中国法制出版社,2011年,第23页。

② 张謇:《与汤寿潜赵凤昌改定立宪奏稿》,李明勋、尤世玮主编:《张謇全集》(第一册),第119页。

③ 对世界通行模式的划分,某种意义上也是对代议制合法性或正当性的一种探索,关于代议制的三种类型,具体参见盐野庸一郎:《论国会之性质》,《北洋法政学报》1906年第10期。

四、对“国民程度论”的反思及法治国会观念的形成

(一)立宪的“国民”基础

1906年五大臣出洋考察归来,清廷在权衡立宪利弊之后决定下谕宣布预备立宪,该谕文指出:

> 目前规制未备,民智未开,若操切从事,涂饰空文,何以对国民而昭大信。故廓清积弊,明定责成,必从官制入手,亟应先将官制分别议定,次第更张,并将各项法律详慎厘订,而又广兴教育,清理财务,整饬武备,普设巡警,使绅民明悉国政,以预备立宪基础。[①]

在清廷看来,“规制未备”与“民智未开”是立宪的两大障碍,骤行立宪,则必然涂饰空文。由此可见,清廷在立宪问题上设置了两大“立宪基础”,国民程度的适格便是其中之一。

进行立宪,必须先养成适格的国民程度,是为国民程度论。起初,国民程度论只是一个学术意义上的概念[②],但这一概念在五大臣出洋考察期间,经国内部分立宪官僚的阐述,始成为影响清末立宪进程的政治话语[③]。

---

① 《宣示预备立宪先行厘定官制谕》,故宫博物院明清档案部编:《清末筹备立宪档案史料》(上册),第44页。

② 国民程度这一概念出现在20世纪初,起初只是在思想、言论界出现,其中梁启超及其创办的《新民丛报》为这一概念的创制发挥了重要作用。参见赖骏楠:《清末〈新民丛报〉与〈民报〉论战中的“国民”议题》,《法学研究》2018年第4期。

③ 例如戴鸿慈在考察俄国政治过程中提到“据称该国预备立宪已逾百年,究之民间知识犹未尽开,一时甚难合度”,参见《出使各国考察政治大臣戴鸿慈等奏到俄考察大概情形折》,故宫博物院明清档案部编:《清末筹备立宪档案史料》(上册),第18页;江苏学政唐景崇主张“国民普及教育,所以造成立宪资格也”,参见《江苏学政唐景崇奏预筹立宪大要四条折》,故宫博物院明清档案部编:《清末筹备立宪档案史料》(上册),第115页;内阁中书刘坦亦认为,“惟徒知立宪之当急,而不察人民之智愚,则程度不足,即使颁布宪法,亦仅成一纸空文”,参见《内阁中书刘坦条陈预备立宪之法呈》,故宫博物院明清档案部编:《清末筹备立宪档案史料》(上册),第120页;载泽的观点为“而或有谓程度不足者,不知今日宣布立宪,不过明示宗旨为立宪之预备”“是今日宣布立宪明诏,不可以程度不到为之阻挠也”,参见《出使各国考察大臣载泽奏请宣布立宪密折》,故宫博物院明清档案部编:《清末筹备立宪档案史料》(上册),第175页。

张謇并不否认国民程度与立宪二者间的关系,正如他在《为设立预备立宪公会与郑孝胥等致民政部禀》中指出的那样,“伏念立宪之恩命必出自宫廷,立宪之实力必望之政府,立宪之智识必责之人民”①。但如若观察1901年以来张謇的思想轨迹,却很难认定张謇是一个国民程度论者。其实早在《变法平议》中,张謇就曾作出与国民程度论截然相反的论调:

> 法如此,意至美也。而或者以民智未开,议必踳驳而不能合,不知正以议会开民智。选举之人、被选举之人,比绅士也。绅士虽不能尽晓新法,而有文告以谕之,权限以示之,必与蚩蚩者有间。自兹以往,释民教之争,筹学堂、警察、农工商业公司之费,与事而通上下之情,使人憧然动君民休戚相关之感,其不以此乎?
>
> ……
>
> 民智不能遽开也,有专管司以司之,有议员以联之,有学堂以化之,有警察以通之,有章程以便之,而由为之酌量情形,定年限以次第之。②

可见在张謇的观念中,国民程度是否适合显然对国家政治活动有一定影响,但尚不至于成为立宪、建立代议制的先决条件。不过,明诏已下,为了响应清廷的“预备”之义,张謇依旧做了很多努力,以提高国民程度,“夫程度之到,诚难骤言。然坐听其未到而不为之计,又非所以言预备也”③。

在张謇看来,国民并非抽象的政治概念,而是拥有具体的社会层级属性,它由绅董为代表的社会精英与一般国民共同构成,此二者的国民程度及其政治能力,显然是存在差异的。

对于以绅董为主的社会精英,张謇的方案是与郑孝胥等人一起筹建预备立宪公会,宣扬“合群进化”:

---

① 张謇:《为设立预备立宪公会与郑孝胥等致民政部禀》,李明勋、尤世玮主编:《张謇全集》(第一册),第143页。

② 张謇:《变法平议》,李明勋、尤世玮主编:《张謇全集》(第四册),第40、60页。

③ 张謇:《南通地方自治筹拨经费呈督部文》,李明勋、尤世玮主编:《张謇全集》(第一册),第140页。

> 人民之智识,何由而进,则非得士农工商四民之中,撮集几许有智识之民,以发愤为学合群进化之旨,为之提倡,无以答宫廷宵旰之忧劳,无以承内外官司之训令。爰将此意,转相传播,闻者感奋,争愿为中国立宪国民之前导,因即名斯会曰预备立宪公会。①

而合群进化的目的,实在于培养未来合格之议员。在张謇看来,议会中议员的选举,必是有家资及品望的绅董,但这仅是一般条件,作为合格的议员还需具备"公权"意识,拥有"完全之判断力"②。为此,他恳告绅董合群进化,研习法政,对政治原理和法律精神"粗识其端""略竟其绪",因为只有这样,才有资格被选举为议员:

> 本年设法政讲习所,城中官绅商,多至所听讲者,仍虑四乡之绅商不能普及。一日议会设立,一镇无能胜议员之人,则一镇失权;一乡无能胜议员之人,则乡失权。是以扩充范围,更名为会。愿集各乡、各镇绅董及曾人学校毕业之人入会听讲,汇其成绩,较其均分,满六十分以上者,给予听讲证书,不及分者留班再听。得证书者,将来得被选举为议员。若被举后有亏公德、不洽地方者,仍夺其证书,庶人知自重而后证书重,证书重而后得证书者益重。吾州绅董、学士、大夫,其无地方义务之心乎?其无个人名誉权利之心乎?③

而对于一般国民,张謇则认为,政治上的"预备"须以预备人才为先,而"预备人材,自广设学校始",于是他将普及教育作为提高国民程度的一个重要途径。在具体的教育内容上,他主张对法政、测绘以及警察等与地

---

① 张謇:《为设立预备立宪公会与郑孝胥等致民政部禀》,李明勋、尤世玮主编:《张謇全集》(第一册),第143页。

② 张謇:《恳告绅董豫习法政以备地方自治书》,李明勋、尤世玮主编:《张謇全集》(第四册),第119—120页。

③ 张謇:《恳告绅董豫习法政以备地方自治书》,李明勋、尤世玮主编:《张謇全集》(第四册),第120—121页。

方自治密切相关的学科进行重点教学[①],以此培养人才来完善地方自治。在教育的方式上,张謇则主张通过“强制”的方式来推进,“窃维自治之本在兴学,兴学之效在普及……各省风气不一,内地民智未开,苟非强迫,诚难普及”[②]。

然而,从张謇的亲身经历来看,提升国民程度,尤其是一般国民的程度,在现实中却面临着诸多的挑战。

(二)国民程度论的现实困境

首要的挑战是当时频发的毁学案。在宣布预备立宪之前,清廷为改良近代教育,已着手设立新式学堂,然创办新学的理念并未能够深入人心,加之新式学堂的设立侵犯到一些人的利益,因而新式学堂在当时面临着相当大的社会阻力,“自朝廷有不入祀典之庙宇,准酌量改办学堂之诏,而各省寺院,有引外人之保护者矣,有鼓煽愚民聚众毁学者矣”[③]。不过更令张謇失望的是,对于频发的毁学案,当时的法律并不能有效地进行制止,州县官对此大多消极应对,用“和平了结”的方式来处理,对肇事者仅科以罚款,对暴力殴伤教习者仅进行监禁[④],对于州县官的敷衍态度,张謇毫不留情地进行批评,他指出以和平了结的方式来解决冲突乃“吾国上下一通病”,官员可以因此省事,然而“人民之程度则日益加塞”[⑤]。毁学案的威胁除了来自社会,在士绅阶层内部,挑战也无处不在。张謇组织的教育学会便受到不明事理的乡绅的抨击,甚至引发“诬讦学会事件”,他们将教育学会政治化,称张謇及其所组织的学会“敛钱植党”“纠众联盟”[⑥],这不仅给教育的普及造成障碍,给张謇本人亦带来沉重的打击,使其“几

① 张謇:《南通地方自治筹拨经费呈督部文》,李明勋、尤世玮主编:《张謇全集》(第一册),第140页。

② 张謇:《上学部条陈》,李明勋、尤世玮主编:《张謇全集》(第一册),第154页。

③ 张謇:《正告通五属办学诸君文》,李明勋、尤世玮主编:《张謇全集》(第四册),第114页。

④ 张謇:《致端方函》(清光绪三十四年十一月二十五日),李明勋、尤世玮主编:《张謇全集》(第二册),第238页。

⑤ 张謇:《致金山县函》(清光绪三十二年七月至八月),李明勋、尤世玮主编:《张謇全集》(第二册),第177页。

⑥ 张謇:《江苏学务总会复苏学务处函》(清光绪三十二年四月),李明勋、尤世玮主编:《张謇全集》(第二册),第167页。

欲陷以不测”[①]。

社会对教育的误解与排斥,以及法律规范的缺失,均给国民程度的提升造成莫大阻碍。另外,普及教育本身面临的巨大经费压力,使得国民程度论最终破产。

关于教育经费,张謇一直信奉“以税助学”,这是当时各国通行的做法,“各国学制,凡初等小学,多用国家税建立。其用地方税者,不足则国家担任补助”[②],因此他主张通过划定地方税的方式来支持教育、开化国民,“地方税属民政,与教育隔位相生”、“顾强迫非可空言,普及具有价格,则划定地方税为教育费”[③]。不过在立宪预备时期,由于国家税与地方税尚未厘定清楚,张謇不得不在税收之外,另觅他法。于是他选择通过地方自治的方式“就地筹措”[④]。

为了就地筹集支撑教育的经费,张謇开源节流。他一面上书度支部,希望可以借助垦牧公司力量开垦淮徐海荒地,用经营所得来支撑海军与地方教育的支出,“如须银六十万两,则析地为十成,以六成为国有海军产,以四成为地方有之自治教育产”[⑤],另一面他又想出“借国家所收缴价之款为建设,借各地所纳每岁之租为补助”的策略[⑥]。为此他多次向督抚请求免提积谷款,希望将其留予地方以助教育。

这些努力体现了一个实业政治家的智慧,但其本质上与划定国税与地方税殊途同归。张謇很快发现这些措施最终并不能避免中央与地方的权益矛盾,“京官争之于前,邑人士争之于后”“今乃一切在外销款内开支,则上侵国税矣。近因国税支绌,遂拟提用各属积谷捐之半,则又下侵地方

① 张謇:《致金山县函》(清光绪三十二年七月至八月),李明勋、尤世玮主编:《张謇全集》(第二册),第177页。

② 张謇:《致端方函》(清光绪三十三年八月),李明勋、尤世玮主编:《张謇全集》(第二册),第218页。

③ 张謇:《上学部条陈》,李明勋、尤世玮主编:《张謇全集》(第一册),第154页。

④ 参见张謇:《南通地方自治筹拨经费呈督部文》,李明勋、尤世玮主编:《张謇全集》(第一册),第140页。

⑤ 张謇:《上度支部大垦淮徐海荒地为规复海军及地方自治教育费基本说》,李明勋、尤世玮主编:《张謇全集》(第一册),第173页。

⑥ 张謇:《复端方函》(清光绪三十二年下半年),李明勋、尤世玮主编:《张謇全集》(第二册),第190页。

税矣”[①]，张謇意识到走出教育经费困境的根本途径是要划定国税与地方税的界限，但这显然已经超出了地方自治的范畴。

（三）法治型国会观念的形成

若将适格的国民程度作为立宪之基础，则中国之立宪希望渺茫，而民族危机的进一步加深，亦迫切需要一个中央代议机构的出现。1905 年日本军队进入汉城，与朝鲜签订《乙巳保护条约》，虽然名义上保留了朝鲜皇室，但其内政外交已完全受制于日本。统监朝鲜的成功，加大了日本对中国侵略的野心，“日人之图统监中国，则于其大隈重信饯别伊藤博文统监朝鲜时昌言之”，“未几又有传说东西列强在海牙公会，密议对待中国政策三条，其最后者为统监财政”[②]。而舒缓这一危机，非召开真正意义上之国会不可，“国会者，人民与闻政治之所也。必人民得有公举代表与闻政治之权，国家乃能加以增重负担以纾国难之责”[③]。作为国家独立之象征，一个真正意义上的国会将有助于使中国得到国际公法的庇护：

> 即使列强统监财政之说发生，我国会有词焉：外交，则赔款已过之八年，并未尝分毫短少，即各部所负之债，亦未至不可分偿，不得以债权迫我；内政，则各省有咨议局，即各省财政之监督，万国公法宁有独立帝国而受外人干预财政权者？[④]

对于清廷所持国民程度论的说辞，张謇认为，中国已经有部分人达到了适格的要求，由此部分人充当议员，本就是“代议”之义：

> 且国会制度者，非尽人而参与国政之谓也。世界无行普通选举

---

① 张謇：《请免提苏属积谷款仍留地方办学议》，李明勋、尤世玮主编：《张謇全集》（第四册），第 122 页。

② 张謇：《请速开国会建设责任内阁以图补救意见书》，李明勋、尤世玮主编：《张謇全集》（第一册），第 187 页。

③ 张謇：《国会代表上都察院请愿书》，李明勋、尤世玮主编：《张謇全集》（第一册），第 194 页。

④ 张謇：《请速开国会建设责任内阁以图补救意见书》，李明勋、尤世玮主编：《张謇全集》（第一册），第 188 页。

之国家,必有限制之资格。吾国资政院、咨议局之选举,即系此种限制制度也。于千万人民中,择其少数有程度者,畀以选举权;又于千百人民中,择其少数有程度者,畀以被选权。[①]

朝廷本应无所顾虑,况且国民程度本身并非代议制的先决条件,相反,国民程度的演进乃是国会政治的结果,“夫国会者,所以演进国民之程度,若不开国会,即人民程度永无增进之日”[②]。解决普及教育的经费压力,也须在国会的运作下进行,“税则者,自治之根源,而人民之大命也。各国更定税法,有不经国会协议者乎?”“筹治须财,筹财须税,筹税须定系统比率,定系统比率须国会。有国会而后筹备有事,无国会直无筹备可言”[③]。

将国家的改革,置于国会之下进行,可见这一时期张謇对代议制的理解,已经初具近世法治主义的色彩。

张謇法治国会的认知亦表现在他对“监督”的理解上,在其投身地方自治的实践中,张謇曾提出这样一个论断:“法治国之精神全在自治事业,自治事业之能否发达,全视监督机关之能否敦促实行。”[④]在他看来,“监督”是“法治”的一个基本要义,以往清廷预备立宪的各项举措之所以成绩不佳,正是因为“无国会以立其旁”,在出现偏差时,无国会进行“法律上之纠问”,最终造成各行政官的责任有名无实、有始无终[⑤]。

国会的监督职能,与政府的独立责任,是张謇法治观念的一体两面。为了更好地实现法治型国会,张謇同时表达了他对责任内阁制的期待:

立宪国何以能之?其立法也,日责任内阁。责任云者,以内阁代君上负责任焉耳。责任专于内阁,而君上日临而监察之。内政有失,

---

①② 张謇:《国会代表第二次请愿书》,李明勋、尤世玮主编:《张謇全集》(第一册),第205页。

③ 张謇:《预计地方自治经费厘订地方税界限应请开国会议》,李明勋、尤世玮主编:《张謇全集》(第一册),第201—202页。

④ 张謇:《致测绘组函(六件)》(约清光绪三十四年至宣统元年),李明勋、尤世玮主编:《张謇全集》(第二册),第242页。

⑤ 张謇:《国会代表第二次请愿书》,李明勋、尤世玮主编:《张謇全集》(第一册),第204—205页。

则责内阁大臣焉;外交有失,则责内阁大臣焉。中外人民之观听,群倾注于内阁大臣。凡为内阁大臣者,但稍有知觉,决不能如向之持禄保位,泄沓自安。且其地处于可进可退,即有桀骜不驯之才,亦受责于举国之舆论而无所容逞。[①]

要实现政府的责任独立,使其"受责于举国之舆论而无所容逞",必然离不开国会的监督,而这是过去资政院做不到的。资政院作为筹备立宪时期建立的准立宪机关,虽然是国会的基础,但张謇认为它并没有监督内阁的能力,在划定国家责任的问题上,资政院也无法实现内阁真正的责任独立,"资政院与大臣有争执时,则恭候圣裁,是仍以君主当责任之冲,而大臣逸出于责任以外"[②],可见,张謇的法治型国会有着具体的内涵,而非抽象意义的存在。

余论:实业政治家的立宪旨趣及其评价

清末的十年间,张謇对代议制的认知先后经历了变法框架下权舆之制、立宪语境中的帝国议会以及预备立宪时期的法治国会三种样态,如此曲折的历程,实则受到人物的民族情怀、知识结构以及社会经历等多种因素的影响。同时这一认知流变的背后彰显出一位实业政治家在对国家现代性思考过程中的特殊旨趣。

(一) 主权意识下的立宪选择

国家现代性的首要考虑是如何确保国家主权的完整与独立,这一思考贯穿了张謇代议制设计的始终。张謇认为建设完备的代议机关是化解民族危机的重要法理手段,这一论断源于他对地缘政治以及国家外交的长期思考。早在《代某公条陈朝鲜事宜疏》一文中,张謇即表现出他对地

---

① 张謇:《请速开国会建设责任内阁以图补救意见书》,李明勋、尤世玮主编:《张謇全集》(第一册),第188—189页。

② 张謇:《国会代表第二次请愿书》,李明勋、尤世玮主编:《张謇全集》(第一册),第206页。

缘政治的关注,主权意识初见端倪[①],同样的思考在日俄战争时期也有体现,"臣等窃惟日俄之争,祸连未解,要求终局,害必及我"[②]。地缘政治是张謇分析民族处境的出发点,而清末地缘政治堪忧,薄弱的军事实力无法构筑起实质性的防御,因此张謇将外交视为解决民族危机的重要途径。国家主权观念在议会制度设计上的投射,使议会在某种意义上成为国家主权的象征。张謇意识到,在以往专制体制之下,国家的外交全赖朝廷个别大臣担当,而这往往会导致谈判中的劣势地位,因此他认为应当由国会作为外交的后盾,这不仅可以分担外交大臣的压力,还可以震慑各国,获得国际法上平等的外交地位。

(二)儒家义理基础上所进行的立宪调和

借助传统儒家经义,对西方立宪制度进行新的阐释,或者对其进行必要的异化,可以说是近代立宪党人捍卫本土文明的天然使命。《变法平议》提出"道法二元论",是作为儒者的张謇在面对时代变革时的一种本能反应,体现了在传统与现代之间摸索平衡的努力。这样的思维范式,深刻影响了张謇等人后来的立宪实践。国会请愿时期,国内对立宪进程的讨论已经进入炽热化阶段,清廷坚持"预备",而立宪党人则主张"速开国会",双方的分歧表面上是对立宪的条件认知不一,实则却是传统文明与现代文明的博弈。为了有效消解国内保守人士对立宪的顾虑,张謇借助儒家的"经权"观念对"速开国会"的正当性进行论证:

> 君子之立言也有经有权,必明乎经之所在,而后不谬于权之用。朝廷以义使人民共任国家之责,人民亦以义奋而任其责,所谓经也。视国之濒于危而虑其亡,而谋所以救亡,"其亡其亡,系于苞桑,"圣人之言也,所谓经也。外审势之所灼,内度言之所宜,庶几达请愿之意而无所阻,则权也,而不戾于经也。[③]

---

① 张謇:《代某公条陈朝鲜事宜疏》,李明勋、尤世玮主编:《张謇全集》(第一册),第9—12页。

② 张謇:《与汤寿潜赵凤昌改定立宪奏稿》,李明勋、尤世玮主编:《张謇全集》(第一册),第118页。

③ 张謇:《送十六省议员诣阙上书序》,李明勋、尤世玮主编:《张謇全集》(第六册),第348页。

张謇在立宪问题上对新旧文明所作的调和,不单体现在他试图儒化立宪的一面,其内在的儒家思想也在发生一定改变,以适应立宪的要求。例如在"人治"与"法治"的问题上,传统的儒家向来推崇以圣人或贤人为基础的人治模式,主张"有治人,无治法"(《荀子·君道》),而张謇试图调和治人与治法之间的固有矛盾,提出"立法之地,以治人生治法;行法之地,以治法生治人"①的论断。人治与法治的调和,体现了张謇对国家现代性的深刻思考。

(三) 实业政治的立宪自觉

清廷主导下的立宪活动,并非是基于国内社会条件的成熟而自发,实迫于外部民族危机以及国内革命思潮的压力,是清廷不得已而为之的政治妥协,因此它并不具有西方宪制背后诸如主权在民或社会契约的精神内核。在传统儒家名实义理的影响下,国内立宪党人并不满足对于立宪制度的功能性认知,他们迫切尝试对立宪制度的内在实质作出阐释,但是缺乏对西方代议制度的亲身体验,西方立宪的精神内核难以被理解和接受,因而他们一厢情愿地将传统政治中的纲常伦理内置于立宪制度中,最后导致了南橘北枳的异化。

这种异化现象,在张謇代议制认知的早期显得尤为明显,日俄战争后依然可见其强大的惯性。但在预备立宪之后,通过对国民程度论的反思,张謇已经深刻认识到代议制度之于国家及社会的意义,它不再是君主权威的修饰,而是一种主权上的象征,在立宪问题上,张謇已经实现了法治意识的自觉。张謇认知上的此种转变,与其长期以来实业政治的思维是分不开的。

近代法社会学家庞德曾对"现代化"的内涵有过一段精彩的论述:现代化并非就人类才智最新发明的政治法律制度而言,理智并非万能,必待适用和考验之后,方知其是否行得通②。换言之,"现代化"并非指时间要素上的新颖与时髦,而是时空要素下的合乎实际。西方代议制度,并不完全是近代化或现代化的代名词,脱离适合于该制度的时空要素去理解,其

---

① 张謇:《变法平议》,李明勋、尤世玮主编:《张謇全集》(第四册),第35页。

② [美]罗斯科·庞德:《近代司法的问题》,杨兆龙译,艾永明等编:《杨兆龙法学文集》,北京:法律出版社,2005年,第479页。

过程不异于削足适履。可见,清末以来中国法律近代化之路必然是一个艰难、曲折的过程。

作为一位颇具儒家风范的实业政治家,张謇身上彰显出中国精神的一个基本特征,那是一种追求超越的理想主义与讲实际的实用主义的结合[①]。尽管他理想中的代议制形式,终究未能在清政府统治下实现,但他的思考却为后继者开辟了新的道路。

〔作者奚海林,南京大学法学院博士研究生。南京 210093〕

① 吴经熊著,周伟驰译:《超越东西方:吴经熊自传》,北京:社会科学文献出版社,2013年,第140页。

“新旧相参为用”:张謇法律现代化思想探析

佘文博

摘　要:“新旧相参为用”的变法理念是“会通中西观”在张謇法律现代化思想中的具体彰显。申言之,在古今维度上,张謇主张“由旧而新,返古开今”,旨在推动法律现代化时回归传统,充分发掘本国固有的制度、思想、文化资源,因势利导,在一定程度上推动旧有法制的自我更新。在中西维度上,张謇主张“以新济旧,融西汇中”,旨在将西方的民主、共和制度嫁接到中国本土,用我国固有之法政话语体系诠释西洋法治精神,借以推进中国法律现代化。因受制于特定的时空背景,张謇对西学抱持些许“实用与效能的渴望”,其法律现代化思想亦存在历史局限性,但瑕不掩瑜。

关键词:张謇　会通中西　新旧相参为用　法律现代化　清末立宪

中国法律,衍自唐虞,虽历代因革,一直与自然经济、家族社会、君主政体相表里。海通以还,西方法律制度、思想、文化东渐我国;自清末新政始,中国法律步入了崎岖坎坷的现代化之路。百年来,在礼与法、中与西、人治与法治等的一系列纠葛中,我国法律在原则、理论、制度、思维等方面变迁甚巨。其间,调和传统与现代、注重中国法律传统与现代西方法治之间接榫问题的“会通中西观”应运而生。这一观点注重发掘本国资源;以返本开新,济中外思潮以借鉴融汇,并逐渐成为引领近代中国百年法制转型的思潮。“新旧相参为用”的变法理念正是“会通中西观”在张謇法律现代化思想中的具体彰显。

作为“中国立宪运动的先驱者和掌门人”①,张謇的法政事业可谓穿越清季民初的重要历史事件,横跨政商,影响时局。申言之,就后者而言,学界目前的研究主要集中在以下方面:(1) 结合张謇的事迹,研究其主张

---

① 张海林:《论辛亥革命前张謇的政治思想及其实践》,《南京大学学报(哲学·人文科学·社会科学版)》2001年第1期,第76—85页。

对中国近代民主制度的建立与发展的贡献[①];(2) 从立宪派对不同立宪政体的选择入手,通过张謇对国会、责任内阁、咨议局等机构的认识和理解,阐释其立宪思想的内涵与实质,并对张謇转向民主共和的内在思想根源予以分析[②];(3) 通过对张謇宪制观念的产生、实践以及在宪制观念的支配下进行近代经济立法活动的分析,揭示其在吸收中西文化精华的基础上探索中国法律现代化的贡献[③];(4) 借鉴新制度经济学的相关理论,试图说明张謇政治思想在清末新政时期转变的原因[④];(5) 从历史的角度讨论张謇及其宪法史译刊对于 20 世纪立宪运动的影响与意义[⑤];(6) 对张謇立宪思想的渊源、形成、演变、核心内容以及对中国政治、法律现代化的启示进行探讨和分析[⑥]。

"要使西方思想符合中国之用,必须在吸收之后加以消化,使它能成为中国式的东西,需将西方文化与中国传统相糅合;盲目吸收,反而有害"[⑦]。质言之,前述成果在弥补张謇法政事业研究空白的同时,并未对其法律现代化思想进行专门探讨。历史昭示我们,当域外文化与本土文化相遇后,唯有经过跨文化的调和与会通,方能浸润人心,风教流行。同时,传统文化唯有在异质文化的参与下,经过"创造性转化、创新性发展",方能日新又新,成为增强民族自信力的源泉。学界对张謇法律现代化思

---

① 参见张海林:《论辛亥革命前张謇的政治思想及其实践》,《南京大学学报(哲学·人文科学·社会科学版)》2001 年第 1 期,第 76—85 页;高全喜:《制宪立国:作为现代立国者的张謇》,《文化纵横》2017 年第 3 期,第 88—97 页;彭剑:《1904 年张謇推动清廷立宪的努力》,《广东社会科学》2017 年第 5 期,第 115—124 页;章开沅、田彤:《张謇与近代社会》,武汉:华中师范大学出版社,2001 年;卫春回:《张謇评传》,南京:南京大学出版社,2001 年;虞和平主编:《张謇:中国早期现代化的前驱》,长春:吉林文史出版社,2004 年。

② 卫春回:《张謇评传》。

③ 袁天亮:《论张謇近代法治观及其实践》,西南交通大学 2007 年硕士学位论文。值得注意的是,这是学界第一次对张謇的法治观及其内容的系统研究。

④ 杨红伟、祝元梅:《制度变迁与路径选择:再论张謇君主立宪思想》,《甘肃社会科学》2008 年第 5 期,第 214—216、223 页。

⑤ 邹振环:《张謇与清末宪政史知识的译介与传播》,《史林》2012 年第 3 期,第 89—100、189—190 页。

⑥ 刘婷婷:《张謇立宪思想研究》,北京理工大学 2016 年硕士学位论文。

⑦ 林毓生:《中国传统的创造性转化》(增订本),北京:生活·读书·新知三联书店,2011 年,第 265 页。

想的关注现状,凸显出对烛察"会通中西观"在近代中国法律转型中的作用是相对忽略其或漠视。

征诸典籍,张謇1901年在《变法平议》中第一次"比较全面地阐述了自己的政治主张",该文的出炉是其"思想前进的一个路标"①。在文中,张謇将变法的路径分为三种:"先更新而后旧可涤"(先立后破)、"先除旧而后新可行"(先破后立)与"新旧相参为用"(会通中西)②。而第三种变法路径——"新旧相参为用"最为张謇所看重,将其视作"变法之命脉"③。因此,为鉴往知来,本文拟本诸《张謇全集》,肇基学界对张謇法政事业的既有研究成果,从"新旧相参为用"蕴含的古今、中西两个维度对张謇法律现代化思想进行分析④。需要指出的是,因受制于时代背景,张謇对西学意涵难免产生误解,文中将举例分析。本文旨在透过对张謇法律现代化思想一鳞半爪的分析,以謦言引卓见,不涉及清末"立宪派"与"革命派"之间的一系列纠葛与孰是孰非的价值评判,冀大雅君子,幸垂教焉。

近代以来,特别是甲午战败后,中国知识阶层对于固有文化,由自大而自卑;极其所至,乃以"整理国故"的名义将中华文化的遗产弃之如敝履,以求透过自遣,启蒙国人全盘接纳西洋学说。对此,张謇认为,"夫一国各有特别之历史、政治、风化,即各有其肆应之能力,既不能强彼以就此,更何容抑己以扬人"⑤?故而,他基于"新旧相参为用"的变法理念,由旧而新,返古开今,"斟酌中国今日弊政之标本,与夫民之风俗,士大夫之性情,以权因革损益之宜,第轻重缓急之序"⑥,旨在推动法律现代化时回归传统,充分发掘本国固有的制度、思想、文化资源,因势利导,在一定程

① 章开沅:《开拓者的足迹——张謇传稿》,北京:中华书局,1986年,第123、125页。

② 张謇:《变法平议》,李明勋、尤世玮主编:《张謇全集》(第四册),第35页。

③ 虞和平主编:《张謇:中国早期现代化的前驱》,第61页。

④ 严复在其译注孟德斯鸠《法意》卷一"按语"中指出,西方的"法"(law)字在中文中应当有理、礼、法、制四种不同的翻译,亦即包含了这四方面的内涵。(参见[法]孟德斯鸠:《严译名著丛刊·孟德斯鸠法意》(上册),严复译,北京:商务印书馆,1981年,第3页。)因此,拙稿所论述之"法律"乃包括法律思想、制度、文化以及与之相关的更广义的政治层面的意涵。

⑤ 张謇:《国会代表第二次请愿书》,李明勋、尤世玮主编:《张謇全集》(第一册),第205页。

⑥ 张謇:《变法平议》,李明勋、尤世玮主编:《张謇全集》(第四册),第34—35页。

度上推动旧有法制的自我更新。

(一)由旧而新,返古开今

有观点认为,张謇企图用过时的法律概念、陈旧的法言法语为在很大程度上体现西方法治文明的新法制装点门面,可谓非驴非马,毫无意义。倘若我们秉持价值无涉的立场,不难发现:举凡历史悠久、文明深厚的国家在推进社会变革时都会选择回首过往,在自身历史中寻觅革新的合法性,这是一种普遍性思维,绝非中土所独有。而"回到更早时代的神话事实上是所有欧洲革命的特点"①。譬如,泰西诸国在中古时期以《圣经》为依据,托希伯来文明的"古",以完善封建社会的政教设施;迨启蒙时代,又以古希腊、古罗马诸家学说为凭借,托古代社会的"古",以缔造其所谓的"理性王国"。要之,中国古代法制文明只是张謇变法的材料,而推动法律现代化才是其真实目的。

张謇有云:"今日之旧,前日之新也;今日之新,又明日之旧也。我所为新,恶乎非人之旧?我所为旧,恶乎非人之新?夫是故厌我而徇人非新,厌常而嗜怪非新,必紬乎旧而得理,易乎旧而得安之谓新。"②通过"新旧相参为用",法律的稳定性与国人几千年来形成的敬畏"治法"的集体意识相互配合,并未因清季与嗣后民国的法制变革而断裂。同时,从固有文化中汲取养分,亦是对历史的"温情与敬意"。张謇秉持"由旧而新,返古开今"的原则推动法律现代化之例证枚举有三:

1. 张謇在说明"设府县议会"的缘由时,乃借《周礼》中的古制为新制度的建立背书。他说:"《周礼》乡大夫各掌其乡之政教禁令,其吏有州长、党正、族师、闾胥、比长,岁终会政致事。又有询于众庶之法,即日本府县会议之权舆也。"此制度一旦建立,"国有兴革而民疑""国有征敛而民怨"等一系列问题便会迎刃而解③。

2. 在主张政府应征收"讼税"时,张謇同样借《周礼》中的先王遗制以言事。"《周礼》司寇听讼,必先令两造入束矢、钧金于朝三日,然后听之。

① [美]哈罗德·J.伯尔曼:《法律与革命——西方法律传统的形成》,贺卫方、高鸿钧、张志铭、夏勇译,北京:中国大百科全书出版社,1993年,第18页。

② 张謇:《南通教育年鉴序》,李明勋、尤世玮主编:《张謇全集》(第六册),第612页。

③ 张謇:《变法平议》,李明勋、尤世玮主编:《张謇全集》(第四册),第39页。

欲致讼而必得三十斤之金,一不直而金没于官矣。当其时必有一本不直者,得罪之轻重,尚待判决之后;而此三十斤之金,则在罪外,而特为取信之质。"而西洋诸国之法律文书票据专营制度,有《周礼》的遗意①。

3. 面对清季抵制改良的顽固派动辄指摘变法是"轻更祖制"的行为,张謇首先承认有清一代的统治阶层"最重祖制",之后模仿清廷"变法上谕"的口吻——"我朝列祖列宗,因时立制,屡有异同。入关以后,已殊沈阳之时。嘉庆、道光以来,岂尽雍正、乾隆之旧"②?指出"自世祖定鼎燕京,已非天命、天聪之旧,康熙、乾隆亦非顺治之旧,咸同两朝变革尤多,安在旧之能守"③?由此晓喻时人变法维新与"祖制"并无冲突,继而减缓了改革的阻力。

由是观之,张謇对中国法律之"旧"与"新"、"古"与"今"的打通,实质上是对两种文化价值的移接。具体而言,所谓"府县议会""讼税""变法"皆属于"新""今"的现代价值系统,而《周礼》古制、"祖制"则属于"旧""古"的传统价值系统。当现代文化与传统文化接触时,两个价值系统随即发生接触。因现代文化要件必须与传统文化价值相适应或至少不与之冲突时,才可能比较容易获致社会成员的接受,故而张謇作为新价值的传播者,乃理性地采取了时人已经接受了的价值作为引介或导诱定义。"一切民族对于不熟悉的事物尤其是观念,常常借着自己早已熟悉的事物和观念来解释"。清季,"府县议会""讼税""变法"等新鲜概念及其背后隐藏的现代法政意识尚未在中国知识精英的头脑中扎根,对此,张謇把陌生的现代文化要件综摄到固有的传统文化中去,产生了文化的"综摄作用"。通过吸收现代文化,并把传统文化中有价值的要素与所需的新要素合并起来,创建新的文化整合,中国法律在古今之间谋求现代化的过程也同时变为"同化式的本土运动"发生的过程④。

梁漱溟指出,东方的成就为艺术式的,而西方的成就是科学式的。"科学求公例原则,要大家共认证实的;所以前人所有的今人都有得,其所贵便在新发明,而一步一步脚踏实地,逐步前进,当然今胜于古。艺术在

---

① 张謇:《变法平议》,李明勋、尤世玮主编:《张謇全集》(第四册),第57—58页。

② 故宫博物院明清档案部编:《义和团档案史料》,北京:中华书局,1959年,第914页。

③ 张謇:《变法平议》,李明勋、尤世玮主编:《张謇全集》(第四册),第62页。

④ 殷海光:《中国文化的展望》,北京:商务印书馆,2017年,第53、57、401页。

乎天才秘巧,是个人独得的,前人的造诣,后人每觉赶不上,其所贵便在祖传秘诀,而自然要叹今不如古"[①]。申言之,"退化史观"在中国传统社会风靡不衰,知识阶层竞相"祖述尧舜",言必称"三代",将上古社会寄予无限美好的想象;而每论及当下,则多言"世道衰微""人心不古"。与之相反,西洋诸国在历经"3R"运动后,成功走出中世纪的"黑暗""蒙昧",朝着更高级的社会形态迈进。此间,伴随17、18世纪的启蒙运动,"进步主义"思潮逐渐形成。如此,当国门洞开,呈现在近代"先进中国人"面前的是这样一幅图景:在中土泯然千年的"三代"良法美制,竟在泰西诸国开花、结果;易言之,我国固有之法政哲学描绘了"大同世界""天下为公"的荣景,而西洋各邦的学说乃是达成此一目标的阶梯。对于张謇而言,自不例外。在推进法律现代化的过程中,他不禁发出"朝夕环伺之强邻其所以驯致富强者,转有合于我二千年以前之政治"的感叹[②]。

(二)以新济旧,融西汇中

新与旧的差异,在近代中国一般也表现为中西文化的差异[③]。揆诸史实,近代中国知识阶层多主张用西方的理论、制度剪裁中国社会的现实。然而,为立宪、共和事业奔走的张謇自不与时论同流。在处理中西文化的关系问题上,其秉持"新旧相参为用"的变法理念,认为应当"对于世界先进各国,或师其意,或撷其长,量力所能,审时所当,不自小而馁,不自大而夸"[④],以新济旧,融西汇中;"广邀时彦,博采舆评,征之国土民族,验之人心,核之中、西政治家之学说,审之各国君主立宪、民主立宪之适宜"[⑤];旨在将西方的民主、共和制度嫁接到中国本土,用我国固有法政话语体系诠释西洋法治精神,借以推进中国法律现代化。举例如下:

1. 张謇认为清室退位、承认共和是"顺天人之归",并指出传为美谈的尧、舜、禹之间的禅让是"个人相与揖让",而如今清帝"推逊大位,公之国民,为中国开亿万年进化之新基,为祖宗留二百载不刊之遗爱"的功绩

① 梁漱溟:《东西文化及其哲学》,上海:上海人民出版社,2015年,第36—37页。

② 张謇:《变法平议》,李明勋、尤世玮主编:《张謇全集》(第四册),第62页。

③ 章开沅、田彤:《张謇与近代社会》,第544页。

④ 张謇:《为南通地方自治二十五年报告会呈政府文》,李明勋、尤世玮主编:《张謇全集》(第一册),第524页。

⑤ 张謇:《致内阁电》,李明勋、尤世玮主编:《张謇全集》(第二册),第288页。

则远超尧舜[①]。西方之共和观念与中国之禅让遗风相融汇,无形中振刷了国人的"民治"思维。清帝逊位在形式上使得清帝所代表的皇权王制彻底消失,但其所保存的中华文明遗产与所维系的中国法统,却活了下来,活在它禅让的立宪共和国之中。由此,"王制之国转化为人民之国"[②]。

2. 同样地,在为清廷草拟"逊位诏书"时,张謇托清帝之口表达了对实行共和的态度:"予亦何忍侈帝位一姓之尊荣,拂亿兆国民之好恶?是用外观大势,内省舆情,特率皇帝将统治权归诸全国,定为共和立宪国体,近慰海内厌乱望治之心,远涉古圣天下为公之义。"[③]可见,在张謇笔下,千百年来具有高度人身依附性的"臣民"变成了与皇帝平起平坐的"中华人民"[④];而清帝之逊位,亦被视作皇室实践儒家"天下为公"之大道的义举,顾及了爱新觉罗家族的颜面。

3. 民国肇建,政体已由先前的君主制变为民主制。与之相应,法制的借鉴也应当适应政治体制的更迭而作出调整。对此,张謇指出,清廷倾覆前鼓吹改革的人"一味抄袭日本",而民国建立后的改革者"又有一味抄袭美国之势"。他认为"法、美皆民主,而宪法不相袭,国势根本不同,未可削趾适履。今以共和为主义,立法不妨参酌法、美,期适于我"[⑤]。可见,张謇在"以新济旧,融西汇中"、推进法律现代化的过程中,反对将一国一派之制度、思想、观点奉为金科玉律,而是客观、平等看待各种域外资源。

然而,有学者认为,张謇在吸收和接纳西学成果时,又坚守着精神领域中传统文化的根基。这种"亦西亦中、亦新亦旧"的思维模式就积极方面而言,使张謇的精神潜质在与西方文明的碰撞中获得了若干创造性的转化;但在消极方面,传统潜质的负面作用也随时代的发展愈显突出。要言之,张謇始终无法从人本主义的角度理解自由民主观念,就其一生的法政事业而言,他对"实用与效能的渴望远远大于实质与内涵的追究"[⑥]。

---

① 张謇:《致内阁电》,李明勋、尤世玮主编:《张謇全集》(第二册),第289页。

② 高全喜:《立宪时刻:论〈清帝逊位诏书〉》,桂林:广西师范大学出版社,2011年,第111页。

③ 张謇:《拟清帝逊位诏》,李明勋、尤世玮主编:《张謇全集》(第一册),第238页。

④ 高全喜:《立宪时刻:论〈清帝逊位诏书〉》,第139页。

⑤ 张謇:《致章太炎函(节录)》,李明勋、尤世玮主编:《张謇全集》(第二册),第305页。

⑥ 卫春回:《张謇评传》,第223页。

应当指出，身处内忧外患、救亡图存的特定时空背景，张謇对"实用与效能的渴望"在其法律现代化思想中的确班班可考，"新旧相参为用"之"用"字即为明证，而他对立宪意涵的误解，更凸显出张謇法律现代化思想的历史局限性。

发轫于1215年《大宪章》的近代宪法和衍替于英伦的君主立宪制是西洋民权革命的产物，其本身即包含着对君主专制的否定。而近代宪法作为国家之根本法、公权力源自私权利之国家机关的组织法，虽类型有别，体例各异，但其精义不外保障人民权利免受来自公权力的侵犯；君主亦当遵守，不容逾越。然揆之史实，因历史因素，清末立宪之前期乃师法日本的二元君主制，谓"公议共之臣民，政柄操之君主，民无不通之隐，君有独尊之权"①。由此，弥漫在日本近代天皇制中的专制主义传统亦成为清末立宪前期的底色。

受此氛围影响，张謇乃基于清廷官方对立宪之"政事结社"较为保守的态度——"盖民情固不可不达，而民气断不可使嚣，……例章精密，权限分明，固非人人皆得言事，亦非事事皆可参预"②。认为"论者或以君权稍替为疑，查宪法精义，在万几决于公论一语。伏念中国圣经贤传之所诰诫，本朝列祖列宗之所贻谋，莫不以违背公论为兢兢，即近年皇太后皇上遇有大事，何尝不咨询在廷，诏求谠论？是宪法所谓公论，不过变咨询之少数为多数，且仍决之于上，是君权转因之益尊"③。他以"尊君"为着眼点，将立宪后对政治起决定作用的"公论"与君主专制下采行与否取决于帝王的"谠论"等而视之，并指出二者的差异仅在于咨询人数之多寡。可见，在张謇看来，作为现代法政文明之结晶的立宪只是"通政府与人民之隔阂"④，继而图国家富强之工具。至于这个舶来品本身所凝结的保障人民自由与尊严的独立价值，则未予过多思考。

质言之，张謇推进法律现代化的功绩是主要的，而他在"以新济旧，融

---

① 故宫博物院明清档案部编:《清末筹备立宪档案史料》,北京:中华书局,1979年,第6页。

② 故宫博物院明清档案部编:《清末筹备立宪档案史料》,第53页。

③ 张謇:《与汤寿潜赵凤昌改定立宪奏稿》,李明勋、尤世玮主编:《张謇全集》(第一册),第119页。

④ 张謇:《请新内阁发表政见书》,李明勋、尤世玮主编:《张謇全集》(第一册),第224页。

西汇中"时所表现出的工具理性和实用主义认知,则多是受当时"日处阽险,忧患近迫"[①]的特定环境支配,勿一笔抹杀其个人[②]。但由此引发的一种现象却值得我们深思:在西方,"法"在起源上乃是"凌驾于社会之上的力量"[③],古代法律源自习惯,自下而上形成[④]。迭经"上帝"及其"自然法"的宗教观念影响,法律、法治在西洋社会是一种自生自发的社会秩序,是一种生活方式,其本身就是目的,而非手段。在大多数历史时期,泰西政治之运作乃依循法治的轨道,故有"王在法下"(此"法"初为"自然法",而后为"实定法")之说。但在中国历史上,"法"乃"刑"的代名词,自始具有部族征战的残酷性。源自习惯、自然演化的是"礼"("政教之本")而非"法"("政教之用")。惟以君主钦定、官府实施的"法"(刑)言之,其"自君出",乃依附于政治;其"出礼入刑",向为"诘奸除暴,惩贪黜邪,以端风俗,以肃官方"[⑤]的工具。近代以来,此一传统法观念持续影响知识阶层,法律由先前消极儆戒特定人群而变为积极实现基本国策,以致嗣后的"法治建设"被当作达成各式立国精神的手段。然成为一种"工具"的"法治"乃凸显了"人"的能动性,极其所至,则与初衷相悖,滑向了"人治";在此过程中,"法"沦为役使他人(个人、团体、阶级)的手段,而非全民得享自由、尊严的护符。

张謇有云:"事有所法,法古法今,法中国,法外国,亦不必古,亦不必今,不必中国,不必外国。……不歆于人之高且大,不慕于外之新且异,不强人以就我,不贬我以就人。"[⑥]寥寥数言,道出了这位法政耆宿秉持"新旧相参为用"的变法理念,通过"由旧而新,返古开今"与"以新济旧,融西汇中"的方式,不因循泥古,不削足适履,而将域内、域外、同质、异质的各种资源冶于一炉,为我所用,创造中国化的现代法律制度、思想、文化的心传。其间,因受制于特定的时空背景,张謇无意中对立宪的意涵产生了误

① 故宫博物院明清档案部编:《清末筹备立宪档案史料》,第 43 页。

② 刘厚生:《张謇传记》,上海:龙门联合书局,1958 年,第 8—9 页。

③ 梁治平:《"法"辨》,《中国社会科学》1986 年第 4 期,第 71—88 页。

④ [美]哈罗德·J.伯尔曼:《法律与革命——西方法律传统的形成》,贺卫方、高鸿钧、张志铭、夏勇译,第 684 页。

⑤ 赵尔巽等撰:《清史稿》(第十五册),北京:中华书局,1976 年,第 4186 页。

⑥ 张謇:《谢参观南通者之启事》,李明勋、尤世玮主编:《张謇全集》(第五册),第 198 页。

解,但瑕不掩瑜。那种违背历史主义、用政治话术对张謇进行脸谱化、教条化的所谓评价当休矣[①]。同时,应当承认,深刻把握张謇的"会通中西观"在清季以降法律转型中的作用及其启示,仅仅通过探析其法律现代化思想是远远不够的;因为思想决定思维,而思潮决定思想。易言之,惟有更进一步,着眼于促使张謇"新旧相参为用"的变法理念形成的社会思潮[②],将历史人物置身于时空背景中考察,才能在"历史价值"层面正本清源的同时,激活张謇法律现代化思想的"现代价值"。此外,与张謇同时代的清末"修律大臣"沈家本(1840—1913)亦提出了"参考古今,博稽中外"[③]的法律转型方针,此与张謇的变法理念在推进中国法律现代化问题上似有异曲同工之妙。寄簃在朝行修律,季直在野弘立宪。倘将两者的"会通中西观"加以比较,察其同异,实可助益回应"对于自西方引入的各种法制原则或法律科学如何在一个延承数千年的古老农业社会中植根,以及如何对待时至今日仍在现实的本土社会中深具积极性功能的习惯性制度"[④]的难题。

〔作者佘文博,中国法学会法治研究所助理研究员、中国政法大学法学博士。北京 100081〕

---

① 彼宗认为,张謇在政治上属于资产阶级改良派,既有不满于反动统治、要求改良的一面,又有害怕革命、反对人民革命运动的一面,而反动的一面是主要的。

② 据笔者管见,张謇"新旧相参为用"的法律现代化思想,是在康、梁"西体西用"维新思潮和洋务派"中西合一"思想的影响下,对清廷先前的主流变法思想——"师夷长技以制夷""中体西用"的继承与发展,同时是对革命派以武力反对清廷"立宪"的回应。

③ "参考古今,博稽中外。既广译东西各国法律之书,复甄录我国旧文。……寻绎乎变通趣时之义,而无惑乎偏重之说",参见(清)沈家本:《寄簃文存卷六·重刻明律序》,《历代刑法考 附寄移文存》(第四册),北京:中华书局,1985 年,第 2210—2211 页。

④ 萧伯符:《详译西学 深究中法——沈家本之法制转型思维及现代启示》,"沈家本与中国法律文化国际学术研讨会"组委会编:《沈家本与中国法律文化国际学术研讨会论文集》(上册),北京:中国法制出版社,2003 年,第 9 页。

张謇涉外法治理念探究

裴　培

摘　要：张謇有着丰富而又朴素的经济法思想，其中包含了诸多涉外法治理念。由于张謇所处的特殊时代以及个人的独特经历，形成了他洋溢着公平、平等、诚信的涉外法治理念，在对外贸易、港口建设、航运企业的设立等诸多方面均有体现。张謇的涉外法治实践虽因时短未能充分开展，但其所推行的涉外法治理念，对现代法治发展做出了奠基与启迪。

关键词：张謇　涉外法治理念　涉外法律

张謇一生尊崇法律，且源于其民族企业家的背景和经济行政高官的职责，张謇对经济法特别关注。他曾指出，法律有两方面的作用，"以积极言，则有诱掖指导之功""以消极言，则有纠正之制裁之力"①。张謇深刻认识到法与经济的密切关联以及法对经济的引导、促进作用，在其北京政府农商总长的两年任期内，努力学习和借鉴西方资本主义的经济法律制度，主持制定了《商人通例》《公司条例》《公司注册条例》《公司保息条例》等二十余部经济法律法规。张謇有着丰富而又朴素的经济法思想，其中涉及很多涉外法律关系，张謇法律思想中的涉外法治理念值得深入探究。

一、张謇涉外法治理念的渊源

(一) 外部环境的推动

19 世纪末，世界范围内的经济联系明显增强，经济发展依赖程度逐

① 张孝若：《雾满拦江释评，最伟大的失败英雄 状元实业家张謇》，武汉：华中师范大学出版社，2013 年，第 135 页。

渐加深。甲午战争,中国败于东方小国日本,清政府屈辱求和,签订祸国殃民的《马关条约》,外国资本不断涌入国内,西方列强的入侵使中国原有的封闭的自然经济体系被打破,中国经济开始被动融入世界经济的循环体系中。张謇当时就意识到:"自今而后,经济潮流,横溢大地,中外合资背业之事,必日益增多。我无法律为之防,其危险将视无可得资的为尤甚。"①

(二) 个人经历的影响

1. 对政治关乎实业命脉的认知

《马关条约》签订后,外国人可以在中国开设工厂。张謇认为:"捐我之资产以资人,人即用资于我之货以售我,无异沥血肥虎,而袒肉以继之。利之不保,我民日贫,国于何赖?"②他认识到必须兴办和发展民族工商业、发展资本主义工商经济,才能富国强兵、解救民族危亡。但是在半殖民地半封建时代,完全脱离政治而去办实业,想要取得成功是非常艰难的;离开政治去追求实现实业救国的政治主张和政治理想也是不现实的。张謇弃官办实业的亲身经历让他深刻地感受到"謇半生精力,耗于实业,艰难辛苦所历已多,而不敢谓有所得也。实业之命脉,无不系于政治"③。张謇一向不愿做官,《张謇日记》光绪二十九年(1903)十二月八日,记载了他对汤寿潜的谈话:"天下将沦唯实业、教育有可救亡图存之理,舍实业官不为,设至陆沉之日而相怨吾辈当日不一措手,则事已无及,一义也。"④但在光绪三十年(1904)清政府颁发上谕:"张謇著赏加三品衔,作为头等顾问官,钦此。"这一次张謇却毫不推辞就接受了任命,因为张謇深知:"江海之臣,宦情久绝,忽被恩命,甚愧叨逾。顾官为新制,又系实业于经营实

---

① 李玉:《北洋政府时期企业制度结构史论》,北京:社会科学文献出版社,2007年,第116页。

② 张謇:《厂约》,李明勋、尤世玮主编:《张謇全集》(第五册),上海:上海辞书出版社,2012年,第6页。

③ 张謇:《实业政见宣言书》,李明勋、尤世玮主编:《张謇全集》(第四册),第257—258页。

④ 张謇:《柳西草堂日记》,李明勋、尤世玮主编:《张謇全集》(第八册),第576页。

业界中，或者小有裨益，是则王命之孚为可感矣。”[①]1913年9月，袁世凯邀请张謇组阁，张謇在花甲之年进京入熊希龄为首的“名流内阁”，出任北京国民政府农商总长一职。张謇这次入阁也是想借从政，亲自主持改革、制定法律法规，以求用法律手段来保护工商业者的利益。

2. 对法律推动实业发展的认知

中日甲午战争之后，帝国主义在中国划分势力范围，西方列强通过《马关条约》获得了在中国开设工厂的权力，加紧对中国进行商品输出和资本输出。面对外资企业进入中国，由于中国缺乏相应的法律法规对外国资本与外资企业的经济活动给予规范和对本国工商业加以保护，中国稚弱的工商企业往往只能坐失权利。此时，张謇已经意识到，“我无法律为之防，其危险将视无可得资的为尤甚”[②]。张謇在创办实业和教育事业的过程中，也深刻认识到法律对于所从事的各项事业的兴衰成败关系极大且至为关键。要长期有效地、切实地保护工商业者的利益，发展民族工商业，必须运用法律手段来保护民族工商业。“必有法律而后有准绳”“实业之发达，必恃有完备之法律，以为之监督保障。内地各种已举之实业，旋起旋灭，非法律不备，即用法不善，有以蹙其性命”[③]。“法律者，轨道也。入轨道则平坦正直，毕生无倾跌之虞；不入轨道，随意奔逸，则倾跌立至。自来商业之失败，无不以此”[④]。张謇还提出：“二十年来所见诸企业者之失败，盖不可以卒数。推原其故，则由创立之始，以至于业务进行，在在皆伏有致败之衅，则无法律指导之故也。将败之际，无法以纠正之；既败之后，又无法以制裁之：则一蹶而不可复起。或虽有法而不完不备，支配者及被支配者，皆等之于具文。前仆后继，累累相望，而实业于是大隳。此可悲之事，亦即謇所亲见，且累见不一，并尝身经其苦

① 张謇：《柳西草堂日记》，李明勋、尤世玮主编：《张謇全集》（第八册），第582页。

② 张謇：《实业政见宣言书》，李明勋、尤世玮主编：《张謇全集》（第四册），第257—258页。

③ 张謇：《咨询局联合会请饬阁臣宣布借债政策呈都察院代奏稿》，李明勋、尤世玮主编：《张謇全集》（第一册），第222页。

④ 张謇：《致商会联合会函》，李明勋、尤世玮主编：《张謇全集》（第二册），第438页。

痛也。”[①]

3. 对“开放主义”之重要性的认知

西方列强的入侵使中国原有封闭的自然经济体系被打破，中国经济开始融入世界经济的循环体系中，“闭关守国”显然已无立足之地，张謇意识到“不知外洋各国之所长，遂不知外洋各国之所短”。因此，张謇认为应当多派人员出国考察、留学，学习、借鉴、引进国外的法律为我所用。同时，张謇还根据世界经济形势的发展，适时地提出了“以振兴实业为挽救贫弱之方，又以开放门户，利用外资为振兴实业之计”。1914 年张謇作为农商总长致全国商会联合会的函件中也强调，“世界经济之潮流喷涌而至，同则存，独则亡；通则胜，塞则败。昔之为商，用吾习惯可以闭门而自活。今门不可闭也，闭门则不可以自活”。张謇提倡的“棉铁主义”，也是从考虑改变中外贸易中的不利地位出发。看到洋布、洋纱大量充斥于中国市场，张謇从 1895 年就提倡设厂自救，并弃官转而投资创办纱厂。后来他越来越意识到棉铁是外国资本经济侵略的主要商品，“为捍卫图存之计，若推广植棉地纺织厂是；又惟有开发极大之富源，以驰逐于世界之市场，若开放铁矿，扩张制铁厂是”[②]。他意识到棉铁是工业生产与国际贸易的重要产品，是中国进口货之大宗，因此造成了中国严重的贸易逆差，只有重点发展棉纺织工业和钢铁工业，才能减少进口此类商品，增加社会财富。他还提出借鉴日本经验，优先发展工业生产，振兴机器工业，以占领国内市场并扩大出口。

4. 对海洋之战略地位的认知

海洋是对外贸易的必经之路，张謇主张对外开放，必然建立在对海洋重要性的充分认知上。中国自古即是一个海洋大国与强国，2000 多年前在连接中国中原地区与中亚、西亚乃至欧洲大陆的陆上“丝绸之路”形成的同时，另一条连接中国南方与东南亚乃至阿拉伯半岛、非洲东北部的海上“丝绸之路”也在逐渐形成中。宁波、泉州、广州等城市就是中国古代著名的海港城市与外贸中心。宋代以后，中国商船开始使用指南针，可以不分昼夜、不避阴霾，在波涛汹涌的南海海面扬帆远航。明朝更有郑和七下

---

① 张謇:《实业政见宣言书》，李明勋、尤世玮主编:《张謇全集》(第四册)，第 257—258 页。

② 李舒瑾:《中国近代外贸思想研究》，郑州:河南大学出版社，2001 年，第 106 页。

西洋的航海壮举。但是，明、清两朝忽视了海洋的重要性，只将海洋视作天然屏障，逐渐关上了通往海洋的大门，使得中国海洋大国、强国的雄风不再。张謇关注海洋，源于张謇个人的经历。张謇出生在海门，从小聆听着海涛，吹拂着海风，听着乡亲们讲述有关海的种种传说。其次，源于张謇日益浓厚的民族危机意识。张謇自幼爱国，考中状元后投身实业、教育救国，以天下为己任，深知中国近代面临“三千年未有之变局”，国势江河日下，对中国发动战争的侵略者大部分“在水一方”，属于隔海相望，甚至远隔重洋的西方工业化国家，海洋已不再是天然屏障，西方国家凭借工业化取得的科技优势，可以轻易跨海来到中国。他们不仅侵犯中国的领土，而且首先侵占中国的沿海岛屿，租借海域，或者掠夺沿海的渔业资源，严重侵犯中国的海洋主权，还利用蒸汽轮船等先进的运输工具，借助海洋航道的便利，掠夺中国陆地上的棉花等原料，推销“洋纱”“洋布”等工业品，损害中国的民生利源。20世纪初，海洋显然成为西方列强攫取中国利权及侵略中国的便捷通道。近代中国历次战败的史实证明，海洋不再构成中国的屏障，关门无济于事，中国只有对外开放，直面海洋危机，切实了解海洋，学会驾驭海洋，争取海洋权利，才有可能挽回败局。海洋关乎国运，必须维护好中国海权。

二、张謇涉外法治理念的体现

（一）对外贸易方面——公平理念

张謇力主开展正常的对外贸易，以互通有无。一方面，为了扭转中国贸易逆差不断加剧的局面，张謇力倡国货，尤其是大力发展本国的棉纺织业和钢铁工业，以减少棉货和铁的进口。张謇于1915年3月提出整饬国货办法，强调改良国货品质，提高国际竞争力，对于“而为本国所能仿制者，此类工厂，尤应特别保护”①，并给予奖励。此外，他倡导政府应带头使用国货，“各部对于所辖局属厂校等，以公家力量，限定购用，以重国货。但使内外能协力进行，不独国货销场可以扩充，办理工厂者，资本上既无

---

① 梁磊：《近代苏中市镇经济研究》，北京：社会科学文献出版社，2007年，第46页。

停滞之虞,则制造上自有改良之望”[①]。另一方面,张謇极力推动本国出口贸易,由于关税是世界各国保护本国国内市场的主要手段,张謇呼吁对出口产品减免出口税,并提出对于进口货物关税征收应有轻重税的区分,特别是关系到当时经济发展需要的货物应特别对待。张謇认为不应以固定价格来作为计征依据,应根据市场动态价格适时调整。

需要说明的是,张謇倡导国货,是保护当时极其稚嫩的民族工商业所必需,并非贸易保护主义,更没有违背“开放主义”的主旨。张謇关于外贸及关税的立法建议是从民营企业切实利益出发,符合当时中国民族经济的发展实际。总的来说,张謇在涉外贸易法治思想上,强调以政府为主导,完善立法,以国家利益为主要导向并兼顾民族资本家的私人利益,发挥防御型法的法律功能,同时张謇尽其所能,积极运用公平贸易的政策措施,体现了公平的法治理念。

(二) 海洋渔业方面——平等理念

出于对海洋的关注,张謇认识到海洋渔业的发展与中国国计民生关系非常密切。“中国地势东南濒海,延袤七千余里,鱼盐大利世所著称”[②],西方列强觊觎中国海洋资源已久,侵犯中国领海后,频频打压中国的渔业。而中国政府长期以来对国内渔业发展不够重视,“向来听民自为”,官员只管“收其腌切之税及规费而已”[③]。这种体单力薄的传统渔业根本无法与资金雄厚又拥有先进设备的西方渔业公司抗衡。为了维护中国的渔业生产,张謇主张各省尽快联合,创办中国渔业总公司,“则目前有一气团结之先声,各省有斟酌施行之余地”“不立总公司,则气不固而力不厚”[④]。但实行过程并不顺利,考虑到政府与民间财力不足,各省官员态度不一的实际情况,张謇退而求其次,提出如“不能(建渔业总公司),则江

① 沈家五:《张謇农商总长任期经济资料选编》,南京:南京大学出版社,1987年,第9页。

② 张謇:《咨呈南洋大臣魏光焘》,李明勋、尤世玮主编:《张謇全集》(第一册),第57页。

③ 张謇:《请奏派两淮盐运司兼督渔政咨呈南洋大臣》,李明勋、尤世玮主编:《张謇全集》(第一册),第65页。

④ 张謇:《咨呈南洋大臣魏光焘》,李明勋、尤世玮主编:《张謇全集》(第一册),第58页。

浙、直东;又不能,则以江浙为初步”[①]。“以海岸论,江苏居七省之中,吴淞又居江苏之中”[②],吴淞口外以及与浙江舟山群岛海域,又是中国沿海著名的渔场,公司设在上海吴淞,北可以阻挡德国渔轮南下,南可以防止日本渔轮北上。这就是张謇后来在吴淞首先创办江浙渔业公司的由来。同时,创办公司没有先进设备肯定不行,中国当时没有财力和技术制造新型船舶,故张謇主张先从西方国家购买若干艘新式渔轮等设备。在张謇的主导下,江浙渔业公司购买了一艘“万格罗号”德国蒸汽机拖网渔轮(后改名“福海号”),投入渔业生产。“福海号”渔轮成为中国近代第一艘以蒸汽机为动力的新式渔轮,以吴淞口外与浙江舟山群岛为中心的中国新式渔业生产亦由此形成。渔业公司的成功运营,不仅保护了我国渔业发展,更是一定程度上维护了中国的海洋主权。张謇在民国政府农商总长任上,还主持制定《渔轮护洋缉盗奖励条例》《修正渔轮护洋缉盗奖励条例施行细则》等,鼓励各地“以公司或个人名义,购置渔轮,经本部(即农商部)立案者,许其于洋面有护洋缉盗之权”[③],规定每艘护洋缉盗渔轮如护洋缉盗有功,则给予奖励。

张謇在海洋渔业方面的法治思想及实践时刻以维护国家主权为导向,体现了国与国之间须遵循平等原则的法治理念。

(二) 港口建设、航运方面——诚信理念

海洋是重要的对外贸易通道,关乎国计民生。近代以来,西方国家输入中国的大量工业品,以及从中国掠夺的各种原料,绝大部分借助海上贸易通道进行流转,并对中国海上贸易形成压倒优势。张謇曾站在黄浦江边自叹,“每见汽船、帆舶往来如织,而本国徽帜反寥落可数,用为愤叹”[④]。张謇认为,既然中国不能继续闭关锁国,那么正确的策略便是主动、积极应对,“自立码头,自开航路……以商界保国界,以商权张国权,道

---

① 张謇:《啬翁自订年谱》,李明勋、尤世玮主编:《张謇全集》(第八册),第1019页。

② 张謇:《为创办渔业公司事咨呈商部》,李明勋、尤世玮主编:《张謇全集》(第一册),第104页。

③ 沈家五:《张謇农商总长任期经济资料选编》,第380页。

④ 张謇:《请设大达轮步公司公呈》,李明勋、尤世玮主编:《张謇全集》(第一册),第72页。

在于是"[1],张謇此前在南通与上海分别创办大达轮船公司与天生港、大达两座码头,但两家轮船公司主要是在长江下游江面与西方国家的轮船公司竞争。张謇一直想在中国东南沿海择址兴建一座用于海外贸易的商港。1919 年前后,第一次世界大战结束,南通大生企业的实力达到鼎盛,张謇对此问题的思考也逐渐成熟。1920 年,张謇呼吁民国政府创办吴淞商埠局,得到总统徐世昌批准并担任了商埠局督办一职。张謇计划中的大商港即在上海吴淞。"吴淞之名震于海外者久矣,外人有不知陕西、甘肃等省所在,而未有不知吴淞者。则以吴淞为吾国第一口岸"[2]。张謇规划的吴淞开发计划十分庞大,其最终目的是建立一个中国自己的对外开放的大商港。

1920 年,梁启超游历欧洲回国后访问南通,传递了比利时欲与中国合办航业及贸易公司的建议。张謇认为,"吾国自海通至今,垂六十年,从无与海外直接贸易之事……而我国今日之商业,决非可以闭关自了之时""此事与国际贸易有极重要之关系,有此机会,若不组织加入,恐吾国将来永无海外直接贸易之事"[3],建议公司取名中比航业及贸易公司,并确定了合资方案。公司旨在开辟中国与越南、新加坡、法国、比利时、德国各大商埠间的航线,经营国际航运与贸易。中比航业及贸易公司筹办时,恰逢国际海运业不景气,比利时方面的公司很快面临破产,中比公司计划就此搁置。其后,张謇又于上海创办新通贸易公司,专营粮食、玻璃、机器、颜料以及小五金等对外贸易,并另觅资金来源,相继在吴淞创办左海实业公司与中国海外航业公司。

张謇在港口建设和航运公司设立方面做了诸多努力,特别是在与外方开设合资公司过程中,充分体现了诚实信用、保护交易自由的法治理念。

---

① 张謇:《请设大达轮步公司公呈》,李明勋、尤世玮主编:《张謇全集》(第一册),第 73 页。

② 张謇:《吴淞开埠计画概略》,李明勋、尤世玮主编:《张謇全集》(第四册),第 528 页。

③ 张謇:《致大生厂董事诸君函》,李明勋、尤世玮主编:《张謇全集》(第三册),第 846 页。

三、张謇涉外法治理念的当代价值

（一）开创涉外经济立法先河

毫无疑问，张謇主持制定和颁布的各项有利于民族资本主义发展的法律法规，是其人生经历、政治理想以及法律意识的集中体现。这些法律法规的制定和颁布，为兴办实业扫除了来自官方和地方守旧势力的不少阻力，为农业、工商业的发展和经济的现代化提供了强有力的法律保障。但最终还是受到当时中国政治经济条件、国际地位以及政府部门的非法干预、阻挠等因素的限制和制约。即便如此，张謇在民国初年主持制定一系列经济法规所具有的开创之功与历史作用是不容置疑的。党的十一届三中全会以来，我国涉外经济法律制度建设进入快速发展时期，对进出口贸易活动从法治层面进行规范，与张謇的推崇涉外经济立法的理念不谋而合。

（二）启迪当代推进涉外立法

张謇具有世界眼光，他说："一个人办一县事，要有一省的眼光；办一省事，要有一国的眼光；办一国事，要有世界的眼光。"[①]张謇涉外法治实践虽然因从政时间太短而没有得到充分开展，但其主张的"开放主义"确是顺应了时代发展的潮流。改革开放四十多年来，我国经济社会发展取得的举世瞩目的成就，足以证明张謇作为早期现代化探索者与实践者所秉持的"开放主义"的前瞻性和开拓性。我国在加入 WTO 后，对货物贸易、服务贸易、知识产权等方面的法律法规和其他政策性措施进行了集中清理和修改。

（三）传承优良法治理念

张謇在创办实业过程中主张的自由、平等、公平等基本法治理念，在当时的立法及执法过程中，均起到了积极作用，奠定了近现代民商事立法的基础。这些符合中华民族公序良俗及时代发展规律的原则和理念虽不

---

① 张孝若：《南通张季直先生传记》，上海：上海书店，1991 年，第 297 页。

是首创,但也体现了我国法治原则的一脉相承,在我国现行民商法律法规中均有充分的展现。2021 年施行的《中华人民共和国民法典》开篇即将平等、自愿、公平、诚信等作为民事主体从事民商事行为必须遵循的原则。我们必将传承这些优良法治理念,推进新时代涉外法治发展进程迈上新台阶。

〔作者裴培,南京海事法院审判员。南京 210009〕

从“公德—私德”“新道德体系”到良知

——论梁启超公私道德观的逻辑演进

刘富民

摘　要:针对梁启超的公德与私德思想,学界有“规则论”与“美德论”两种不同解读。梁启超的公德与私德思想经历了由“公德—私德”的基本结构划分,到以利群为核心的“新道德体系”,再到以良知学整合“新道德体系”这三个阶段的演进。在这个过程中梁启超建立了以良知为核心、以“新道德体系”为内容、以当下实践和共同善为导向的新思想体系,实现了其道德理论的重构。梁启超的公德与私德思想不仅兼具当代规则论和美德论伦理思想的特色,并且以立足生活世界、回归主体良知的方式进一步突破了“公德—私德”的结构。反思梁启超的公私道德观对反思当代公民道德建设具有重要的借鉴意义。

关键词:公德　私德　新道德体系　良知

近来公德与私德问题成为学术界讨论的热点,进而引发对梁启超公德与私德思想的再反思,并形成了两种不同的观点。一种观点是“规则论”,主张“国家—个人”视角下的“公—私”二分,强调“公德—私德”结构的绝对性,二者在“公—私”领域中具有各自独立的伦理规范和行为准则,所以梁启超的公德与私德观是前现代的。由于他们强调规则伦理在公共领域中的规范作用,属于规则伦理学范畴①。而另一种观点是“美德论”,将“国家—个人”扩展为“国家—社会—个人”,并提出“国家公德—社会公德—个人美德”的新结构,从而以社会公德为中介,将个人道德与国家公

① “规则论”的代表性观点参见任剑涛:《古今之变与公私德行的现代理解》,《文史哲》2020年第4期;蔡祥元:《儒家“家天下”的思想困境与现代出路——与陈来先生商榷公私德之辨》,《文史哲》2020年第3期;王颖:《梁启超公德论的实践困境及现代应对》,《齐鲁学刊》2016年第5期。

德联系起来。在此基础上,他们主张梁启超以私德之推扩来建立公德的思想是能够成立的,仍旧具有现代意义。因为他们强调主体美德对于公民道德建设的意义,其观点属于现代美德伦理学范畴[①]。

虽然两种观点对梁启超公德与私德思想的态度截然相反,但二者共享相同的前提预设:即认同"国家—个人"的"公—私"二分,在此基础上确定了现代的"公德—私德"结构,并以之来理解梁启超的公德与私德思想。二者在"公德—私德"基础上对梁启超公德与私德思想有进一步反思,却也忽视了梁启超思想的真正面貌。事实上,历时性地看,梁启超的公德与私德学说包括但不局限于"公德—私德"的基本结构,它是动态发展的。它在逐步演进中吸收了"规则论"与"美德论"的观点,最终形成以良知学为核心的思想体系,是梁启超突破"公德—私德"结构、建设新道德理论的一次尝试。因此,还原梁启超思想的全貌,探究其背后的意图,不仅能够加深对梁启超公私道德观的理解,同时对于反思当代公德与私德的争论具有重要的借鉴意义。

一、梁启超"公德—私德"观及其现代特质

现代"公德—私德"以公共领域观念为基础,强调个人的共同体意识以及规则与法律在公共领域中的规范意义。事实上,该结构正是梁启超探索公德与私德问题的理论起点,体现了梁启超公德与私德思想中的现代特质。

(一) 公共领域观与现代"公德—私德"的建构

梁启超最初用儒家思想的身、家、国、天下的范畴来阐释公德与私德。公德的主体是"公人",即"一个人与他人交涉时"的人;不与他人交涉的时候就是"私人",私德就是一个人不与他人交涉之时"独善其身"的状态,即

---

① "美德论"的代表性观点参见陈来:《中国近代以来重公德轻私德的偏向与流弊》,《文史哲》2020 年第 1 期;陈乔见:《公德与私德辨正》,《社会科学》2011 年第 2 期;肖群忠:《现代中国应并重公共道德和个体美德——对陈来、蔡祥元两位先生的回应》,《文史哲》2020 年第 4 期。

当修德止于一身的时候，就是“私德”的范畴[①]。但是，这样界定存在一个问题，按照这个观点，忠孝等道德势必也就成为了“公德”，而这与梁启超关于中国缺乏公德思想传统的判断是矛盾的。

传统身、家、国、天下范畴之所以会出现问题，在梁启超看来，是因为它虽然超出了“身”（“私人”）而走向了“家”（父子、夫妇、兄弟）、“社会”（朋友）、“国”（君臣），但本质上仍是“一私人对于一私人之事”，即私人与私人之间的关系，因此仍旧不是公德。基于此，梁启超对传统身、家、国、天下的范畴做了扬弃，进一步发展了对公与私的理解。

梁启超指出：“一私人之独善其身，固属于私德之范围；即一私人与他私人交涉之道义，仍属于私德之范围也。……新伦理所重者，则一私人对于一团体之事也。”[②]此观点缘于梁启超对西方法学思想的借鉴。他指出，西方法学有公法与私法的区分，“侵一人自由者，以私法制裁之；侵公众自由者，以公法制裁之”[③]。私法关系的主体双方都是私人；而公法关系的双方是私人与“整体”。在这种观念的支持下，他重新界定公德与私德的边界，将“独善其身”和“一私人与他私人交涉”共同界定为私德，并确定公德说的基本实践场域，也就是“团体”。因此，对其公德说的理解关键在于如何理解“团体”概念。

梁启超认为，“团体”概念本于《管子》，从字面意义上讲，是“相团结而成为一体”。这种一体，指的是像人体一样，是对内能够统一、对外能够与他人相分别的整体。团体都有法律上的人格，也就是法人。具体来说，国家是一种最大的团体，地方自治的组织，例如从大到小的各地方行政单位以及各行业内部（如商会）等，亦是一种团体[④]。因此，梁启超的团体概念具有集合性，它作为一种集体人格，这种理解与现代对民族国家的理解是一致的[⑤]。

---

①② 梁启超：《论公德》，张品兴编：《梁启超全集》第3卷，北京：北京出版社，1999年，第661页。

③ 梁启超：《论政府与人民之权限》，《梁启超全集》第3卷，第881页。

④ 梁启超：《宪政浅说》，《梁启超全集》第7卷，第2055页；梁启超：《商会议》，《梁启超全集》第3卷，第277页。

⑤ 张凤阳认为，作为现代民族国家之基础的“国族”概念具有集合性，它表现为一种与单一肉身脱钩的集体人格。张凤阳：《西方民族——国家成长的历史与逻辑》，《中国社会科学》2015年第6期。

"团体"概念的出现,意味着梁启超对公德的理解是以现代公共领域观念为基础的。梁启超主张在政治、文化、经济等领域中都应由人民来建立相应的团体,从而将私人的需求转化为公共需求,表达公共意见,实行公共治理①。研究者指出,近代团体的出现与近代王权政治结构的瓦解、士绅阶层走出体制建立社团的政治过程是一致的②。而团体的意义在于,它一方面"在共同关心的事物中将市民联合起来,并通过他们的存在本身或行动,能对公共政策发生影响"③;另一方面也逐渐形成了与国家权力不同的,由私人组织构成的"社会意义"上的公共领域④,即"市民社会"。因此,梁启超"公德"定义中强调的"群"或"团体",即是存在于公共领域之中的"社团"或"联盟"。梁启超对"团体"概念的理解及其在国家和地方自治组织中的运用显示出,他已然具备了具有现代性的公共领域观。这意味着梁启超的"公德—私德"观在一开始便具有"规则论"和"美德论"共同作为预设的那种"公德—私德"结构。

(二) 法治思想及其现代特质

基于上述分析,梁启超公德与私德思想建立在"规则论"所谓现代"个人—社会—国家"⑤划分、认同现代公共领域观的基础之上,构成了梁启超公德与私德思想的基本结构。而进一步说,在确定基本结构之后,评价梁启超公德与私德学说"现代"与否的关键在于其内容。对此,程立涛和苏建勇认为,现代公共伦理强调法律作为公共领域中普遍适用的规范⑥。

之所以如此主张,是因为在现代政治学基本观念中,立法以主权与主权者的建构为前提。主权的产生是前政治的"自然人"移交其权利的结果。因此必须区分权力与权利之间的界限,故而也就有了公私领域的区

① 梁启超:《论政治能力》,张品兴编:《梁启超全集》第3卷,第732页。

② 金观涛、刘青峰:《观念史研究:中国现代重要政治术语的形成》,北京:法律出版社,2009年,第183页。

③ [加] 查尔斯·泰勒:《吁求市民社会》,汪晖、陈燕谷编:《文化与公共性》,北京:生活·读书·新知三联书店,2005年,第171页。

④ [德] 尤尔根·哈贝马斯:《公共领域》,汪晖、陈燕谷编:《文化与公共性》,第128页。

⑤ 任剑涛:《古今之变与公德私德行的现代理解》,《文史哲》2020年第4期。

⑥ 程立涛、苏建勇:《"私德外推即为公德"吗?——兼论梁启超的公德私德观》,《河北师范大学学报》(哲学社会科学版)2007年第2期。

分。立法是政府或立法者的任务，其中最重要的要求是“法律能够被所有人认同”，法律的目的在于安排个人、社会、国家三者的界限，并规定人的行为方式。这也就确立了法治的基本秩序，也是任剑涛等学者对于“现代”的最终确证。

而实际上，对于公共领域中行为规范的问题，梁启超与任剑涛等学者的观点相同，也主张法律规则在公共领域中的规范地位。梁启超认为，应当用法律来作为治理“群”的“条教部勒”①，“侵一人自由者，以私法制裁之；侵公众自由者，以公法制裁之。私法公法，皆以一国之主权而制定者也”②。他引用孟德斯鸠的话：“法律者，无终食之间而可离者也，凡人类文野之别，以其有法律无法律为差，于一国亦然，于一身亦然。”③因此，个人、家庭、社会和国家都要受到法律的约束，法律的治理是普遍的，四万万没有法律的人不可能建立强大的国家。另一方面，在私人领域的自由权利问题上，梁启超也认为：“故真自由者必能服从。服从者何？服法律也。法律者，我所制定之，以保护我自由，而亦以钳束我自由者也。”④可见他对于自由与法律关系的理解已经非常现代：自由并不是任意的自由，而是服从法律，而法律的目的也是保护自由权利。这是现代法治的基本逻辑。

因此，梁启超是承认在公共领域中必须要由法律来规范人的行为的，他的思想吸纳了“规则论”的基本观念。这也就意味着，梁启超“公德—私德”思想与前述争论的双方共享相同的思想预设：即现代法政国家的基本架构，并以之来理解道德问题。即便如陈来通过将公共领域分为社会和政治领域的思想，事实上在梁启超的“团体”思想中亦有展现。不过梁启超对道德问题的思考并未止步于此，而是试图对此作出进一步反思。

二、“新道德体系”：对“公德—私德”观的发展

虽然梁启超提出了“公德—私德”观，以现代国家的公私政治结构接引现代道德思想。但他并未停留于此，而是进一步提出以“利群—新道

---

① 梁启超：《论中国宜讲求法律之学》，张品兴编：《梁启超全集》第 1 卷，第 60 页。

② 梁启超：《论政府与人民之权限》，张品兴编：《梁启超全集》第 4 卷，第 882 页。

③ 梁启超：《论自治》，张品兴编：《梁启超全集》第 3 卷，第 682 页。

④ 梁启超：《论自由》，张品兴编：《梁启超全集》第 3 卷，第 678 页。

德”为具体内容的道德思想,可称之为“新道德体系”,从而实现对“公德—私德”基本结构的发展。

(一) 利群:道德的本源与公德概念的扩展

从上文的分析可以看到,梁启超的“公德—私德”观在公德层面是一种公民义务思想。它不仅包含国家意识,也包含以划分公私领域为基础的法治思想,以及相应的公民服从法律的观念。之所以主张“公德—私德”观,是因为梁启超认识到国家是当下世界竞争的主体,国民必须在群体中才得以生存。“公德—私德”的结构背后就是现代国家的法政结构,需要以之接引现代道德建立现代国家,才能实现救亡图存的目的。正是在这样的视角下,梁启超开始反思道德的本源,并在此基础上扩展了公德的内涵,对“公德—私德”观作了进一步发展。

梁启超将国家整体的富强和发展——“利群”——作为道德本源。他从历史视角出发,并指出,在古今中西之别视域下,道德规范往往是不断变易的,其合理性受制于时代的局限。在这个意义上,“公德—私德”结构中的具体道德规范,乃至于其背后的“公德—私德”结构本身,其合理性也并非一成不变。所以,更重要的任务是探寻万古不变的道德本源,而将之作为道德之规范性的根本来源。梁启超指出,任何道德规范都“以彼当时之情状所以利群者,惟此为宜也”①。因此,“利群”即是道德之规范性的根本来源。何为利群?利群就是“以能固其群、善其群、进其群者为归”②。梁启超将利群的道德目的进一步分为三个具体目标,即“固群”“善群”“进群”,并认为这是道德的真精神,能够经受时代变迁的考验而颠扑不破。

在此基础上,相比前述“一私人对一团体”的公德,梁启超将公德的内涵扩展为利群,凡利群皆为“公德”。他指出,“公德之大目的,既在利群,而千万条理即是生焉”③。这实际上是说公德即是利群。“千万条理由是生”则意味着利群是一切道德规范的来源及合理性所在,道德的行为必然是出于利群的目的。对于如何“利群”,他认为必须“发明一种新道德,以求所以固吾群、善吾群、进吾群之道”。他将新道德与公德挂钩,认为:“知有公德,而新道德出焉矣,而新民出焉矣。”当然,应该强调,梁启超并非认

①②③ 梁启超:《论公德》,张品兴编:《梁启超全集》第3卷,第662页。

为公德能够在逻辑上推论出新道德，而是新道德之合理性必须放在利群的道德目的之下来进行考量，并在此基础上为利群而发明新道德，从而开启"道德革命"。

梁启超紧接着说："本论以后各子目，殆皆可以利群二字为纲，以一贯之者也。故本节但论公德之急务，而实行此公德之方法，则别著于下方。"[①]这也就意味着，"利群"是公德的实质，"新道德"是为利群而发明的德目，也可以作为实现公德的方法，"利群"与新道德的关系是目的与手段的关系，因此新道德可以作为公德的手段而纳入公德的体系之中。

总结来说，梁启超在此处确立了以"利群—新道德"为结构的"新道德体系"，其中利群以及相关的公共意识是道德之核心和终极目的，而具体的道德规范则是"实行公德之方法"，是巩固、推进和完善"群"的手段。显然，"利群"的目的不仅仅是陈来认为的相对简单的爱国情感能做到的[②]，它需要更多的内容来支撑。另外，既然一切"利群"的道德节目都可以是"公德"，那么从逻辑上说，之前的法治论自然也应当被包含在其中。

（二）"新道德"：人类生活的整体性规划

前述说明了梁启超确立了"新道德体系"，并将诸多新道德作为实现利群之方法。那么这些新道德都有哪些内容？经过考证，这些被"别著于下方"[③]的道德节目，应当包括《新民说》中的12条德目[④]。这些德目就是

---

① 梁启超：《论公德》，张品兴编：《梁启超全集》第3卷，第662页。

② 陈来：《中国近代以来重公德轻私德的偏向与流弊》，《文史哲》2020年第1期。

③ 基于梁启超访美前后的思想变化，这个"别著于下方"的内容，一定是梁启超赴美前发表在《新民丛报》中《论公德》后的其他篇目，即是"实行公德"的方法。

④ 考察1902年的《新民丛报》可以看到，《新民说》的总20篇中，除《论私德》《论义务》《论民气》《论尚武》《论义务思想》5篇，其余15篇皆发表于1902年。《论义务》和《论尚武》分别发表于1903年1月29日和2月28日。梁启超1903年1月赴美，途中"别几两月矣。在外无寸暑暇，一字之文不能作"，可知此两篇在主题上也是1902年内容的后续，并不关乎赴美后思想的转变。因此可知，将1902年发表的内容去掉《论公德》和作为总论的《叙论》《论新民为今日中国第一急务》《释新民之义》《就优胜劣败之理，以证新民之结果，而论及取法之所宜》后，剩下的10篇与1903年初发表的《论义务》和《论尚武》2篇，共12篇，基本都是梁启超陆续完成，旨在阐述"新道德"内容的文章。梁启超赴美洲事参见丁文江、赵丰田编：《梁启超年谱长编》，上海：上海人民出版社，1983年，第310—311页。《新民说》各篇目发表时间参见梁启超主编：《新民丛报》第1册，北京：中华书局，2008年。

梁启超所谓的能够固群、进群、善群的新道德。为便于讨论,可以"固吾群、善吾群、进吾群"①这三种不同的目的为依据,将12种德目编为表格。

"新道德体系"德目表

德　目	目　的
国家思想/合群/义务	固吾群(共同体之凝聚)
进取冒险/进步/毅力/尚武	进吾群(共同体之进步)
权利思想/自由/自治/生利分利/自尊	善吾群(共同体之完善)

细读这些德目的内容可以发现,《新民说》涵盖的新道德并不仅仅包含道德思想,还囊括政治制度、经济的生产分配等内容,是对整个人类生活秩序的总体性设计。在《论国家思想》一文中,梁启超强调人民首先应该从国家意识出发,克制自身对于政治利益的追求,政治行动当谋求国家统一为前提②。同时他还提出,在政治制度层面,应该建立法治和民主政治。梁启超的法治思想前文已经叙述,梁启超的民主自治主张体现在《论自治》一文中。他强调从一身的自治,走向"小群"的自治,然后走向"大群"的自治,最后建立自由、平等、独立、自主的国家③。在《论生利分利》中,梁启超讨论了经济上的资源如何进行分配的问题,强调一国之中一定要生利的人多,分利的人少。因此他主张增加生产,减少对于资源的内部竞争,从而增加财富的总量,政府对于土地、资本和劳动力应当有一个合理的安排,以促进生产力的发展④,这属于分配正义与相应的制度安排。在公民道德方面,梁启超强调自尊、进取、毅力、进步等思想,以合群和国家思想作为团结的纽带,缔造一种崭新的民族精神。它强调个人自尊和人的自立意识,主张人民应当坚持不懈,昂扬向上,从而展现一种蓬勃向上的风气。

因此,《新民说》中的"新道德"不仅仅是提倡新的公民道德,而是提出了一套包含新道德、新政治、新经济、新文化的总体性秩序蓝图,故而可以命名为"新道德体系"。这也就意味着,不能将《新民说》简单地理解为是

① 梁启超:《论公德》,张品兴编:《梁启超全集》第3卷,第662页。

② 梁启超:《论国家思想》,张品兴编:《梁启超全集》第3卷,第663—666页。

③ "一完全高尚之自由国、平等国、独立国、自主国出焉矣"。参见梁启超:《论自治》,张品兴编:《梁启超全集》第3卷,第683页。

④ 梁启超:《论生利分利》,张品兴编:《梁启超全集》第3卷,第702页。

梁启超在阐述其道德思想，而是作为“利群”的手段，是对政治、经济两个生活领域的具体筹划，是对于中国未来道德秩序、政治和经济秩序的整体性构想。

（三）“新道德体系”对“公德—私德”的吸纳与发展

总体来看，梁启超以“新道德体系”吸纳并扬弃了“公德—私德”的结构。他将公德扩展为“利群”这一道德目的，并作为道德之规范性的根本来源，而其他道德法则皆成为其手段。相应的，在对私德的理解上，“新道德”之德目中如进取冒险、自由等德目，似乎仅仅关涉人的品格和心理状态，事实上属于原“公德—私德”结构中“独善其身”的私德。但从“自由”这一德目来看，梁启超认为，自由的最终目的是团体的公益①。因此，个人的自主性品格与“群”是相关的，具有明确的公共性。尽管“自由”一词经常与“一己之自由”联系起来，但在梁启超看来，它的规范性源自“利群”的目的。例如在对“进取冒险”这一德目的讨论中，他谈道：“一国之大，……有暮气而无朝气，……吾不知国之何以立也？”②自由、进取、冒险等德目虽然是独善其身的道德，但它最终能够实现利群的目的。这也就意味着，个人在对自由这样的价值做出道德选择时，其依据不仅仅是简单地对这两组价值本身的评判，而是与利群的目的紧密结合。

因此，最初那个“独善其身”的私德被纳入新道德体系的范畴，私德本身的选择也是出于“利群”的理由，因此具有了“公”的意义。可以看到，“公德—私德”的内容被梁启超以“利群—新道德”的结构整合进入“新道德体系”之中，它以广义的公德即利群为内涵，以新道德为外延的整体性秩序设计，最终超越于最初的法治论的公德之上，并囊括了“公德—私德”思想的基本内容，成为更具全面性的理论体系。当然，此处对于私德思想与新道德体系之关系的判断仍旧停留在分析上，梁启超在此处并未明言“私德”。因此有必要讨论他对私德的论述，进一步证明这观点。

① 梁启超：《论自由》，张品兴编：《梁启超全集》第3卷，第675页。
② 梁启超：《论进取冒险》，张品兴编：《梁启超全集》第3卷，第670页。

三、良知学与公私道德理论的重构

一般认为,在梁启超访美之后,其道德思想转向私德,提出了公德私德兼顾的主张[①]。实际上,私德观并非梁氏对公德与私德问题之思考的终结,而是他进一步思考道德本源的开始。这个思考以良知学说对新道德体系的整合为最终结果,并成为其一生思想的根底。

(一) 私德观:"新道德体系"与主体实践的转向

在《论私德》中可以看到,梁启超实际上是以"新道德体系"的"利群"来统摄私德,从而真正实现"新道德体系"对"公德—私德"的吸纳。梁启超指出,私德与公德是相统属而非相对立的名词,道德都是起源于人与人的交涉。公德就其如何产生来说,是"个人对于本团体公共观念所发之德性",公德的主体是公共团体中行动的个人,而公德就是在公共团体中行动的人对于本团体所做出的道德行为,相应地,私德是一私人对于另一私人之交涉,两种道德行为的发生之处是人自身。因此,公德与私德的区别只在于对象不同,但主体毕竟是相同的[②],因此两者并不是"异物"[③]。并且,私德与公德、同样是作为"利群"之道德,"皆谓其有赞于公安公益者云尔"[④]。这实际上就是承认,所谓道德都是以"利群"为目的,公德私德可以合并归一,统一于"利群"这一目的。因此,私德本质上也是主体"利群"的道德,因此也可以被纳入新道德体系。

需要注意的是,梁启超在这里重点讨论了公德与私德之属性,认为二者是"体验践履之法门",突出了道德的主体实践维度。也正是基于此,他才说"公德者私德之推也,知私德而不知公德,所缺只在一推"[⑤]。故而"规则论"对梁启超私德推公德逻辑的理解,与梁启超本人的理解是有差

---

① 张灏:《梁启超与中国思想的过渡 1890—1907》,崔志海、葛夫平译,北京:中央编译出版社,2016 年,第 194 页;王颖:《梁启超公德论的实践困境及现代应对》,《齐鲁学刊》2016 年第 5 期。

② 梁启超对于私德有两重定义,分别是"独善其身的"和"对于指向私人对象的"。但是在这里他强调前者,认为后者以及公德都是前者"所发之德性",强调私德"独善其身"的性质。

③④⑤ 梁启超:《论私德》,张品兴编:《梁启超全集》第 3 卷,第 714 页。

异的。梁启超所关注的是一种道德实践意义上的“推”，主张“道德者行也，而非言也”[①]。公德私德的本质是“人如何行事”，即当人作为社团中、政治领域中的公民当如何行事的问题。因此梁启超的私德更多是一种“美德”[②]，而与人交涉时不过是这种“美德”的具体实践。因此梁启超道德学说具有“美德论”以行为者为中心的特色。

值得注意的是，在这个过程中，从利群的目的出发，梁启超对道德之“变与不变”做出了更深入的理解。他指出诸如“忠爱”等道德是“通古今中西而为一”的，而诸如一夫多妻的规定则因时而变。从文章的语境看，“道德”即是主体自身的品质，即美德；而“伦理”则是社会公共意义上的规范与准则，例如法律。因此梁启超实际上是说，属于主体本身的道德是具有普遍性的，而主体间关系层面的社会规范却是变易的。这就意味着梁启超对道德之本源的思考方向转向了人之主体性的实践层面。

演进至此，梁启超的公德与私德思想就面临一些问题。一方面，梁启超以道德目的“利群”作为道德合理性的根本来源。正如张灏所言，“谋群体之利益是道德的不变功能，但一个道德体系的具体内容应随时随地变化。……因为群体的需要总是变化的”[③]，故而难以避免道德相对主义的困境；而另一方面，转向主体虽然确定了属于主体之道德的不变性，但属于主体之道德如忠、爱本身也是多元复杂甚至相反的[④]，它同样要面对一个“美德统一性”的问题。梁启超曾感慨：“天道循环，岂不然哉！无论为生计，为政治，其胚胎时代，必极放任。其前进时代，必极干涉。其育成时代，又极放任。由放任而复为干涉，再由干涉而复为放任。……若此者，不知几何次矣。”[⑤]面对这样的问题，梁启超以良知学说对“公德—私德”以及“新道德体系”做了最终的整合。

---

① 梁启超：《论私德》，张品兴编：《梁启超全集》第3卷，第719页。

② 此处“美德”的界定指的是美德伦理学意义上的美德，即人的某种品格，例如爱、孝、勇敢等。

③ 张灏：《梁启超与中国思想的过渡1890—1907》，第115页。

④ 例如“自信与虚心”等，梁启超：《十种德性相反相成义》，张品兴编：《梁启超全集》第2卷，第431页。

⑤ 梁启超：《政治学大家伯伦知理之学说》，张品兴编：《梁启超全集》第4卷，第1076页。

(二)“本原—节目”:良知思想对“新道德体系”的整合

梁启超1905年发表的《德育鉴》是对《论公德》和《论私德》中思想的进一步总结,他试图借助良知之学重新理解道德的本源。前述提到,梁启超在《论私德》中认为属于主体的私德更具有普遍性,但他很快意识到,“私德”作为“德目”其实本身也并非本原性。对于这一点,梁启超引用了王阳明的理论做了说明。“良知之于节目事变,犹规矩尺度之于方圆长短也。……良知诚致,则不可欺以节目事变,而天下之节目事变不可胜应矣”①。梁启超认为,“公德、私德,为近世言德育者分类之名次,……此分类亦自节目事变方面观察之”②,这些节目事变古往今来、甚至每时每刻,其合理性、正当性都在改变③。这里的公德与私德即是在最初“公德—私德”结构中的政治伦理和个人美德④。在梁启超看来,它们“类恒河沙数,累万纸而不能尽也。所谓道德进化论者,皆谓此尔”⑤。而良知则是“本原之地”,它“放诸四海而皆准,俟诸百世而不惑”,只要能致良知,就可以在不同的境遇之下对不同的节目有不同且适宜的选择运用,而不必纠结于节目本身。

因此,良知的意义就在于作为应对变化的根本锚点。梁启超曾在《论私德》中提到“为道日损”,德育应当如黄宗羲所言:“天下之义理无穷,苟非定以一二字,如何约之使其在我?”⑥直到在《德育鉴》中,他才确定良知作为德育之“宗旨”⑦。良知的本原性在于它本身并不如具体节目一样规定行为方式,而是更加侧重于作为人心中之至善的内向化意识,而这样的意识是人性本真的属性,是不会在历史中改变的“宗旨”。这就确定了良

---

①③ 梁启超:《德育鉴》,彭树欣编:《梁启超修身三书》,上海:上海古籍出版社,2016年,第3页。

②⑦ 梁启超:《德育鉴》,彭树欣编:《梁启超修身三书》,第4页。

④ 梁启超认为,“如人民服从政府,道德也;人民反抗政府,亦道德也。……缄默谨言,道德也;游说雄辩,亦道德也”。前者是公民不服从的政治伦理问题,后者则是个人美德的问题。因此可以看到,不论是规范论还是美德论,都被梁启超归为“节目事变”。梁启超:《德育鉴》,彭树欣编:《梁启超修身三书》,第4页。

⑤ 可以看到,这里既包含政治权利的内容,同时也包含“独善其身”范围内的私德,而这些事实上都是节目,都是不断变化的。梁启超:《德育鉴》,彭树欣编:《梁启超修身三书》,第4页。

⑥ 梁启超:《德育鉴》,彭树欣编:《梁启超修身三书》,第722页。

知对作为具体道德节目的公德与私德之统摄性地位。那么道德的本原与节目具体的关系如何？回答此问题应当从梁启超对良知的具体理解出发。

对于良知之学，梁启超总结了六条基本内容，即“辨术”“立志”“知本”“存养”“省克”“应用”。其中，前三者是对于良知内涵的阐述，后三者则是致良知的方法。在“辨术”中，梁启超提出了“辨术”和“诚意”。他认为人首先要有能力明义利之辨，可以对善恶做出区分。这意味着良知是一种基本的判别是非的判断力，并且人当保持内心的真诚无妄。以爱国为例，要想拥有爱国的美德，当求之于内心，使得爱国之念没有好名、好荣誉等功利之心的影响[①]。如此才能生出事业，才不会在危难面前丢弃志向[②]，这就是“诚意”。在二者之外，人同样也需要“立志”。虽然立诚就足以自信，但学的成长与进步，端在于坚持立志，这才能够超越流俗，不断自责以进步。立志强调进步，辨术强调真诚。但这些德性相对更具中立性。人可以真诚地为善，同样也可以真诚地作恶。因此梁启超认为，辨术、立志需要有引导，否则会误入歧途，而知本就提供了一种引导。梁启超认为，智育必须以身心之学为本，而身心之学当以“致良知”为核心。日用伦常之中的行事都是来源于良知，良知可以帮助人在任何情境中做出合适的道德选择。那么这里就需要进一步思考梁启超理解的良知运作的基本原理。

梁启超认为，我们做出道德判断的过程是意念落之于对象，以良知为准判断是非，继而做出选择，当然，这个对象指的是道德判断之“事”[③]。因此，良知只是个本性善的是非之心，是一种先在于具体意念的先验准则，并且作为一般意念的本体[④]。一般意念所到之处，依良知就能够判断是非，做出正确的判断和选择。良知本身并不主张一种具体的伦理规范，在这个意义上与道德节目有别。良知是一种中道权变的判断力，这种判断力具有普遍性的道德推理能力，并非是基于个人独特的偏好进行思考。

① 梁启超：《德育鉴》，彭树欣编：《梁启超修身三书》，第 9 页。
② 梁启超：《德育鉴》，彭树欣编：《梁启超修身三书》，第 20 页。
③ 梁启超：《德育鉴》，彭树欣编：《梁启超修身三书》，第 32 页。
④ 梁启超：《德育鉴》，彭树欣编：《梁启超修身三书》，第 34 页。

它是"无我"的,是一把并不出于自我偏好的"公尺"①。另外,良知是人人皆有、皆通且能够接受的②。因此每个人的良知在面对同样的道德选择时实质上都能够得出至少不是冲突的结论,至少在是非判断上不会出错,而区别只是个人良知醒觉与否而已。

总结来说,良知是一种能力,是人真诚且具有判断力的内心意识,它本身没有经验的道德节目意义上的善恶和道德意义。在这个意义上来看,梁启超的思想保留了传统心学中良知"无善无恶"的超越意味。梁启超认为,良知自身能够在纷乱环境之中通过对于环境的综合认知和思维,做出正确的道德判断,从而促使主体意志做出选择,并在做出选择之后能够真诚地行动。正如王阳明所讲,此良知发之于事父即是孝,而由诚孝的心再去求具体之晨昏醒定的行为规范③。同样地,在梁启超这里,良知发之于国家便是利群,而自然以至诚的利群之心去求个利群的道理。陈乔见亦认为,"道德就是诚孝的心,伦理则是此心发出来的冬温夏清等具体节目"④,不过他理解的"诚孝之心"在梁启超这里也只是作为私德的节目,而没有看到梁启超认为良知具有更根本的至善之中道判断力的意义⑤。

梁启超用良知作为本原,以新道德体系作为可变的具体节目,实现了良知学对于新道德体系的整合。利群作为道德目的仍旧是新道德体系的核心,也是新道德体系中道德节目之合理性的根本来源。而梁启超进一步通过良知之学为道德节目在具体历史情境中的合理性来源提供了主体层面的根据,这就解决了张灏指出的相对主义的困境,也使得梁启超的道德理论更为体系化、更加完整。当然,梁启超的良知之学在良知与节目的关系上,没有古典哲学的"本体—发用"义,毋宁说良知是在道德心理学层面作为一个至善之中道判断力而存在的,而具体的节目则被理解为客观

---

① 他引用刘宗周的话:"其间千万变化,……一一取裁于心,如权度之待物然。权度虽在我,……而我无与焉,……情顺万事而无情也。故事无大小,皆有理存,劈头判个是与非。"梁启超:《德育鉴》,彭树欣编:《梁启超修身三书》,第106页。

② "缘此两字(良知),人人所自有,故虽至愚下品,一提便省觉"。梁启超:《德育鉴》,彭树欣编:《梁启超修身三书》,第34页。

③ 陈荣捷:《王阳明传习录详注集评》,台北:学生书局,1983年,第30页。

④ 陈乔见:《清末民初的"公德私德"之辩及其当代启示——从"美德统一性"的视域看》,《文史哲》2020年第5期。

⑤ 即便在王阳明那里,仁义礼智、孝悌忠信也不过是"表德",而良知则"性一而已"。陈荣捷:《王阳明传习录详注集评》,第74页。

的道德存在，与情境共同作为良知判断的对象。

需要强调的是，虽然良知因为其“感应神速”而具有道德直觉主义的特征，但并非如徐亚州所言，梁启超的良知观是忽视理性的①。梁启超对认知因素的否定，是在对“道学与科学”进行区分的背景之下，否定“尚博”之科学意义上的认知②。在道学领域，梁启超亦认为，行为者的道德行为以理性和情感的和谐统一为基础③。

结　　语

梁启超公德与私德的思想在1902—1905年间不断发展和演进。最初他以公共领域观为基础，划分“个人对团体”的公德与“独善其身”和“私人对私人”的私德，强调公共领域中法律规则的规范地位，确立了“公德—私德”的基本结构。而后他在古今中西的历史视野下，确定“利群”作为本原的道德目的，并以公德私德以及政治制度与经济分配原则等“新道德”为实现目的之手段，确立了“利群—新道德”为基本结构的“新道德体系”。这意味着，他以“公德—私德”的视角理解人类道德生活具有历史的限度，认为共同体的善具有超越历史的普遍意义，利群是道德行为与道德理论合理性的最终来源。在访美后，梁启超的公德与私德思想进一步深入到对道德主体的关切，认为秩序的建构必须关注实践主体自身的德性培养，即私德观。此时他一方面强调公私德俱以利群为目的，在模糊道德之公私界限的同时将私德正式纳入“新道德体系”；另一方面，梁启超也意识到，以利群为目的可能导致的道德相对主义。因此他借鉴心学“本原—节目”的架构进一步整合“新道德体系”，以良知作为道德之大本大原，并最终将新道德体系中的公德与私德作为因时而变的道德节目统一于良知。

事实上，“规则论”和“美德论”、“公德—私德”等区分作为道德节目，

① 徐亚州：《新型伦理话语形态的德性构设——论梁启超公私道德观》，《华侨大学学报》（哲学社会科学版）2020年第2期。

② 梁启超：《德育鉴》，彭树欣编：《梁启超修身三书》，第113页。

③ 他认为良知之学既有唯心主义色彩，同时也有实验主义色彩，是主观客观二者并为一的思想。参见梁启超：《王阳明知行合一之教》，张品兴编：《梁启超全集》第17卷，第4902页。在《节本明儒学案》中已经包含了《王阳明知行合一之教》中的一些观点，不过在《王阳明知行合一之教》中有了更加系统的表述。

其包涵的具体行为规范和制度规范,乃至于基本价值预设,其合理性都随利群目标的变化而变化。将利群的道德目的作为道德原则之合理性基础,这意味着道德理论没有脱离生活世界的实践维度,道德秩序的目的是实现共同体的稳定、进步与美好,因此主体间之道德作为人类生活的规范必然因时而变,没有一定之规。当然,利群的目的只具有宏观的导向意义,毕竟它的具体内容也在历史进程中不断变化。因此,道德原则之合理性必须在历史实践的具体情境中,在利群目的的导向之下,通过主体良知的中道判断力,结合对具体情境的判断做出选择,而后付诸实践并结合利群的结果——共同体之认同——来确定。

面对意义和存在的双重迷失,以及中西文化两种不同文明之间的价值碰撞,为了解决中国向何处去的问题,梁启超建立了以良知为核心、以新道德体系为内容、以实践哲学为思维方式、以利群为道德目的、承认时变、应对多元价值的思想体系。这是梁启超道德思想的根底,也是其公德与私德思想的最终落脚之处。公德与私德的基本结构本身就具有历史性,不能将之作为理性设计的绝对规范,也并非放之四海皆准。因此,回归主体自身的良知,关注实践与共同体的幸福,回归生活世界,并以之作为思考道德的源头活水,是梁启超道德思想对公德与私德问题进行反思的最终结论。这对于思考当代公民道德建设、反思公德与私德的争论具有重要的借鉴意义。

〔作者刘富民,西北大学中国思想文化研究所博士研究生。西安 710100〕

返本开新：张之洞“中体西用”观的理路论解

张文杰

摘　要：“中体西用”观是晚清知识分子为应对空前的社会危机和思想文化崩溃的心理危机而做出的反应。其不仅调和中西文化冲突，更在于自觉应对西学过程中将中国引向近代化。张之洞远承传统文化精神，近承冯桂芬、张树声等“中体西用”之论，运用中国传统“体”“用”范式，汲取沈毓桂、孙家鼐“中学为体，西学为用”的通俗表达，并由此开出时代新面。同时在“体”的层面接受西方民权、议院之制，明确将西方法律、学校、矿政、路政、兵政等具有体制特质的“西政”引入“中体”。“中体西用”观随张之洞的实践呈现动态发展，并超出理论本身的框架，为近代中国的发展做出了必要的思想准备与铺垫。

关键词：张之洞　中体西用　《劝学篇》　理论范式

一、引　言

中国近代历史构建存在两种叙事方式，即革命叙事和近代化叙事。此即形成从新中国成立前至今仍有重要影响的历史观与方法论。如李怀印《重构近代中国：中国历史写作中的想象与真实》提出：“在中国历史的表达上有两个主叙事。一种将这一时期描绘成一个演化和现代化的历程，也就是说，在这一时期，中国借鉴西方的‘现代’思想、技术和制度，逐步脱离封闭的、停滞的过去。另一种叙述则强调革命主题，认为中国近现代史是中国民众反帝反封建的斗争史。”[①]因此，新中国成立后对于张之洞“中体西用”观的研究基本上承袭此两种叙事并加以评判。

首先，革命叙事认为“中体西用”观是中西杂糅的反动口号，表现外国

① 李怀印：《重构近代中国：中国历史写作中的想象与真实》，岁有生、王传奇译，北京：中华书局，2013年，第16页。

殖民主义与中国封建主义相结合的反动特点。侯外庐《中国思想史纲》指出:张之洞《劝学篇》对"中体西用"理论的阐发是洋务派思想理论的集结和概括;也是封建复古思想和殖民主义结合的产物;体现了国内外反动派的利益和要求[①]。李泽厚则认为:张氏高谈变法而避开变法关键问题,例如开议院、政治法律制度。这种理论实质是用不变根本方案来抵制真正的变法要求。所以说"'中体西用'是最早在思想领域内顽固地抱着专制这具僵尸(体)不放的理论"[②]。持此革命叙事观点的有胡绳、汤志钧、黄逸峰、姜铎、丁凤麟等[③]。

其次,近代化叙事认为"中体西用"是在外敌虎视、国势衰颓之际积极引进西法同时又保卫传统道德哲学的二重法则。陈旭麓指出:要在充斥封建主义的天地中容纳资本主义,除了"中体西用"也提不出更好的宗旨来。以"中体"为前提,把"西用"放在"中体"的轨道上,逐渐走上现代化[④]。陈钧、谢放认为:《劝学篇》是湖北新政框架内的思想成果之一,一方面以儒学为主干的传统思想过渡到近代化的要求,体现了张氏的价值观。另一方面"中体西用"是开明士大夫应对外强、关于如何走向现代化的处世方略[⑤]。持此近代化叙事观点的有李时岳、皮明庥、叶国洪等[⑥]。

不论是革命叙事,还是近代化叙事,均属宏观的叙事范式。20 世纪八九十年代后,近代史研究逐渐转入中、微观的叙事方式。研究者对于张之洞"中体西用"观多从文化史观视角进行阐述。

---

① 侯外庐主编:《中国思想史纲》,上海:上海书店出版社,2008 年,第 562—566 页。

② 李泽厚:《中国近代思想史论》,北京:生活·读书·新知三联书店,2008 年,第 66—82 页。

③ 胡绳:《从鸦片战争到五四运动》,上海:华东师范大学出版社,2014 年,第 234—237 页;汤志钧:《戊戌变法人物传稿》,北京:中华书局,1982 年,第 578 页;黄逸峰、姜铎:《重评洋务运动》,《历史研究》1979 年第 2 期;丁凤麟:《论张之洞的洋务观》,《学术月刊》1982 年第 10 期。

④ 陈旭麓:《中国近代史十五讲》,北京:中华书局,2015 年,第 77—100 页。

⑤ 陈钧、谢放:《世纪末的兴衰——张之洞与湖北经济》,北京:中国文史出版社,1991 年,第 363—364 页。

⑥ 李时岳:《洋务运动研究四十年》,《历史教学》1991 年第 5 期;皮明庥:《"中体西用论"平议》,《江汉论坛》1982 年第 8 期;叶国洪:《儒家思想与中华现代化:西方文化冲击儒家思想的历史个案的回顾》,《清华大学学报》(哲学社会科学版)1998 年第 2 期。

其一是基本赞同而未突破传统叙事窠臼。丁伟志、陈崧认为:“中体西用”在维新变法时,形式未变,内容重点已转移,从强调“西用”抵制顽固派到强调“中体”以反对维新派,以张之洞为主要代表的洋务派,与维新派公然划出界限,把此种改变看成是“中体西用”的变质①。张昭军、孙燕京则指出:“中体西用”即强调了“中学”的主体地位,也强调了“西学”的辅助功能,客观上促进了近代化的新陈代谢,但说《劝学篇》“西学”内容狭窄,完全剔除宪政、民主、平等、自由等西方核心价值观,违背了时代潮流,失去了积极意义②。戚其章以为:对待张之洞“中体西用”文化观,既不能以封建卫道去看待;也不必视作取代顽固派的守旧主张和维新派的过激主张的新理论;应该将二者整合辩证去看③。戚氏以张之洞为洋务派,故认为“中体西用”是为统治阶级服务,认为其目的和倾向不纯,终难摆脱阶级分析视野。

其二是突破传统叙事窠臼而偏于一端。衡爱民认为:张之洞是“变法不变道”,道作为根本绝对不能动摇,而积极吸收西法特别是对西方法律独立性的倾慕④。宋德华指出:“中体西用”文化观以纲常名教作为政治的最高准则,将民权思想排除在可以接受的西学之外;以会通西学作为文化的基本取向,主张中西之间全面融会贯通,取长补短⑤。张昭军认为“中体西用”是经世致用观发展的结果,张之洞由此从清流到洋务派且超越了前人“西用”范畴,但又受经世致用影响不能跳出“中体”的藩篱⑥。研究者已阐述“中体西用”对接引西学的作用,但拗于“中体”而终未能对“中体西用”的内在变动及“中体”不变的深刻原因作出分析。

其三是视“中体西用”观为内在矛盾发展。张勇《张之洞的“中体西

---

① 丁伟志、陈崧:《中国近代文化思潮》上卷《中西体用之间——晚清文化思潮述论》,北京:社会科学出版社,2011 年,第 207—222 页。

② 张昭军、孙燕京主编:《中国近代文化史》,北京:中华书局,2012 年,第 69—70 页。

③ 戚其章:《全面评价张之洞的“中体西用”文化观》,《人文杂志》1998 年第 3 期。

④ 衡爱民:《张之洞“变法不变道”的变法观新探》,《法学评论》2012 年第 1 期。

⑤ 宋德华:《重评张之洞的中西文化观——以〈劝学篇〉为中心》,《学术研究》2011 年第 2 期。

⑥ 张昭军:《从“经世致用”到“中体西用”——张之洞对传统儒学的调适和锢蔽》,《孔子研究》2004 年第 4 期。

用”文化观》论及张之洞“中体”已经突破单一的纲常名教,并已涉及西方制度在内;“中体西用”权衡中西,融合新旧,对中学近代化和西学传播具有重要意义,且从实践的角度看到了西用会腐蚀中体[①]。贾小叶认为:“中体西用”论突破了单纯学习“西技西艺”的限度,容纳了“西政”的内容[②]。李细珠指出:张之洞“中体西用”思想体系,以儒家“中庸”思想为哲学基础,处理中学与西学有主次、先后和本末之别,认为“中体西用”思想是在具体实践过程中渐次形成的[③]。研究者已认识到“中体西用”的内在演变,“中体”非牢固可破,并从实践视角认定“中体西用”是动态变化、渐次发展的概念。但是,“体用”之间为何能转化,转化的程度如何,并且此种动态如何与张之洞本人联系,则分析不足。

综上,本文试在已有研究成果的基础上,从发展的、动态的视角探析张之洞的“中体西用”观。

二、共同“回应”的思想理路

晚清传统政治已是强弩之末,面对外来侵略造成的割地赔款、主权丧失,已不能保持“普天之下,莫非王土”的格局,而政治危机背后体现的是欧美的强势文化。随之而来便是文化危机,以及价值抉择、精神取向、文化认同的内在心理结构失序。知识分子所面对的不仅是国破家亡的社会危机,更有思想文化崩溃的心理危机。

西方文化对中国文化的冲击,势必引起中国知识分子的回应。金耀基讲道:“西方对中国的挑战,在形式上是军事的、经济的、政治的侵略。实际上,则是西方价值对中国价值的挑战、西方文化对中国文化的挑战。……面对着这种巨变与‘挑战’,当时掌有国族命脉与文化机运的知识分子乃不能不有所‘回应’。”[④]“挑战”与“回应”正是整个晚清的时代主

---

① 张勇:《张之洞的“中体西用”文化观》,《学习与实践》2016 年第 9 期。

② 贾小叶:《“中体西用”论不是洋务运动的指导思想》,《北京师范大学学报》(人文社会科学版)2001 年第 5 期。

③ 李细珠:《张之洞与清末新政研究》,北京:中国科学院出版社,2015 年,第 64—73 页。

④ 金耀基:《中国的现代化》,《中国文明的现代性转型》,广州:广东人民出版社,2016 年,第 21 页。

题。而“中体西用”即是对外来挑战的集体“回应”。

1861年，冯桂芬言：“以中国之伦常名教为原本，辅以诸国富强之术。”[①]1884年，两广总督张树声于病榻中说：

> 夫西人立国，自有本末；虽礼乐教化远逊中华，然驯致富强，具有体用。育才于学堂，论政于议院，君民一体，上下同心，务实而戒虚，谋定而后动，此其体也。轮船火炮，洋枪水雷，铁路电线，此其用也。[②]

张树声明确西学本末、体用兼备，将议院、教育制度看成西体，把船坚炮利等具体器物看成西用，已经深刻认识到西方政制优于中国，是其强盛的内在原因，所以“中国遗其体而求其用，无论竭蹶步趋，常不相及”。时人已知中国之弱根在体制，不在器物维新，语出疆吏之口，引人入胜。其后郑观应提出：“以西学言之，如格物制造等学其本也，语言文字其末也。合而言之，则中学其本也，西学其末也。主以中学，辅以西学。”[③]此时郑氏已经自觉把富强之术界定为“西学”的内涵，且“中学”也不仅仅是伦常名教。尤为可贵的是，郑氏认识到西学有本有末，但就中学而言，西学之本末均处末、辅地位，所谓“合而观之，则中学其体也，西学其末也”。此为民族文化本位思想，前人少及于此。1895年，沈毓桂云：“夫中西学问，本自互有得失，为华人计，宜以中学为体，西学为用。”[④]沈氏明确提出“中体西用”，且直白说出中西学各有得失，意指华人反省自身不足，比之于张树声“礼乐教化远逊中华”，沈氏之言更为直接。1896年，孙家鼐筹办京师大学堂，其宗旨为：“以中学为主，西学为辅；中学为体，西学为用；中学有未备者，以西学补之，中学其失传者，以西学还之。”[⑤]官方办学奏请皇帝已是国家层面，则“中体西用”理论已政治化，但因其政治化又不能不有所抑

---

① 冯桂芬：《校邠庐抗议》，北京：朝华出版社，2017年，第156页。

② 何嗣焜编：《张靖达公奏议》卷8，沈云龙主编：《近代中国史料丛刊》第23辑，台北：文海出版社，1973年，第559页。

③ 郑观应：《盛世危言》，王贻梁评注，郑州：中州古籍出版社，1998年，第76页。

④ 沈毓桂：《救时策》，《万国公报》1895年第75期。

⑤ 孙家鼐：《议复开办京师大学堂折》，《中国近代史资料丛刊·戊戌变法·二》，上海：上海人民出版社，2000年，第426页。

制,削落西体。这里所谓“西学补之”“西学还之”实则包含西体在内的思想。自晚清西体意识已渐入人心,这与张之洞思想理路相同。

《清史稿·张之洞传》载:“往者词臣率雍容养望,自之洞喜言事,同时宝廷、陈宝琛、张佩纶辈崛起,纠弹时政,号为清流。”[①]张氏尊为清流,好纠弹,往往抵制时务,与新知相冲突。杨国强曾指出:“清流和清议以攘夷为自觉意识。……攘夷由儒学传统延续而来,守的都是义理。……这正是本来就熟悉的东西,而熟悉的东西总是用起来更顺手的东西。因此由多数形成的人群大半不能入新知。”[②]清流执拗于旧式的名物,容易成为时务的阻碍。斯时张之洞亦是如此。1881 年迁任山西督理政务,初至晋,秉经世致用的思想,整顿山西,颇有效绩[③]。1883 年经李提摩太影响始行洋务,设洋务局,渐接受西学。中法战争始督两广,积极洋务,《传》称:“之洞耻言和,则阴自图强,设广东水陆师学堂,创枪炮厂,开矿务局。”[④]1889 年督湖广时更是将洋务事业做到全国地方之最。期间思想从清流到洋务,及对洋务思想的不断深化,至甲午后思想更是为之一变。

1897 年变法之声滋蔓,张之洞著《劝学篇》上呈御览,以期为变法改革所用。《序言》称:“内篇务本以正人心,外篇务通以开风气。”[⑤]可谓两面兼顾,左右开弓。对根柢顽固、不思巨变者猛烈抨击;对猖狂自恣、蔑视本体者亦严厉批评。因而折中古今中西:“旧学为体,新学为用,不使偏废。”[⑥]论者见《内篇》的同心、教忠、宗经等而抨击张氏严守封建纲常名教。如《明纲》:“故知君臣之纲,则民权之说不可行也;……知夫妇之纲,

---

① 《清史稿》卷四三七《列传二二四》,北京:中华书局,1977 年,第 12377 页。

② 杨国强:《晚清的士人与世相》,北京:生活·读书·新知三联书店,2017 年,第 171 页。

③ 张之洞整顿吏治、改革军制、清理财政、禁烟戒毒。参见冯天瑜、何晓明:《张之洞评传》,南京:南京大学出版社,1996 年,第 53—61 页;方秋梅:《张之洞抚晋时期的政治取向》,《山西大学学报》(哲学社会科学版)2003 年第 4 期;高生记:《辛亥革命前推动山西社会发展的两位封疆大吏》,《中国地方志》2003 年增刊等。

④ 《清史稿》卷四三七《列传二二四》,第 12378 页。

⑤ 张之洞:《劝学篇·序》,苑书义、孙华峰、李秉新主编:《张之洞全集》第 12 册,石家庄:河北人民出版社,1998 年,第 9704 页。

⑥ 张之洞:《劝学篇(外篇)·设学第三》,苑书义、孙华峰、李秉新主编:《张之洞全集》第 12 册,第 9740 页。

则男女平权之说不可行也。”[①]《正权》：“民权之说无一益而有百害。”[②]然而就历史语境看，前人张树声、郑观应等尚且知道用西体补救中学，甲午后变法之声激烈，张之洞督过两广、两江风气开先之区，作为地方洋务的大员，怎会不知中学之病？且其营芦汉、粤汉铁路，办新式学堂，编练新军及手下幕僚如辜鸿铭等深知西方政俗。且《明纲》明言西体：“尝考西国之制，上、下议院各有议事之权，而国君、总统亦有散议院之权。”[③]《正权》明载民权：“考外洋民权之说所由来，其意不过曰国有议院，民间可发公论、达众情而已。”[④]实则张氏深知外国民权、议院之说对晚清局势的重要意义。因此，各国政教风俗在《内篇》遍举。《正权》云：

> 故必家有中资者乃得举议员。今华商素鲜巨资，华民又无远志，议及大举筹饷，必皆推诿默息，议与不议等耳。[⑤]

张之洞考量实际情况，认为民众智识贫弱，能担当议员资格者尚远。张氏所虑实乃国情，故举《循序》表明改革应有步骤、条理，不可一蹴而就。强调“不变其习不能变法，不变法不能变器，……西艺非要，西政为要”[⑥]。正如谢放所说：张之洞反对昌言“民权”，实则是反对将“民权”解释为“人人有自主之权”“明揽其权”，即反对美国、法国式民主[⑦]。张之洞在庚子事变后，宪政思想更进一步。1901年《致江宁刘制台等》：

> 变法有一紧要事，实为诸法之根，言之骇人耳。西法最善者，上下议院互相维持之法也。中国民智未开，外国大局茫然，中国全局、

①③ 张之洞：《劝学篇(内篇)·明纲第三》，苑书义、孙华峰、李秉新主编：《张之洞全集》第12册，第9715页。

②⑤ 张之洞：《劝学篇(内篇)·正权第六》，苑书义、孙华峰、李秉新主编：《张之洞全集》第12册，第9721页。

④ 张之洞：《劝学篇(内篇)·正权第六》，苑书义、孙华峰、李秉新主编：《张之洞全集》第12册，第9720页。

⑥ 张之洞：《劝学篇·序》，苑书义、孙华峰、李秉新主编：《张之洞全集》第12册，第9705页。

⑦ 谢放：《张之洞与戊戌政制改革》，《历史研究》1997年第6期。

本省政事亦茫然。下议院此时断不可设,若上议院,则可仿行。[①]

明确设议院是变法的关键,并且仿行上议院,因国情未能遽行下议院。同年《江楚会奏变法三折》已是全面昌言宪政。李细珠将《三折》27 条变法措施与《劝学篇》和两折两电相较[②]。其中有 21 条出于后者,因此认为《三折》是张之洞变法思想的总结,并且认为《三折》主要来源应是以《劝学篇》为中心的变法思想主张。处理中西文化问题仍贯彻"中体西用"的精神[③]。1907 年"丁未政潮"中,张之洞更是提出开下议院的激进民主思想。谢放认为:张之洞从仿行上议院到呼吁开下议院,虽似从缓到速的转变,但其实行宪政的基本思想和设定目标却始终一致,即主张最终建成上下议院制度[④]。

综上,若因张之洞《劝学篇·内篇》维护传统纲常而直接认为"中体西用"乃假借西学之名以行中学之实,那就未看到具体历史情境的演进。张之洞倡"中体西用"本是纳入西政(即西方之体),后行宪政仿行上议院,最终行下议院,本就是以"中体西用"观为中心并不断变化、深刻认识的动态结果。论者往往瞩目《劝学篇·内篇》,而未看到张氏作此书的用心,更未考虑此后的思想演进。实际上,"中体西用"观是一以贯之而内涵不断丰富的理论范式。

三、"中体西用"的深层思想结构

"中体西用"作为同时代前后数十年共同持论或认可的思想轨迹,是共同心理结构和历史文化意识塑造的结果。

首先是共同的哲学基础。体用一如、道器不离,论世界本源则说道与

① 张之洞:《电牍·致江宁刘制台等》,苑书义、孙华峰、李秉新主编:《张之洞全集》第 10 册,第 8540 页。

② 即 1895 年闰五月《呼吁修备储才折》、十月初九《遵旨议复各臣工条陈时务事宜折》,1900 年《致东京念劬》,1901 年《致江宁刘制台发后转成都奎制台等》。

③ 李细珠:《张之洞与清末新政研究》,第 96—100 页。

④ 谢放:《张之洞与清末新政》,陈锋、张笃勤主编:《张之洞与武汉早期现代化》,北京:中国科学院出版社,2003 年,第 283—293 页。关于张之洞呼吁设下议院的具体细节亦可参看谢放此文。

器，言世界本体则说体与用，实则一体两面，如张岱年《中国哲学大纲》所论：“宇宙中之最究竟者，古代哲学中谓之为‘本根’。……自魏、晋以后，乃有‘体’‘用’的名词。”[①]用词差异源自时代话语及关注点的差别而已。中国传统学术在体用关系上打破本体与器用的界限，消弭本质与现象的鸿沟，将体用辩证统一。宋儒爱倡体用，胡瑗言：

> 圣人之道，有体有用有文。君臣父子，仁义礼乐，历世不可变者，其体也。……举而措之天下，能润泽斯民，归于皇极者，其用也。[②]

此思想魏晋时期已发煌[③]。圣道本即包含体用，是知识分子安身立命的精神依托和行为准则。传统知识分子面对外来的文化压迫，在对外来文化的根柢无所熟知的情况下，唯有向圣道中去探求。用中国的圣道即“体”来驾驭外来文化，使外来文化的“用”融于圣道之中，此即是外来文化“中国化”。魏晋佛学东来，即是遵循此路，而为“佛学中国化”。王韬《原道》言：“形而上者曰道，形而下者曰器，道不能即通，则先假器以通之，火轮舟车皆所以载道而行者也。”[④]晚清中国之道不通，所以假用外国的器物，而器物中载道，最终自然能因器通道，此即道器不离。《劝学篇·序》：“内篇所言，皆求仁之事；外篇所言，皆求智、求勇之事也。”[⑤]此与胡瑗所说圣人之道历世不变相同的“体”，张氏特举“仁”以囊括；举用而措置天下能为民利的“用”，张氏特举“求智”“求勇”以括之。实则，《劝学篇》就是用内外、体用、中西的框架，把西学当“用”，以中学为“体”，用西学的体用来改造中学的旧体，唯独不变的是“圣道”。如熊十力说：“夫体之为名，待用而彰，无用即体不立，无体即用不成。”[⑥]器中载道，见用识体。“用”不断

---

① 张岱年：《中国哲学大纲》，南京：江苏教育出版社，2005 年，第 37 页。

② 黄宗羲原著，(清)全祖望补修：《宋元学案》卷一《安定学案》，陈金生、梁运华点校，北京：中华书局，1986 年，第 25 页。

③ 关于“体用一如”，可参汤用彤：《魏晋玄学论稿》，上海：上海古籍出版社，2005 年，第 47—49 页。

④ 王韬：《弢园文录外编》，陈恒、方银儿评注，郑州：中州古籍出版社，1998 年，第 36 页。

⑤ 张之洞：《劝学篇·序》，苑书义、孙华峰、李秉新主编：《张之洞全集》第 12 册，第 9706 页。

⑥ 熊十力：《新唯识论》，北京：商务印书馆，2010 年，第 376 页。

维新,即会对体不断剥蚀,此即质量互变。"中体西用"实际蕴涵自我否定的内在哲学原理。纵使张之洞未洞见此层含义,但此理论范式却对接引西学、将传统中国推向现代化有重大作用。此即杨国强所说:"西法的楔入无异于扩张,其间的派生和递进既会从广度上突破本来的限定,也会从深度上突破本来的限定,以此次第舒展,由预想之内的东西牵到预想之外的东西。"[①]"中体西用"观实则已超出时人的想象,它所体现的价值不仅仅是当时所产生的实效。

其次是儒者二元心理结构,此即道统与政统。"道统"是儒者最高的精神信仰,是文化心理结构和历史意识的命脉,是根本的"体"。"政统"是现世社会组织和结构的合理性原则,是道统实践下的"用"。因此,道统是政统的根本,而政统是道统的施行平台。《劝学篇·同心》:"我圣教行于中土数千年而无改者,五帝三王明道垂法,以君兼师;汉唐及明,宗尚儒术,以教为政。……盖政教相维者,古今之常经,中西之通义。"[②]儒学作为儒者的信仰,需要现世作为依托,同现政权合作则是施行儒家精神影响最广和最深刻的方法。道统为政统提供现世的合理性,使现世政权服于道统之下,此即"以教为政"。统治者深受儒学熏陶,变成儒者一员,共筑儒家理想,此即"以君兼师"。举《明纲》而发纲常之说,举《教忠》而发忠诚之言,则张之洞又为何执着于名教纲常?政统为道统提供现世平台,为儒者提供进身之阶和理想实现之所。一言以蔽之:儒学制度化。儒学施行其理念,则需保证有一个稳定的现世政权。只有制度化才能参与现实而普遍教化,其他学派所不及者即在此。陈寅恪曾云:"吾中国文化之定义,具于《白虎通》三纲六纪之说,其意义为抽象理想最高之境,犹希腊柏拉图所谓 Eidos 者。"又指出:"夫纲纪本理想抽象之物,然不能不有所依托,以为具体表现之用;其所依托以表现者,实为有形之社会制度。"[③]陈氏寥寥数句道出儒者昌言纲常的内在心理,看出儒家为争夺现世参与权而将儒学制度化。金耀基说:"我们也可说,只有制度化了的文化理念才是真正文化的核心。"[④]但是,当面对文化危机,传统政治无法提供儒学现世依托

---

① 杨国强:《晚清的士人与世相》,第 166 页。

② 张之洞:《劝学篇(内篇)·同心第一》,苑书义、孙华峰、李秉新主编:《张之洞全集》第 12 册,第 9708 页。

③ 陈寅恪:《王观堂先生挽词并序》,《学衡》1928 年第 64 期。

④ 金耀基:《中国"现代转向"的漫长革命》,《中国文明的现代型转型》,第 70 页。

时,政统和道统均岌岌可危,此时政统则可以松动。《非攻教》言:“然则此时为圣人之徒者,恐圣道之凌夷,思欲扶翼而张大之,要在修政,不在争教。”[①]因此,此时只在修政即变革政治,而不在于教,圣教是“天理之纯,人伦之至”。政统可以弃,而道统则不可,因此张氏同意宪政,赞成议会,即便议会两院的设立会对三纲造成极大冲击。作为儒者,政可以变,教则不能,只要教在儒家还是儒家,儒者依然为儒者。

张之洞“中体西用”观的产生自然是晚清局势造就,而学者往往认为是传统经世致用思想的再现。苏中立认为:经世致用思想是张之洞追求近代化的内在动力,面对现实以研究与解决现实问题,运用古今中外之学而为现实服务[②]。将“中体西用”看成是传统“外王”的表现。经世致用是治理世事、尽其所用,但要治理世事又非入仕不可,这在很大程度上削弱治世群体。晚清千年未有的大变局,仅士人挺身而出已不够应付时局。顾炎武《日知录·正始》所言:“保国者,其君其臣肉食者谋之;保天下者,匹夫之贱与有责焉耳矣。”[③]晚清传统政治濒临崩溃,文化危机也在加剧。张之洞所昌保国、保教、保种,已经不是传统的危机所能比拟,也不是传统士人所能掌控,需集全天下之人共同努力。经世致用难以适应时局,需要融西学于中体,以开出新道路。研究者因张之洞的地位及其实践形式与传统经世致用形式相同,而笼统概括为经世致用思想,实未得内理。

综上,“中体西用”观正是基于共同哲学基础和二元心理结构提出的观念。张之洞等因时局震荡而从传统汲取精华,立足“中体”,利用“西学”,开出新篇。

四、实践下之理论演进

社会有机体论认为:社会作为有机整体,是社会组织各部分相互协

① 张之洞:《劝学篇(内篇)·非攻教第十五》,苑书义、孙华峰、李秉新主编:《张之洞全集》第12册,第9769页。

② 苏中立:《张之洞的经世致用思想与晚清近代化》,陈锋、张笃勤主编:《张之洞与武汉早期现代化》,北京:中国社会科学出版社,2003年,第40—53页。

③ 顾炎武:《日知录校释》卷17,张京华校释,长沙:岳麓书社,2011年,第558页。

调、运作的结果。社会组织的分化、整合会促成国家或是社会系统的变化,新的系统又会开始分化、整合和适应。所以,国家和社会的发展即是系统和组织之间的相互影响和改变,实则表现为"质量互变""对立统一"的实质[①]。因此,考察张之洞"中体西用"观不单是从思想层面,更应从具体社会活动中分析。思想作为指导,最终还需落在实际中。

在经济建设层面,张之洞关注工业建设,发展交通运输业,并提出"商战"思想。《劝学篇·外篇》之《矿学》《农工商学》《铁路》等昌言经济建设。在实际建设中,张之洞重视现代工业的建设。重工业首为"汉阳炼铁厂",创建伊始即琐事不断,遭李氏兄弟阻挠[②]。武汉冶铁业不甚发达,选址已大费周章,经费筹措更是愁煞张氏。张之洞称:

> 臣夙夜焦急,再四筹思,惟有向广东借拨之一法。……每岁增常款数十万金,今为铁厂仅借用五十万两,开炼钢铁,筹备军实,当务之急,无逾于此。[③]

张氏为发展钢铁工业不惜屈身向他省借款,拳拳之心可见,最终建成亚洲第一家大型钢铁联合企业。随之又建立大型军工企业湖北枪炮厂。湖北桑蚕业、纺织业发达,为建织布局等奠定基础,且织布局投资少见效快,本就较重工业容易操作。在张氏的努力下,终于建成织布局、纺纱局、缫丝局、制麻局四局,形成比较完整的近代纺织工业体系。张氏为促进工业发展,又督办交通运输业。张之洞移督湖广,清廷本有意让其监办芦汉铁路。张氏积极举措,《传》称:"北路责之直隶总督,南路责之湖广总督,副以河南巡抚。"[④]1905年,芦汉铁路全线贯通,总长1200千米,此为中国铁路建造史上不可磨灭的功绩。张之洞为增加资本,提倡"商战"以发展商

---

① 特纳、毕福勒、鲍尔斯:《社会学理论的兴起》,侯钧生等译,天津:天津人民出版社,2006年,第62—74页;周晓虹:《西方社会学历史与体系》第1卷,上海:上海人民出版社,2002年,第64—65页;于海:《西方社会思想史》,上海:复旦大学出版社,1993年,第206—209页。

② 李志英:《从粤筹三厂迁鄂看派系之争对洋务企业发展的影响》,《近代中国资本主义经济形态的多重考察》,北京:商务印书馆,2008年,第34—47页。

③ 张之洞:《奏议·铁厂拟开两炉请饬广东借拨经费折》,苑书义、孙华峰、李秉新主编:《张之洞全集》第2册,第935页。

④ 《清史稿》卷四三七《列传二二四》,第12379页。

业经济。《张文襄公治鄂记》载:“在期望商人破除旧习,具有世界之眼光,发挥商战之能力,俾能挽回利权,地方盖臻繁盛。”[①]武汉成为仅次于上海的第二大民营产业中心及商埠,显然与张氏的苦心经营密不可分。

政治军事的实践重点在于开议会、练新军、变法制。前文已言,张氏主张宪政议会制宜逐次施行。军事方面的主要举措在于编练新军,《劝学篇·兵学》言:“盖兵学之精,至今日西国而极。”因此仿行西方军制,涉及设备器械、军事技术、兵种、军校、操练、年制、兵备等方面[②]。1905年编成陆军第八镇、暂编第二十一混成协,成为仅次于北洋六镇的最强新军。变法制主要体现在吸收西法,改革中法,聘用外国律师,吸收外国法律精华,从而改革清廷的法律制度。其中包括制定中国的铁路、外交、工业、商务、刑事等专门法律,一定程度上突破了传统的狭隘法律观,已初具现代法制改革思想。

文化教育的变革聚焦于改学制、派遣留学。《劝学篇》外篇之《游学》、《设学》、《学制》及《变科举》等皆在言明改学制、兴西学的重要性,包括自然科学和社会科学[③]。1893年,张之洞设湖北自强学堂,推动实业教育,并认为:“讲求时务,融贯中西,研精器数,以期教育成材,上备国家任使。”[④]后又设湖北方言馆,积极培养外交人才,推行留学教育,并指出:“出洋一年,胜过读西书五年。……入外国学堂一年,胜过中国学堂三年。”[⑤]因日本留学便利,大量派学生留日[⑥]。又办理师范教育。张之洞说:“查各国中小学教员咸取材于师范学堂,故认师范学堂为教师造端之

① 张继煦编:《张文襄公治鄂记》,武汉:湖北通志馆,1947年,第33页。

② 张之洞:《劝学篇(外篇)·兵学第十》,苑书义、孙华峰、李秉新主编:《张之洞全集》第12册,第9757—9761页。

③ 《设学》:“学校、地理、度支、赋税、武备、律例、劝工、通商,西政也;算、绘、矿、医、声、光、化、电,西艺也。”这里已经涉及教育、交通、财政、军事、法律、工业、商业等社会各方面。并认为“政尤急于艺”,张氏政制改革思想已相当浓重。张之洞:《劝学篇(外篇)·设学第三》,苑书义、孙华峰、李秉新主编:《张之洞全集》第12册,第9740页。

④ 张之洞:《奏议·设立自强学堂片》,苑书义、孙华峰、李秉新主编:《张之洞全集》第2册,第898页。

⑤ 张之洞:《劝学篇(外篇)·游学第二》,苑书义、孙华峰、李秉新主编:《张之洞全集》第12册,第9737页。

⑥ 陈青之统计,1907年留日学生共5400多人,湖北一地即占1360多名,占四分之一强。见其著《中国教育史》,北京:东方出版社,2008年,第511—512页。

地,关系至重。"[①]普通教育则可见于《设学》《学制》。张之洞参编《奏定学堂章程》,推行将实业、师范、普通教育合于一炉的学制,后颁布全国,形成一个比较完善的从小学堂到大学堂逐级递升的近代教育体系。

张之洞在政治、军事、经济、文化教育等领域施行的各种举措,无疑取得了相当的成绩。社会作为有机整体,其各部分的变化最终将导致整体的转变,并进行新的社会整合。首先,教育学制的改变,新式学堂的建立,最终促成了科举制的废除。而新式人才的培养,"新生"作为社会的新知载体,又推动了社会风气和思想意识的变化,这些人成为日后社会变革的中坚力量。其次,工业的发展是产业革命的先声,交通的畅流是政治社会与文化交往的纽带,新式经济的发展是社会变革的基础。与此同时,社会积习也因新式经济、新文化而得到洗礼。最后,政制的内在改革,军制的变化,目的在于适应社会的发展潮流,以与社会存在相配合。总之,社会各部分的改变终将导致体制的不适而使体制做出相应的调整。"新事物"强大的生命力,在不断侵蚀"旧事物",不断地进行改变和被改变,改变不及则致崩溃。故武昌起义一声炮响,清室随即殒命,其根柢即在此。

综上所述,张之洞社会实践之路,不论其站在何种立场,他所做出的社会改革,其结果远超出张氏乃至那一辈人的预想。正如耿云志所说:"做事之人,往往并不完全了解他们所做事业的深层意义和长远影响。"[②]以"中体西用"观为指导的思想范式,迈入近代化启动革变,逐渐由被动接受,实现自觉赶超。

结　语

汤因比《历史研究》述及旧有文明面对外来文化侵蚀时说:"一些社会在外来强权的冲击下遭受严重打击,但尚未沦落为穷途末路的移民社群,也曾以文化领域的反击回应武力。"[③]"中体西用"观正是晚清尚未穷途末

① 张之洞:《奏议·筹定学堂规模次第兴办折》,苑书义、孙华峰、李秉新主编:《张之洞全集》第3册,第1489页。

② 耿云志:《近代中国文化转型研究导论》,北京:社会科学文献出版社,2016年,第79页。

③ 汤因比:《历史研究》,萨默维尔编,郭小凌、王皖强等译,上海:上海人民出版社,2010年,第800页。

路时对外的积极抵御和学习。结果如何尚且不言，其范式本身以及所取得的成效则可圈可点。

首先，应拓宽“中体西用”即所谓洋务派地主阶级学说，从“中体西用”本身做一动态把握。其作为知识阶层的共同认识，是当时社会精英将传统社会过渡到近代社会的适宜理论。相较根柢顽固、蔑视西学者的消极回应，“中体西用”无疑积极且有效。冯桂芬称：“然则有待于夷者，独船坚炮利一事耳。”①器则维新的观念到国家意志的宪政启动，“中体西用”已经引领传统中国逐步走向现代化，而张之洞认识到开设下议院更是民主宪政的巨大发展。若仅以洋务派视之则显得凝滞，未看到“中体西用”观的动态发展。甲午一役，洋务派破产，则“中体西用”观岂非因之瓦解！但从前文考察，张之洞“中体西用”观并未因此颓丧，而是吸收更具西化且灵活的构造。

其次，转变“文化观”的理解方式，从实践中把握。将“中体西用”看待为文化观本身无甚问题，但仅停留于理论层面，却忽视由理论所指导的实践才是变革的真正推手。陈旭麓指出：“西学是新学，中学是旧学，‘中体’和‘西用’不会互不侵犯，‘用’在‘体’中会发酵，势必不断促进事物的新陈代谢。”②陈氏洞见“中体西用”的内在矛盾。实践中的“西用”不断试用、调和、冲击、打破，“旧体”才会如剥洋葱般一片片剥落。实践中现世的要求已经超过理论者的预想，越走越远，愈来愈极端。张之洞在湖北奠定的工业体系、文化先声、新军体制等，以及此后的辛亥炮响，岂张氏所能预见？毕竟近代化一旦开启，就难有停止之时。

最后，“中体西用”实则是“西学中国化”，与日人福泽谕吉“和魂洋才”思想理路相同。陈旭麓《中国近代史十五讲》言：“日本明治维新提出的‘和魂洋才’口号，与‘中体西用’并没有本质的区别，而它们所产生的实际效果却大异。”③研究者往往注重后者，因清朝覆灭而忘却“中体西用”其实是将西学熔铸于中学之中，使中国内有传统文化的精神主体，外有近代化西学的务实。时移世易，西学中国化的思想仍然值得借鉴。

此外，张之洞“中体西用”观也有其局限。雅斯贝斯说：“在任何情况

① 冯桂芬：《校邠庐抗议·制洋器议》，第137页。

② 陈旭麓：《近代中国社会的新陈代谢》，北京：中国人民大学出版社，2017年，第118页。

③ 陈旭麓：《中国近代史十五讲》，第84页。

下,人只由于他是历史的,才是现实的。”①人存在于历史情境之中,必然具有历史局限。《清儒学案》称其“实事求是,师汉儒;检束身心,师宋儒”②,言之非不确。一方面,作为儒者无法突破名教即“道统”的束缚,使“中体西用”观的社会推动力大打折扣。又因儒学本身无法开出现代化,儒学制度化后不得不为现世政权辩护,及至不得不割舍时,机遇已流失,最终无法挽救清室和儒家命运。此非旧式知识人所能担当。另一方面,张之洞关注法制,提倡西方法律制度,但又反对司法独立,对律师制度、陪审团制度及刑罚法定原则均持否定态度。其他如企业制度、新式学制管控太强,工业求全、大,但又无力挽合。“中体西用”观本身的漏洞,其为维护儒学权威和现世政权的运转,使得理论本身在很大程度上就自缚手脚,无法全方位、多层次深入学习和应用西方的精神与现代化模式。正如列文森所言:“被当作‘用’来引进综合的西学,并没有像这个整齐的模式所要求的那样充当中学的补充物,相反取代了它。”③

〔作者张文杰,西北大学中国思想文化研究所博士研究生。西安 710127〕

① [德]雅斯贝斯:《生存哲学》,王玖兴译,上海:上海译文出版社,2013年,第72页。

② 徐世昌编纂,舒大刚、杨世文主编:《清儒学案》,北京:人民出版社,2010年,第4878页。

③ [美]列文森:《儒教中国及其现代命运》,郑大华等译,北京:中国社会科学出版社,2000年,第50页。

清末蔡锷“军国民”思想考叙*

孙瑛鞠

摘　要：蔡锷是近代中国“军国民”思想的倡导者与传播者，在当时“强权即公理”的国际情势下，他意图通过陶铸以中国“国魂”为根柢，同时兼有近代民族主义色彩的“军国民”颉颃列强、振兴中华。这一思想的传播、普及不仅对中国传统的重文贱武观念发出强有力的冲击和挑战，更是对国人思想政治意识的形塑起到助推作用。然而蔡锷的“军国民”主张并非一次成型，而是在列强打压排挤、国内局势动荡背景下逐步孕育而成，并且历经了一个从“任侠”救国到“国民”救国的思想递演过程。

关键词：蔡锷　任侠　军国民　国民意识

蔡锷(1882—1916)17岁赴日本留学，后由日本成城学校升入陆军士官学校学习。他在留学日本期间率先提出“军人之智识，军人之精神，军人之本领，不独限之从戎者，凡全国国民皆具有之”[①]的“军国民”思想，在当时的留日群体间产生巨大反响并迅速传入国内，为国人提供了全体国民武备救国的行动指针和实践方向。此后，蔡锷又以此为基础，形成了初具系统的近现代革命军事思路与国防建设思想，对中国近代历史的发展产生了重要影响。

有关蔡锷的“军国民”思想，国内外学界已取得较为丰硕的成果且主要侧重于对军国民体育教育或与日本关系的考察，诸多研究虽言及“军国民”思想产生的时代背景，但大都是概观性叙述，对其思想的生成及演变

* 本文系江苏高校哲学社会科学研究项目“近代日本对华策略构建研究(1895—1912)”(2021SJA0175)阶段性成果。

① 奋翮生：《军国民篇》，曾业英编：《蔡松坡集》，上海：上海人民出版社，1984年，第16页。

脉络鲜有追挖、探讨①。鉴此,本文以清末时期的蔡锷为中心,通过他赴日前后学习内容及学术视野的比对,爬梳其思想从个体型"任侠"②救国到全体型"国民"救国的递演脉络,剖析其"军国民"思想的具体意涵。

一、"任侠"救国思想之形成与破灭

(一)"任侠"救国思想之受容期

蔡锷幼年发蒙,受教其父蔡政,7 岁进入武冈山刘家私塾,1893 年通过院试成为秀才并获得当时主考官、湘省学政江标的赏识。江标教诲他应重视魏源、徐继畬、龚自珍等人的经世致用之学。翌年蔡锷入维新派名士樊锥门下,开始接触维新思想,学业日益精进。在樊锥的鼓励下,他参加了时务学堂第一期入学考试,在 40 名合格者中位列第三,被录取为头班学生。

时务学堂成立于 1897 年 10 月,开学之初学堂延聘中文教习三名,总教习梁启超,分教习韩文举、叶觉迈,皆为康门弟子,后经梁启超推荐,时务学堂又聘用了唐才常和欧榘甲两名维新人士充任教习。可以说,时务学堂是维新派宣传维新变法思想和培养维新骨干人才的阵地③。梁启超赴任后主持撰写《时务学堂功课详细章程》及附录《第一年读书分月课程表》,不仅规定了学堂的授课科目,对学生每月需读专精之册、涉猎之本也

---

① 刘敏:《中国近代名将蔡锷军国民体育思想及其历史价值》,《南京体育学院学报(社会科学版)》2017 年第 4 期;陈日升、刘斌:《争锋与反思:近代中国军国民体育及其价值的再读》,《伦理学研究》2020 年第 4 期;李晓东:《"军国民"思想与近代中国民族主义》,徐志民、孙安石、大里浩秋等著:《团体与日常:近代中国留日学生的生活史》,北京:社会科学文献出版社,2022 年。

② "任侠"产生于春秋战国时期,指具有果敢坚强、敢于牺牲、为达到目标一往无前的品格,当社会缺失公理时往往挺身而出。但"任侠"多为个体性存在,他们追求自由、蔑视法则,为体制所不容。《史记》《汉书》之后正史中便缺失关于"任侠"的明确记载,尽管如此,"任侠"始终为后世津津乐道。近代以来面对中国内外交困,"任侠"概念为康有为、梁启超等维新人士推崇、拔高,但其含义也已悄然发生了改变,即:他们虽有"任侠"特质,却不再是游离于统治阶级以外单独存在的个体,而是具有以天下为己任、挽救国家民族于危亡的国家情怀。

③ 郑大华主编:《湖南时务学堂研究》,北京:民主与建设出版社,2015 年,第 125 页。

做了详尽的安排，如：学生所读之物除儒家经典外，还包含国外历代治乱兴衰、西方自然科学和社会政治学说的著作以及维新派创办的报刊等①。此外，学堂亦会鼓励学生前往维新团体南学会聆听黄遵宪、皮锡瑞、谭嗣同等维新名士的演讲，深化学生对维新变法的认识。此时的维新派在思想上有一个明显的倾向，即对“任侠”救国的推崇，他们认为当时世界上的强国无一不是由“任侠”建立起来的，在中国只要有“任侠”精神的人集合成大群，就能立大功、成大业、挽救国家于危难。黄遵宪的《日本国志》以及《时务报》《知新报》《湘学报》等维新报刊都曾宣传过“任侠”救国思想，康有为还特地命其长女康同微撰写《日本变法由游侠义愤考》并为其书作序，盛赞日本幕末志士于明治维新之功，呼吁中国早日出现如日本一般的“任侠”②。

梁启超每天授课四小时，深夜时则批答学生札记，每条或至千言，往往彻夜不寐，盛倡革命③。在梁看来，革命是可以通过“任侠”来完成的，如他在给学生的札记中写道：“日本所以能自强者，其始皆由一二藩士慷慨激昂以义愤号召于天下，天下应之，皆侠者之力也，中国无此等人，奈何奈何。”④唐才常同样认为日本维新之治全恃“二三侠士仁人，出死力，排众议”而掌舵⑤。如此背景下，“任侠”救国思想被梁、唐等维新派大书特书、极力倡导，包括蔡锷在内的时务学堂学生深受影响，他们都认为在当时的中国只要有“任侠”存在就能够实现“革命”。

蔡锷年纪虽轻，但每次月考成绩却位居前列。他在札记中写道：“曹沫片语，而复汶阳之田，千古之大侠也。我四十不动心，孟子之侠也。一心侠，一气侠，至今其种无一存也，以致外人欺。”对此，梁启超用

---

① 梁启超著，夏晓虹辑：《饮冰室合集集外文》上册，北京：北京大学出版社，2005 年，第 24—30 页。

② 孫瑛鞠：《清末変法志士の維新観：“任侠”を中心に》，楊際開、伊東貴之編著：《〈明治日本と革命中国〉の思想史》，京都：ミネルヴァ書房，2021 年，第 216—238 頁。

③ 丁文江、赵丰田编：《梁启超年谱长编》，上海：上海人民出版社，1983 年，第 83 页。

④ 梁启超：《湖南时务学堂课艺批》，翦伯赞等著，中国史学会编辑：《戊戌变法》（第二册），上海：上海人民出版社，1957 年，第 549 页。

⑤ 唐才常：《论热力上》，《湘报》报馆编：《中国近代期刊汇刊 湘报》上册，北京：中华书局，2006 年，第 42 页。

“愿诸君之学速成,更学辩才,以发其热肠,则此义或不可绝于天壤也”①的批注来表明对蔡锷等学生早日成为“任侠”的期许。这时的蔡锷已经开始从历代经典中去找寻如“心侠”曹沫、“气侠”孟子一般可拯救国家的有为之士,通过与步入近代以来美国华盛顿党总统华盛顿、德国俾斯麦党领袖俾斯麦、法国爹亚士党派首领梯也尔等国外“任侠”的比对,他愤慨继秦以后历代上位者的诸多压制导致中国“任侠”消失,点名中国长期受外人所辱正是因为缺少由“心侠”与“气侠”聚集而成的“心党”和“气党”②。除学堂浓厚的“任侠”氛围外,蔡锷也受恩师樊锥“任侠”思想的影响,1898 年 6 月,樊锥上书湖南巡抚陈宝箴,建言日本的崛兴在于少数幕末志士的“任侠”之功,而我国历史上也不乏“任侠”一般的壮士豪杰,如今应广筑“黄金台”,以招揽天下各领域人才、开天下之言议、致天下之智计③。之后在《湘报》发表《开城篇》《发锢篇》《劝湘工》等文章中多次提及“任侠”救国主张,这对蔡锷来说同样触动颇深。

时务学堂内“任侠”“民权”“平等”等言论日益激烈,引起湖南守旧派的不悦与恐慌,他们屡次遣人到北京参劾,甚至哄散南学会,殴打《湘报》主笔,谋毁时务学堂,倾轧数月,直至戊戌政变,梁启超等人亡命日本,时务学堂被迫解散,蔡锷等人最终无奈退学。

(二)“任侠”救国思想之形成期

退学后的蔡锷打算到湖北两湖书院继续学习,但因时务学堂学生的“不良”身份未能如愿。1899 年 6 月,他与同学范源濂、唐才质考入上海南洋公学,当时正值暑期,三人便寄居学校。仅一月有余,蔡锷就接到梁启超的相招信函,而后在唐才常的资助下,他们便追随梁启超赶赴日本,另外原时务学堂学生林圭、李炳寰、田邦璿、蔡钟浩等 11 人亦陆续赴日。据梁启超回忆:“我在日本小石川久坚町租了三间房子,我们十几个人打地铺,晚上同在地板上睡,早上卷起被窝,每人一张小桌,念书。那时的生活,物质方面虽然很辛苦,但是我们精神方面异常快乐,觉得比在长沙时

---

① 《札记》,曾业英编:《蔡松坡集》,第 9 页。

② 《〈后汉书·党锢传〉书后》,曾业英编:《蔡松坡集》,第 10—11 页。

③ 樊锥:《上陈中丞书》,《湘报》报馆编:《中国近代期刊汇刊 湘报》上册,第 813—816 页。

还好。"[①]此处"精神方面异常快乐"的原因就包含他们有成为中国的"任侠","摩拳擦掌"要革命的共同奋斗目标。

蔡锷抵日后不久就进入东京高等大同学校学习,该校是梁启超在横滨华侨郑席儒等人的资助下于1899年8月创办的,梁启超任校长,犬养毅的亲信伯原文太郎任教务长。关于学校的发展定位,是准备作为"与日本大学及各高等专门学校、商业学校、海陆军士官学校、师范学校等"无缝衔接的预备校,学校开设专门学与普通学两个方向,其中前一方向包括政治、法律、商业、师范四类;后一方向包括中外史志、中外地理、中外学案、格致、文学、数学、日本语、英语等8门[②],蔡锷主攻政治兼修普通学。为了让学生坚定立身报国之志,学校主要讲授的内容有《法国大革命史》《华盛顿传》《英国革命史》,蔡锷等30余名学生皆"志大言大,各以摩西、罗伯斯比尔、丹顿"等诸侠自名[③]。

1899年10月,梁启超在《清议报》上发表《大同高等学校功课》时节录了蔡锷的札记,"千万人之所非者是之,是者非之,闭者开之,梦之所不及者吾言之,冒险也。一人冒险,而遂开千古文明之境界,日本之藤寅是也。冒险者,进化之大原因也。原因甚微。结果巨大"[④]。在蔡锷看来,日本幕末志士吉田松阴的主张在当时虽属少数派,但他具有冒险精神,在推动明治维新进程方面功不可没,同时扼腕在中国缺少如吉田一般的"任侠"。由此可知,蔡锷在时务学堂就学期间就曾与其师梁启超朝夕相处数月,经常进行思想交流,进入东京大同高等学校后,仍继续跟随梁启超、唐才常等人"摩拳擦掌"要革命,如果说赴日前的蔡锷已初步形成"任侠"救国思想,那么此时的他对"任侠"则有了进一步的认识,且产生了急于将这种思想付诸实际行动的想法。

(三)"任侠"救国思想之破灭

勤王运动是维新派将"任侠"救国思想付诸实践的首次尝试,也是最

① 丁文江、赵丰田编:《梁启超年谱长编》,第185—187页。

② 《东京大同高等学校章程》,《中国近代期刊汇刊 清议报》(第二册),北京:中华书局,1991年,第1603—1608页。

③ 冯自由:《记东京大同学校及余更名自由经过》,《革命逸史》第4集,北京:中华书局,1981年,第97—98页。

④ 梁启超:《大同高等学校功课》,《中国近代期刊汇刊 清议报》(第二册),第1871页。

后一次成规模的尝试。作为其运动的最初发起者唐才常在得到康有为的支持后势力不断壮大,其成员主要是戊戌变法时期主张维新的倡导者、南学会成员以及原时务学堂的学生。因蔡锷立志成为陆军,范源濂立志从事教育没有回国外,其余从时务学堂赴日的学生皆决心回国参加勤王运动。唐才常的三弟、原时务学堂学生唐才质曾回忆"同学既行之后,松坡心不自安,旋亦毅然变计,只身回沪转汉,参与武汉起义"①,当时唐才常认为蔡锷年纪尚幼,所以并没有委以重任,而是命令他携介函赴湖南与湘新军训练头领黄忠浩面商起义机要。黄忠浩认为唐才常计划欠妥,于是挽留蔡锷商讨数日,并未让其迅速离开,最终的结果是勤王运动很快失败,在黄忠浩的资助下蔡锷再次返回日本。

勤王运动的失败可谓是蔡锷"任侠"救国思想破灭的直接原因,他目睹曾经朝夕相处的师友失去生命,这对他的打击无疑是巨大的,他也充分意识到少数"任侠"并不能彻底改变腐朽的清廷统治,若要践行革命必须探索新的途径。

二、从"任侠"救国到国民救国

(一) 国民"爱国心"问题之关注

蔡锷重返日本后改入横滨东亚商业学校学习,他在思想上也发生了明显的变化,即救国对象由先前所推崇的"任侠"转至全体国民。1900 年 11 月,蔡锷在《清议报》新开设的"瀛海纵谈栏"担任主笔、襄理笔政,至翌年 3 月该栏结束,他又担当"译书附录栏"的主笔,直到《清议报》停刊。在此期间,蔡锷以"奋翮生""蔡孟博""劫火仙"等笔名发表多篇文章,同时译介日本书籍,力图唤醒国人的"爱国心",传播自己的新思想。

1900 年 12 月,蔡锷在留学生刊物《开智录》中写道:"故吾国之沦亡,沦亡于国民之智不开""国民有一分之智,即能握一分之权,智未开而虽有权,亦不为我所握矣。"②指陈中国国势衰败的根本原因在于国民。在《不

① 杜迈之辑:《自立会史料集》,长沙:岳麓书社,1983 年,第 92 页。

② 奋翮生:《开智会序》,中国社科院近代史研究所近代文化史研究室编辑:《中国文化研究集刊》第 4 辑,上海:复旦大学出版社,1987 年,第 330 页。

变亦变》中他又进一步强调中国国民的最大问题在于缺失爱国心①,爱国之心根植于性情并伴随时势变化而盛衰,中国两千年来处于一统之世,与外界隔绝且鲜有过大的外部威胁,因此没有竞争也就少有爱国心,并非是列强所断言的中国人没有爱国根性②。那么,蔡锷准备通过何等路径去唤醒国民的爱国心呢?经笔者钩稽,可总结为如下三点:

首先,重视传播最速、覆盖最广、力量最强之新闻报刊及书籍的媒介传播作用。他在《新闻力之强弱与国家文野之关系》中畅言"新闻不过白纸数章,文字数千,而其力遂至于抗议政府,评驳议会,指导国民弹劾众庶,暴布外强之阴谋。罗列世界之大势。而评议之"。此外,蔡锷提出应像欧美那样多创作有益于国家发展及民智开化的小说,同时极力呼吁翻译国外书籍的重要性③。

其次,击破千年封建伦理窠臼,清除中国国民逆来顺受的"奴隶"思想。当时很多国外媒体都批判中国国民的奴隶特性,蔡锷虽然对此深感羞愤,但却认为这些评论是刺激国人觉醒的"箴言"与"良药"。为此,他特意翻译了日本东京《朝日新闻》中批判中国国民性的文章,自己也撰写了《奴性》来警醒国人。

最后,消除各派别间的矛盾与隔阂,持有求同存异之真心、"为公破私"之境界。蔡锷在《破私》中以日本明治前期的"尊王派""佐幕派""公武合体派"为例,指出各党派虽宗旨迥异,但在"爱国心""以天下为己任"方面是不谋而合的,这也是明治维新获得成功的要因之一,他期望中国的党派也能像日本一样,都持有为国家之公而破党私的爱国心,团结一切可以团结的力量实现革命④。

(二) 成城学校、陆军士官学校之求学路途

蔡锷在折返日本后一心向学军事领域,虽然梁启超认为蔡锷为"文弱

---

① 《不变亦变》,《中国近代期刊汇刊 清议报》(第四册),北京:中华书局,1991年,第4124页。

② 《爱国心》,《中国近代期刊汇刊 清议报》(第四册),第4124页。

③ 《小说之势力》,《中国近代期刊汇刊 清议报》(第四册),第4306页;《新闻力之强弱与国家文野之关系》《与亡国同道》,《中国近代期刊汇刊 清议报》(第五册),北京:中华书局,1991年,第4369、4432页。

④ 《破私》,《中国近代期刊汇刊 清议报》(第四册),第4125页。

书生,似难担当军事之重任”,但蔡锷毅然回应“须先生为我想办法,得学陆军,将来不做一个有名之军人,不算先生门生”①。成城学校肇始于1885年设立的文武讲习馆,1887年改称“成城学校”,该校以陆军士官学校的预备校而闻名。1898年日本陆军参谋本部设置清国学生管理委员,受该委员委托,成城学校开始留学生教育,接收4名中国留学生,对他们进行步入陆军士官学校前的预备教育。自此以后,中国留学生陆续入成城学校学习,但入校者必须持有清政府资格保证书的严苛条件。最终,蔡锷在梁启超的多方努力下于1901年12月17日自费进入成城学校学习。

清国留学生在成城学校所修的科目为日文(小学高等读本水平)、日本及国外地理、算数(普通)、初级几何、平面几何(初级)、代数(加减乘除、因数分解、一次方程)、无机化学(用实验的方法讲解)、图画、体操(柔软体操及机械体操)、卫生及历史(每门课程各占三至四课时)②。另据1899年沈翊清在参观成城学校的记录所载,当时该校的中国留学生几乎全部寄住在学校宿舍,学校对他们的作息时间也是采用军事化管理,“起床五点,朝食六点,诊察有病否六点三十分,自习七点至八点,中食十一点五十分,之后入浴。午后一点至七点,夕食四点三十分,散步自夕食后至六点三十分,自习自六点三十分至七点三十分,就寝八点三十分,消灯九点”③。可见留日学生在课业十分繁忙的同时还须遵守学校严格的规章制度,但即便如此,蔡锷也会抽出时间积极参加留学生的各类言论活动、译书活动等。

蔡锷在毕业前曾因中途回国而退学,后于1903年5月18日再次入学,经补习后毕业,同年7月24日编入仙台骑兵第二连队勤务,9月转为江南官费生,12月1日成为日本陆军士官学校第三期学生,1904年10月24日毕业④。

---

① 唐才质:《追忆蔡松坡先生》,田伏隆主编:《忆蔡锷》,长沙:岳麓书社,1996年,第137—138页。

② 校史編集委員会编:《成城学校百年:1885—1985》,東京:成城学校,1985年,第22、24、46、310頁。

③ 吕顺长编著:《晚清中国人日本考察记集成 教育考察记》上册,杭州:杭州大学出版社,1999年,第129页。

④ [日]镰田和宏:《蔡鍔と日本》,《辛亥革命研究》第7号,1987年,第93—98頁。

三、蔡锷“军国民”思想之阐释

目前国内外学界通常认为最早提出“军国民”主张的人是蔡锷，但经笔者查考，实际上有比蔡锷提出“军国民”一词至少还要早出三年有余的史料记录，1898 年 7 月下旬至 10 月中旬，王国维在《致汪康年》信中写道：“兹有江苏顾君论军国民教育一篇，至为明快痛切，恐他报万不愿登，故蕴公嘱寄尊处，如能早刊，尤为有力。请督入。”①早在 1898 年王国维就从江苏顾君那里得到“军国民”教育的相关信息。但毋庸置疑，该文章的普及面极小且刊载与否尚未知，直至蔡锷提出“军国民”后方始在留日学界及国内传播普及，因此关于蔡锷的“军国民”主张应界定为“国内‘军国民’的先行倡导者且最具影响的传播者”。

（一）蔡锷《军国民篇》及滞碍推行之因

1901 年 12 月《清议报》停刊，翌年 2 月梁启超于横滨创办《新民丛报》，从其创刊号开始，蔡锷连续刊载了为世人醒聩震聋的《军国民篇》，他在开篇便指摘步入近代之中国“国力孱弱，生气消沉”，若要从根本上改变这种境况，就必须在中国实行“军国民”主义。“军国民”主义源于以纪律严苛著称的斯巴达，当时西方诸强国都把这种思想列入国民的普通教育中，甚至普及至女性和孩子，全体国民都将此作为一生的义务。通过分析当时诸强国的军备扩张状况，蔡锷认为在“武装世界”里中国若要与国外抗衡，就不得不实行“军国民”主义，不过在当时的中国难以推行，究其原因可归纳为如下八个方面：

第一，教育者。教育为国家稳固之基、发展之本。近代以来，西方诸国都将培养青年的“军国民”品格视为教育的目标。与此相较，中国的教育旨在批量加工制造屈从于国家的奴隶，青年各方面的能力完全被压制、抹杀；第二，学派者。虽然孔子学派兼有进攻性与竞争性，但在当时的中国孔子学派已经衰退；第三，文学者。中国历代的文学作品均言从军苦而不言从军乐；第四，风俗者。民间风传“好汉不当兵，好铁不打钉”，贬低军

① 王国维：《致汪康年》，谢维扬、房鑫亮主编：《王国维全集》第 15 卷，杭州：浙江教育出版社，2009 年，第 27 页。

人倾向严重;第五,体魄者。中国虽有四亿人口,但除去一半缠足的女性、吸食鸦片的人以及研究学问的人,拥有健康体魄的人寥寥无几;第六,武器者。中国的武器是吓人的武器,而不是杀人的武器;第七,郑声者。中国多是软弱颓废的音乐,缺少激发国民精神的音乐;第八,国势者。中国长期处于统一状态,少有竞争及较大外患,所以爱国的国民特性逐渐消失①。蔡锷的"军国民"思想一出就在当时留日学生中引起巨大反响并迅速传入国内,这对中国近代国民意识的生成与传播发挥了至关重要的作用。

(二)"军国民"铸造核心之"国魂"

蔡锷在日期间博览群书,自由汲取着近代知识,努力开阔眼界、透视世界,他指出欲要铸造"军国民",须先铸造"国魂","国魂"是产生于历史,发生于时势,哲人引率,英杰守护,时代涵养出来的文明基础、民族精神与时代气节,它是"国家的纲领,国民自尊自立之种"。"国魂"与"国民"紧密相关,二者"如战阵中之司令官,如航海之指南针,如枪炮之照星,如星辰之北斗"②。蔡锷虽然没有言明"国魂"的具体意涵,但却强调当时世界上的诸强国都在积极推行"军国民"主义,不断扩张、完善军备,进而得出如果国民缺失"军国民"思想就不能建设出强大军备力量的初步结论。而后他话锋一转,附加一核心条件,即:诸多历史史实证明仅拥有强大的军备远远不够,最重要的是要有"军国民"特质的"国魂",蔡锷所言的"国魂"具有显要的近代民族主义情结,它与近代民族国家相辅相成,具有守护各自国家及民族利益之功用,是民族主义思想的外在表现,而近代国家发展的动力源泉就在于民族主义思想的普及与国民意识的觉醒。

与此同时,蔡锷又列举了当时诸强国国魂的实例,如日本的武士道、美国的罗蒙主义、俄国斯拉夫人种的统一主义等,言至中国则犹如"孟子之所谓浩然之气,老子之所谓道"。如前所述,蔡锷在时务学堂求学时也曾提倡过孟子的浩然之气,但昔日要求的对象如今却已悄然发生改变,以前追求的是个体性质的"任侠",而如今要求的则是全体性质的"国民"。

(三)蔡锷"军国民"主张之源泉

蔡锷因身处日本,所以他对当时国际时局的认知及对"军国民"思想

① 奋翮生:《军国民篇》,曾业英编:《蔡松坡集》,第18—27页。

② 奋翮生:《军国民篇》,曾业英编:《蔡松坡集》,第32、34页。

的提倡都深受日本社会的影响，获取各种信息的来源也主要是日本的新闻报刊及书籍。1901年他在《逆贼之砭》中就有所感悟，“余旅东将二历寒暑矣。东国之书，嗜之若饴，置中籍于脑外久矣”[①]，可见蔡锷在东渡日本后阅读了大量的日本书籍与报刊。关于“军国民”一词的出处，截至目前可追溯到1895年民友社出版的“青年丛书”第一卷《武备教育》[②]，此书是以德富苏峰为领袖的民友社编撰的小册子，书中的“制清策”“军国民”“武备教育”和“全国皆兵”为该书的整体基调[③]，先后提出“军国民”主张的蔡锷、蒋百里以及在留学生刊物《游学译编》中连载《武备教育》译作的周家树都曾受到该书的影响。

除《武备教育》外，蔡锷对铸造“国魂”及培养爱国心方面的观点也深受梁启超的启发。梁启超流亡日本后创办的《清议报》《新民丛报》在民智启蒙、西学引入、革命酝酿上发挥了巨大作用。1899年2月梁启超于《爱国论》中就特别申说爱国心的重要性和必要性，在其看来，中国人缺失爱国心皆因国势日益衰颓所致，不过这可以通过教育的方式进行弥补与改善；同年12月他发表文章《祈战死》，一语道破中国和日本最大的区别为中国右文，日本尚武；而后在《中国魂安在乎》中又指明日本的“国魂”为武士道。从上述言论中可以看出，梁启超很早就开始关注国民的爱国心及“国魂”问题，不过在时势认知、主导思想方面依旧是以“任侠”决定中国命运为主，甚至在勤王运动时期他还提出雇佣若干菲律宾散兵就能成事的想法[④]，这些观点对时时接受其熏陶的蔡锷等留日学生影响颇大。

1902年，梁启超在《新民丛报》创刊号上连载《新民说》，将国民应有的资质分为“公德”“进取冒险”“自尊”“合群”“生利分利”“毅力”“尚武”“私德”“民气”“国家思想”“权力思想”“自由”“自治”“进步”“义务思想”“政治能力”等十六个章节进行阐析。在首节绪论中他概言当时的世界存有民族主义和民族帝国主义两种国运态势，民族主义为欧洲诸国发展与世界进步的源泉和动力，如进一步发展就会演变为民族帝国主义。为阻止中国惨遭亡国之灾、灭种之痛，梁启超力言中国应尽快实行民族主义，

① 《逆贼之砭》，《中国近代期刊汇刊 清议报》（第五册），第4370页。

② 李晓东：《“军国民”思想与近代中国民族主义》，徐志民、孙安石、大里浩秋等著：《团体与日常：近代中国留日学生的生活史》，第158页。

③ 《武備教育》，東京：民友社，1895年，第5、16—17頁。

④ 丁文江、赵丰田编：《梁启超年谱长编》，第204页。

进而与民族帝国主义对抗;此外,实行中国的民族主义还要从创造“新民”开始,“新民”的重要资质就是具备“尚武”精神,需要足够的心力、胆力和体力,这些观点显然与蔡锷主张的“军国民”资质十分契合。

据此可知,蔡锷与梁启超均从当时的国际形势中感受到中国危机四伏,为与列强抗争,分别提出“军国民”主义和“民族主义”,以铸造“国魂”、创造“新民”。依笔者管见,蔡锷提出的“军国民”思想是“民族主义”在军事上的外在表现形式,他所提倡的“国魂”最终与梁启超所主张的“新民”不谋而合。

结　语

留日前的蔡锷通过樊锥最先接触维新思想,自步入时务学堂之始就深受梁启超等维新派教习的影响,他崇拜日本幕末志士、德国俾斯麦等为国家发展做出巨大贡献的先哲与群雄,将他们视为“任侠”,期许在中国只要有“任侠”就能够担当起救国重任,自己也立志成为“任侠”。戊戌政变后,蔡锷追随梁启超赴日,继续在东京高等大同学校求学,他大志不减,依旧崇尚“任侠”并产生了将其付诸实际行动的想法,然而勤王运动的失败使其“任侠”梦幻彻底破灭。再次折返日本的蔡锷在思想上产生巨大变化,将目光从“任侠”救国投向中国全体国民救国;与此同时基于对当时诸强国军事扩张政策的判断,他提出强有力的抵御方法——铸造“军国民”。伴随“军国民”思想在留学界广泛传播,留日学生痛感中国人严重缺失近代国民意识,进而力挺“军国民”思想,随之该思想又迅速渗入国人的思想观念之中,乃至成为清末民初鼎革时期教育的宗旨之一,通过“军国民”教育的洗礼,中国开始逐步树立、强化国民意识,在造就近代国民之路上越走越远。

〔作者孙瑛鞠,南京信息工程大学文学院讲师。南京 210044〕

商务版《张季直书说文解字部目》的失误与还原*

钱荣贵

摘　要：民国商务版《张季直书说文解字部目》是一本学堂用字帖，行销甚广，影响颇巨，但存在严重的编排错误：一是此帖部首为539个，阙《说文》第159个部首"啬"；二是除起始20个部首、殿后10个部首外，其余部首顺序错乱不堪。其原因在于出版时对原作进行了剪割重拼，重拼过程出现了重大失误。现经编号比照，可以推断，张謇所书《说文解字部目》原作实为一整幅，共19行，行30字，首行30字格包括题名"说文解字部目"6字，下空四字格，然后是20个起始部首；第2行至第18行，每行均为30字（阙部首"啬"）；末行为剩下的10个部首。至于为何独阙"啬"部首，当为巧合或另有深意。

关键词：张謇　张季直书说文解字部目　失误

民国五年（1916）九月，上海商务印书馆出版了《张季直书说文解字部目》。此帖宣纸印刷，纵25.7厘米，横14.5厘米。每面4行，行8字，计9叶，行楷。封面肩题"学堂用习字帖"，内文末款"张謇书"。张謇平生喜读《说文》，究研颇深，累有心得。《柳西草堂日记》载，张謇20岁时即托人购买《说文》，后对段玉裁《说文解字注》、桂馥《说文义证》、王筠《说文释例》、朱骏声《说文通训定声》等都有研读。张謇读经作文，常以《说文》为据。张謇古文根柢深厚，用辞古奥，亦与此有关。此帖写于何时？《柳西草堂日记》："（清光绪元年三月十日）……写段《说文解字》目次。"光绪元年即1875年，《张季直书说文解字部目》初版时间是在民国五年（1916），两者相距逾40年，何况光绪元年（1875）张謇才22岁，书风和学养远未成熟，

* 本文系国家社科基金重点项目"张謇碑刻文献的搜集、整理与数据库建设"（22ATQ001）阶段性研究成果。

也未有功名,张謇出版字帖自然不可能用40年前弱冠时代的作品。张謇此帖的书写时间当在民国元年前后的几年间。

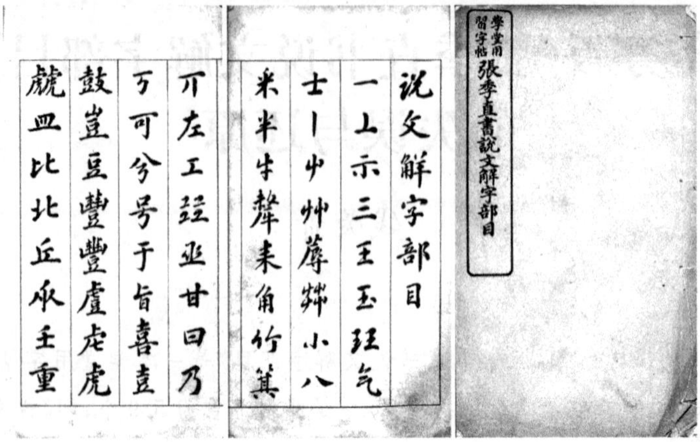

图1 《张季直书说文解字部目》书影,商务印书馆1916年初版

关于《说文》部目,其字体一直都用小篆,兼古文、籀文。随着楷书的出现和通行,一些楷书字典便有了楷体部首,这些部首的设置受《说文》部首的启发和影响,对《说文》部首进行了调整,或归并,或增删,或变革。如南朝梁顾野王(519—581)编纂的《玉篇》,共设部首542个,其中529个与《说文》部首相同,不同的只有13个。明代梅膺祚编纂的《字汇》,将《说文》的540部首归并为214部,改用楷书。但这些都不再是《说文》的部首了。严格意义上讲,《说文》部首就是指《说文》的540个篆书部首。今天我们能够见到的《说文》,无论是"小徐本",还是"大徐本",用的都是篆书部首。清代学者、书法家喜临《说文》部首,杨沂孙(1812—1881)、赵之谦(1829—1884)、吴大澂(1835—1902)、胡澍(1825—1872)、王懿榮(1851—1899)、王福庵(1880—1960)等都曾临写过《说文》部首,他们临写的无一例外都是《说文》的篆书部首。张謇则不然,其所书《说文部目》使用的是楷中带行、以楷为主的行楷。这在清末民初是极为少见的。

《说文》部首共540个,统摄9353字,其部首顺序总体上遵循"始一终亥"原则,部首与部首之间"据形系联"。许慎《说文叙》云:"其建首也,立一为耑,方以类聚,物以群分,同牵条属,共理相贯,杂而不越,据形系联。引而申之,以究万原,毕终于亥,知化穷冥。"①《说文解字》流传至唐代,李

① 段玉裁:《说文解字注》,成都:成都古籍书店,1981年,影印本,第827页。

阳冰作了篡改和刊定。李阳冰篆书颇负盛名,《宣和书谱》即称:“议者以‘虫蚀鸟迹’‘风行雨集’语其势,‘太阿龙泉’语其利,‘嵩高华岳’语其峻,实不为过论。有唐三百年以篆称者,唯阳冰独步。”①南唐徐锴(920—974)对李阳冰的篡改颇为不满,作《说文解字系传》,并专列“祛妄”一篇,专驳李阳冰篡改之过。经徐锴修订过的《说文》,世称“小徐本”。宋太宗雍熙三年(986),徐锴之兄徐铉(916—991)奉诏对《说文》作了重新校定,徐铉对李阳冰的做法亦不满。其《进〈说文解字〉表》云:“唐大历中,李阳冰篆迹殊绝,独冠古今。自云:斯翁之后直至小生。此言为不妄矣。于是刊定《说文》,修正笔法,学者师慕,篆籀中兴。然颇排斥许氏,自为臆说。夫以师心之见,破先儒之祖述,岂圣人之意乎?今之为字学者,亦多从阳

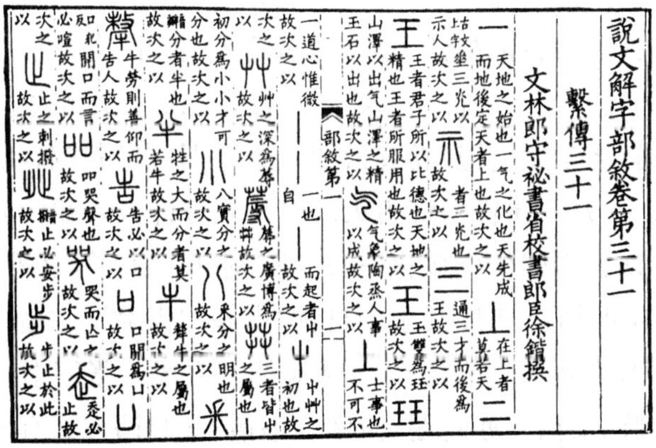
說文解字部敘卷第三十一
繫傳三十一
文林郎守祕書省校書郎臣徐鍇撰

图 2 《说文解字》“小徐本”部叙(局部)

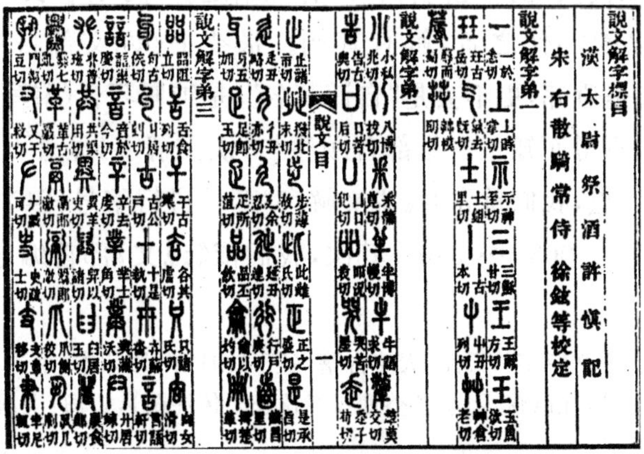
說文解字標目
漢太尉祭酒許慎記
宋右散騎常侍徐鉉等校定
說文解字弟一

图 3 《说文解字》“大徐本”标目(局部)

① 《宣和书谱》卷三《篆书叙论》,上海:上海书画出版社,1984 年,第 13 页。

冰之新义,所谓贵耳而贱目也。”[①]经徐铉等人校定的《说文》,世称“大徐本”。“大徐本”是目前学界通行的版本。无论是“小徐本”还是“大徐本”,其部首都是540个,部首之间顺序也都是一样的。

细究张謇的这本习字帖,我们会发现与《说文解字》所列部首有很大不同。突出表现在两个方面,一是《说文》部首各个版本都是540部,然张謇的这本字帖的部首为539个(首面24个部首,第二面至第十八面每面32个部首,末面仅3个部首),独阙原本中的第159个部首“啬”。何故?是疏忽所致,还有另有他因?如果是疏忽为何又偏偏漏写这个“啬”字部首?张謇,号啬庵,晚号啬翁。或曰:这是张謇“自讳其名”。对此,我们不妨作些分析。“避讳”乃旧时的一种礼制传统。《春秋公羊传·闵公元年》云:“《春秋》为尊者讳,为亲者讳,为贤者讳。”[②]无论是“尊者”“亲者”,还是“贤者”,避讳的对象都是他人。“自讳其名”者并不多见,且常含贬义。俗语“只许州官放火,不许百姓点灯”,说的就是北宋某州太守田登的骄横跋扈。宋陆游《老学庵笔记》卷五云:“田登作郡,自讳其名,触者必怒,吏卒多被榜笞。于是举州皆谓灯为火。上元放灯许人入州治游观,吏人遂书榜揭于市,曰:‘本州依例放火三日’。”[③]对张謇来说,这种“自讳其名”之举自然是不可能的,相反其乐于自称“啬庵”“啬翁”。“啬”者,俭朴也。张謇有着浓烈的“啬夫”情结,崇尚勤俭朴实之风。张謇书《家诫》,即署“啬翁”;张謇临《书谱》,亦自题《啬庵临书谱》。避讳方式有多种,或以同训代之,或以阙笔代之。北齐颜之推《颜氏家训·风操》云:“凡避讳者,皆须得其同训以代换之:桓公名白,博有五皓之称;厉王名长,琴有修短之目。”[④]至若以阙字代之者,鲜有其例。张謇书《说文部目》,独阙部首“啬”,不可能是避讳,更不会是“自讳其名”,是纯属巧合(漏写或漏拼),还是另有深意,不得而知。二是部首顺序与《说文解字》显著不同。为了能清晰看出这一点,我们首先对《说文解字》部首进行编号,540个部首依次标识为001、002、003……540。其次,我们依《说文》部首编号,对张謇帖

① 许慎:《说文解字》,天津:天津古籍书店,1991年,影印本,第320页下栏。

② 何休解诂,徐彦疏,刁小龙整理:《春秋公羊传注疏》,上海:上海古籍出版社,2014年,第350页。

③ 陆游:《老学庵笔记》卷五,涵芬楼本,上海:上海书店,1990年,第3页。

④ 颜之推《颜氏家训》卷二《风操》第六,见王利器撰:《颜氏家训集解》,北京:中华书局,2016年,第70页。

《说文部目》部首进行编号，然后进行对比分析。这样我们可以看出张謇书《说文》的部目有18个连续编号的片段，条列如下：

第1片段（001—020）：一 丄 示 三 王 玉 玨 气 士 丨 中 艸 蓐 茻 小 八 釆 半 牛 犛

第2片段（141—170）：耒 角 竹 箕 丌 左 工 㠭 巫 甘 曰 乃 丂 可 兮 号 亏 旨 喜 壴 鼓 豈 豆 豊 豐 䖒 虍 虎 虤 皿

第3片段（291—320）：比 北 丘 㐺 𡈼 重 臥 身 㐆 衣 裘 老 毛 毳 尸 尺 尾 履 舟 方 儿 兄 兂 皃 兜 先 秃 見 覞 欠

第4片段（171—200）：凵 去 血 丶 丹 青 井 皀 鬯 食 亼 會 倉 入 缶 矢 高 冂 𩫏 京 亯 㫗 畗 㐭 來 麥 夊 舛 舜（此片段阙“啬”部首）

第5片段（351—410）：屾 屵 广 厂 丸 危 石 長 勿 冄 而 豕 㣇 彑 豚 豸 𤉡 易 象 馬 廌 鹿 麤 㲋 兔 萈 犬 㹜 鼠 能 熊 火 炎 黑 囱 焱 炙 赤 大 亦 夨 夭 交 尣 壺 壹 㚔 奢 亢 夲 夰 亣 夫 立 竝 囟 思 心 惢 水

第6片段（021—050）：告 口 凵 吅 哭 走 止 癶 步 此 正 是 辵 彳 廴 㢟 行 齒 牙 足 疋 品 龠 冊 㗊 舌 干 谷 只 㕯

第7片段（111—140）：萑 𦫳 苜 羊 羴 瞿 雔 雥 鳥 烏 𠦒 冓 幺 𢆶 叀 玄 予 放 𠬪 𣦼 歺 死 冎 骨 肉 筋 刀 刃 㓞 丰

第8片段（081—110）：聿 畫 隶 臤 臣 殳 殺 几 寸 皮 㼱 攴 教 卜 用 爻 㸚 夏 目 䀠 眉 盾 自 白 鼻 皕 習 羽 隹 奞

第9片段（321—350）：㱃 次 旡 頁 百 面 丏 首 𥄉 須 彡 彣 文 髟 后 司 卮 卩 印 色 卯 辟 勹 包 茍 鬼 甶 厶 嵬 山

第10片段（051—080）：句 丩 古 十 卅 言 誩 音 䇂 丵 菐 𠬞 𠬜 共 異 舁 臼 晨 爨 革 鬲 䰜 爪 丮 鬥 又 𠂇 史 支 聿

第11片段（201—230）：韋 弟 夂 久 桀 木 東 林 才 叒 之 帀 出 𣎵 生 乇 𠂹 𠌶 華 禾 稽 巢 桼 束 㯻 囗 員 貝 邑 𨛜

第12片段（411—440）：沝 瀕 𡿨 巜 川 泉 灥 永 𠂢 谷 仌 雨 雲 魚 𩺰 燕 龍 飛 非 卂 乙 不 至 西 鹵 鹽 戶 門 耳 𦣝

第13片段（501—530）：𨸏 𨺅 四 宁 叕 亞 五 六 七 九 内 嘼 甲 乙 丙 丁 戊 己 巴 庚 辛 辡 壬 癸 子 了 孨 𠫓 丑 寅

第14片段（471—500）：虫 䖵 蟲 風 它 龜 黽 卵 二 土 垚 堇 里 田 畕 黃 男 力 劦 金 幵 勺 几 且 斤 斗 矛 車 𠂤 𨸏

第15片段（261—290）：朩 林 麻 尗 耑 韭 瓜 瓠 宀 宮 呂 穴 㝱 疒 冖

冃 冃 网 网 襾 巾 市 帛 白 㡀 黹 人 七 匕 从

第16片段(441—470):手 𠦬 女 毋 民 丿 厂 乁 氏 氐 戈 戉 我 亅 珡 乚 亡 匸 匚 曲 甾 瓦 弓 弜 弦 系 糸 素 絲 率

第17片段(231—260):日 旦 倝 㫃 冥 晶 月 有 朙 囧 夕 多 毌 马 東 卤 齊 朿 片 鼎 克 彔 禾 秝 黍 香 米 毇 臼 凶

第18片段(531—540):卯 辰 巳 午 未 申 酉 酋 戌 亥

这18个片段中,第一个片段"001—020",即"一、丄、示、三、王、玉、珏、气、士、丨、中、艸、蓐、茻、小、八、釆、半、牛、犛",其位置与《说文解字》部首顺序同,都是起始的20个部首;最后一个片段"531—540",即"卯、辰、巳、午、未、申、酉、酋、戌、亥"部首数为10个,位置亦与《说文解字》部首顺序同,都是殿后的10个部首,其他16个片段的位置与《说文解字》均不同。这16个片段中,除第5个片段(351—410)为60个部首(可看成是两个片段,每个片段为30个部首)外,其余15个片段都是30个部首。这样我们可以把张謇《说文部目》看成是19个片段,第一片段为20个部首,最后一个片段是10个部首,其余17个片段除171—200片段阙"啚"外均为30个部首。

为什么会出现这样的情况?可以考虑有以下几种可能:一是这种排列与《说文》的篇(卷)数有关。《说文》除"后叙""部目"外为14篇(亦即14卷),张謇《说文部目》为19个片段,两者并不一致,这说明与篇数有关的说法难成立。二是这种排列与《说文》各篇(卷)内部首数有关?《说文》每篇(卷)的部首数并不相同。14篇(卷)部首数依次为:14、30、53、45、63、25、56、37、46、40、21、36、23、51,除第2篇部首数为30外,其余均非30个。故与《说文》篇(卷)内部首数有关的推测也不成立。三是此为"习字帖",没有必要刻意考虑部首顺序?那么,既未考虑顺序,为何不按原有顺序书写?何况《说文》是一部旷世学术经典,古之学人为了能熟练掌握《说文》检字,对540个部首都是烂熟于心的,故这种说法也不成立。四是根据"由易到难"习字原则作了调整?但通篇并非易写的部首在前面,难写的部首就排在后面。五是原为散页,出版时错排页码所导致?这种推测也不成立。如第一页共24个部首,最后4个部首"耒"(141)、"角"(142)、"竹"(143)、"箕"(144),与前20个部首即在同一页上的。六是张謇有意对《说文》部首顺序进行了调整?《说文》的540个部首是"据形系联",部首与部首之间联系紧密,自成体系。张謇没有必要对这540个部首进行重新编排，即便想重新编排，每个片段内的部首顺序为何又没有进行调整呢？《说文》末尾的28个部首“甲乙丙丁戊己巴庚辛辡壬癸子了孨𠫓丑寅卯辰巳午未申酉酋戌亥”。其主体为天干地支，只是在“己”之后据形系联了“巴”，在“辛”之后系联了“辡”，在“子”之后系联了“了”“孨”“𠫓”，天干地支的顺序并没有变化，除去系联的几个部首外，天干地支的顺序是连属的，也是不能变动的。而张謇帖《说文部目》，天干地支分居在第13面、第17面、第18面中。这显然有悖常理。所以说，张謇有意调整书写顺序的想法也是不能成立的。七是张謇根据记忆来书写的？张謇能否凭借记忆书写说文部目，不得而知，但如果是凭记忆书写，也不可能会出现19个片段内部顺序不错而片段与片段之间的顺序大错的情况。

似乎只有一种可能，共18页的《说文部目》习字帖，墨迹本实为一整幅，出版时经过了剪割重拼，正是在这个重拼过程中出现了差错。我们可根据这19个片段来还原墨迹本的整体布局和剪割重拼的出错过程。张謇原书《说文部目》，全幅共19行，行30字，其中首行30字格包括题目“说文解字部目”6字，下空四字格，然后是20个起始部首；第2行至第18行，每行均为30字(其中阙一部首“啬”)；末行为剩下的10个部首。这样一个整幅的《说文解字》在出版前经过了割裱和重新拼接。割裱的第一步是按行进行了剪裁。然后依据所要出版的字帖样式(每页4行，行8字，每页共32字)进行了再次剪裁和粘贴。这样刚好可以解释为何前20个部首没有变化，末尾10个部首没有变化，中间17行每行行内部首顺序也没有变化。遗憾的是，在粘贴过程中除了第一行、最后一行的位置没有弄错外，竟然没有顾及其余17行的位置，故而造成了17个片段内部顺序未变，而片段之间的顺序严重错乱的情况。这种割裱拼接的做法，在张謇碑刻拓本装帧、印制出版中屡见不鲜。我们今天可见的张謇《通海界柱铭》《中宪府君墓志铭》等，都可以看到印制过程经过了剪裁和重新布局。有些墨本至今尚在，可以清晰地看出割裱重装的痕迹，有些还经过了多次剪裁和重拼。《张季直书说文解字部目》墨本已不可见，但可以肯定的是出版过程中经过割裱重拼过程，在重拼、制版的过程中出现了重大疏忽。

此外，从张謇书《说文部目》本身来看，书写水平较高，作为习字帖可谓形质兼胜。但有些形近部首，如“西”与“襾、“木”与“朩”、“林”与“𣏟”、“七”与“匕”、“口”与“囗”等，写得几乎没有区别，几不可辨。也有少数部首字形有误，如“大”写成“太”“凵”写成“厶”，等。

此帖行销甚广,影响颇巨。民国五年(1916)由商务印书馆初版,民国十二年(1923)再版,民国十八年(1929)三版,民国十九年(1930)四版。前两版出版时张謇仍然在世,可能也没有发现这样的错误,否则不可能在再版时不作改正,毕竟《说文部目》是一篇十分重要的经典文献,作为学堂用习字帖影响甚大。

〔作者钱荣贵,南通大学文学院院长、张謇研究院院长、东亚文化研究中心主任,教授。南通 226019〕

张謇与孙淦交游考述

朱　江

摘　要：张謇在创办大生纱厂初期，与旅日华商孙淦有着友好的交往。根据现有史料，孙淦出生于上海，籍贯为浙江宁波。孙淦在大阪经营的镃源慎商会，是张謇创办的大生纱厂早年主要的纱管供应商。孙淦提供纱管，由张謇的好友罗振玉居间协调。1903年，张謇赴日考察，孙淦给予大力协助，除陪同参观外，还安排张謇带去的两名学生金永安和徐有临到日本企业实习。

关键词：张謇　孙淦　罗振玉　交游

孙淦(1858—1938)，字实甫，中国红十字会的倡导者和推动者，长年旅日经商，被张謇誉为"爱国者华商也，商真不负国"①。二人的交谊，尚未见有研究，笔者根据南通市档案馆所藏大生档案，并结合相关史料，进行初步探讨。

一、孙淦为宁波帮商人

孙淦，有浙江人和上海人两种说法。笔者认为并不矛盾。根据吕顺长和池子华两位学者的研究，结合目前有关孙淦身世的有限史料，认为孙淦出生于上海、籍贯为浙江宁波的可能性最大。

吕顺长最初认为孙淦是浙江人的可能性较大。首先，胡景桂《东游纪行》载："孙淦，字实夫，浙人。"其次，"从孙淦所接触的官绅多为浙江人、被任命为浙江留日学生监督、向浙江的学堂捐赠器械等一系列事件看，其对浙江的时务甚为关心"②。

① 张謇：《柳西草堂日记》，李明勋、尤世玮主编：《张謇全集》(第八册)，第538页。

② 吕顺长：《近代浙江留日学生之研究》，杭州：浙江工商大学出版社，2019年，第82页。

池子华对此表示异议，指出《东游纪行》系孤证，且“竟把孙淦字实甫误作‘实夫’”，认为孙淦是浙江人的判断实在难以令人信服①。

其实，由于孙淦跟国内诸多人士保持交往，时人对于孙淦的描述，并非《东游纪行》一项。1902 年 7 月，在南洋公学任教的蔡元培赴日游历，恰遇吴稚晖率留日学生与清政府驻日公使蔡钧发生冲突，吴稚晖被日方遣送出境。留日学生陆世芬等把吴稚晖送到神户，希望有人能陪同吴稚晖前往天津，以防清政府加害。蔡元培承担下来，后来与吴稚晖坐船同抵上海。蔡元培回忆道：“吾国侨日商人，与留学生关系较密的，有东京的王锡三与神户的孙实甫，均宁波人。浙江第一次派遣学生留日，为章宗祥、陆世芬、吴世期、陆宗舆等四人，均由王君招呼。孙君对于吴君事，甚尽力，我等到神户时，即宿于其寓。”②蔡元培为浙江绍兴人，对于同样来自浙江的孙淦，应该印象深刻。

池子华进而提出，1898 年 11 月 16 日、17 日《申报》连载《红十字会说》一文，署名为“上海孙淦实甫”，《时务报》第 44 册刊登译文《日本赤十字社社则》，署名“上海孙淦译”③。这个论据有一定道理。孙淦在 1897 年冬向驻日公使裕庚递交《大阪华商孙淦呈请裕钦使转咨总署奏设红十字会禀》，并附上日本赤十字社章程的翻译件。1898 年 3 月 26 日，《申报》第 2 版以《创兴善会》为题，先介绍孙淦其人，以及孙淦倡导的红十字会：“上海孙君实甫名淦，多财善贾，久客日本大阪埠，握算持筹之暇，时以济人行善为心。近见中国军制皆效法泰西而军中缺少良医，当夫两军相见之余，满目疮痍，谁为敷疗？爰拟创设红十字会，随营施治，俾军人咸得免疾苦而少死亡。”随后刊登孙淦的禀文。

吕顺长 2004 年在大阪访问广实平八郎，获知孙淦 1858 年出生于上海④。就目前有限史料，按照籍贯指祖辈居住或个人出生的地方，大致可以认为孙淦出生于上海，而籍贯为浙江宁波。

---

①③　池子华：《孙淦与中国红十字的启蒙》，《中国红十字运动史散论》，合肥：合肥工业大学出版社，2019 年，第 4 页。

②　蔡元培：《自写年谱》，高平叔编：《蔡元培全集》第 7 卷，北京：中华书局，1984 年，第 292—293 页。

④　吕顺长：《近代浙江留日学生之研究》，第 82 页。

二、作为纱管供货商的孙淦

张謇与孙淦之间最早的交往记录，笔者目前可见的是孙淦从日本写给张謇的三封信，分别写于己亥年十二月十二日（1900 年 1 月 12 日）[①]、庚子年二月初五日（1900 年 3 月 5 日）和二月初九日（1900 年 3 月 9 日）[②]，内容主要涉及供应纱管事宜。其中 1900 年 1 月 12 日信函的信息量最大，从信中"上月初，缘怡和嘱舍亲来信拟办此项纱管，故已由'西京丸'装去三箱（内特别锡口纱管二箱、条筒一箱）"可知，1899 年底，怡和洋行牵线，通过孙淦的亲戚、上海瑞乐洋行买办张趾麟写信到日本，为大生纱厂订购纱管，接到订单后孙淦已经发出三箱纱管。

在相当长时间里，中国纺织企业使用的纱管依赖进口。1947 年，蒋乃镛认为："我国之有纺织工厂，虽已有数十年之历史，但制造纱管而成一业，仅近数年之事，且数量有限，不能与纱锭成正比例。其原因主要为订购纺织机器时，纱管亦随之同来；嗣后又由五金商行从中供应，货品亦限于英美日货。"[③]董竹君 1930 年春在上海闸北开办群益纱管厂，是得到其二叔的指点："这生意有前途，国内出产不多，大部分靠日本货。日货质量好，但是进价贵，成本高。如果我们厂将来的出品能够赶上日货，价又便宜，一定有销路。"[④]"一・二八"事变中，群益纱管厂遭损停工，1932 年 8 月 1 日以荣记名义重新开工[⑤]。1933 年 12 月，群益纱管厂破产清盘[⑥]。由此可见，日本出产的纱管市场占有率高，从大生档案看，大生纱厂至少在创办之初采用的大量日本纱管，主要通过孙淦在大阪川口三十二番开设的镃源慎商会购买。

孙淦在 1900 年 1 月 12 日的信中关于运往大生纱厂的纱管描述如下："谕购木管，今特先装九箱，另附细单一页，所余天字条筒一万五千个

---

①② 南通市档案馆馆藏档案 B404－111－6。

③ 蒋乃镛：《上海工业概览》，上海：学者书店，1947 年，第 73 页。

④ 董竹君：《我的一个世纪（增订本）》，北京：生活・读书・新知三联书店，2013 年，第 194 页。

⑤ 《上海群益荣记纱管工厂启事》，《新闻报》1932 年 10 月 2 日，第 8 版。

⑥ 《郦鳌奎律师代表群益纱管厂债权团召盘通告》，《申报》1933 年 12 月 7 日，第 5 版。

及字字小条筒尚余一万个,准定年内装船,决不延误,刻已加工赶造矣。又字字三号条筒前样乃敝厂寻常之货,今拟配坚木特别者各半,口径式样均皆一例,以备后验。天字一万五千个均做特别坚木。今装'山城丸'三号条筒五箱(寻常二箱、特别三箱),又纱管四箱,馘纸附奉,另有中、西文发货单各一纸,报关时请附入。"可见大生纱厂所购纱管,为孙淦设厂生产。由于大生纱厂购置数量较大,孙淦采取一边生产、一边流水发货的方式。

不过对于纱管过关纳税事宜,孙淦表达了担忧和愤怒,他在信中告诉张謇,上次通过"西京丸"运往上海的三箱纱管,在江海关遇到麻烦:"被验关者强加倍许,每个估价银三分半,若不照估,勒令原货装回云云。"孙淦认为关员过于无情无理,简直横征暴敛。他声明纱管断无这么高的利润,无法忍受这样的欺负,希望张謇能主持公道,把他写给江海关税务司的函件转给上海道台,获得按照实价征税的权利。

大生纱厂支付孙淦的纱管货款,是通过位于上海的沪账房办理的。大生档案保存了四张相关汇票及其票根①。其中三张是由位于"英界二洋泾桥北逸沿浜怡顺昌内益生东"前来汇兑,益生东为商号,似为孙淦在上海的办事机构,具体情况为 1900 年 3 月 9 日规元 500 两、4 月 23 日规元 500 两、7 月 6 日规元 400 两。还有一张由张趾麟汇兑,为 3 月 9 日鹰洋 100 元。

孙淦与大生纱厂的合作至少持续到 1904 年。这年 10 月 16 日,孙淦在大阪发出如下货单:"今装泰生船运上大细棉纱(一百廿、一百六十)一箱,计重四十磅,计原金九十六元正。水力金一元、装送等费金四角、染工金六元四角、木箱一只金一元、报费金三角、京阪运费金五角,计金九元六角。统共计金一百〇五元六角。"②大生沪账房注明,10 月 22 日到沪。

三、罗振玉协助张謇购置纱管

孙淦在 1900 年 1 月 12 日的信中还揭示孙淦在给大生纱厂提供纱管过程中与罗振玉的关系。信的开头提及:"前由法邮船寄呈木管样大小六

① 南通市档案馆馆藏档案 B404-111-24。
② 南通市档案馆馆藏档案 B404-111-13。

个，并缮寸牍附入农会转上。”孙淦通过法国邮船带六个纱管样品到上海，并附上一封信通过农会转给张謇。此农会即1896年罗振玉与徐树兰、朱祖容和蒋黼等人在上海发起成立的务农会（又称农学会）。1897年4月29日张謇日记载：“复蒋伯斧、罗叔韫讯。”[①]即回蒋黼和罗振玉的信。5月9日张謇日记又有“答蒋伯斧、罗叔韫讯，论农会”[②]，可见双方相互间就务农会事宜进行探讨。张謇还于1897年6月11日撰写《请兴农会奏》，赞誉务农会：“近日上海设立农学会，专译东西洋农报、农书，未始非中国农政大兴之兆。”[③]张謇与罗振玉在之后相当长时间里保持密切关系，1901年张謇与罗振玉、汤寿潜、李审之、郑孝胥、何嗣焜等共同发起设立通海垦牧公司，1902年张謇设立通州师范学校，均得到罗振玉的支持。

大生档案里保存了同时期孙淦写给罗振玉的三封信，落款时间分别为己亥年十二月十九日（1900年1月19日）、庚子年正月廿四日（1900年2月23日）、庚子年正月廿六日（1900年2月25日）[④]。从1900年1月19日信里“月之十二、三日，叠邮两函，内附季公委购之木管九箱正、副提单及中、西文货单各乙页，又半□□□印底暨覆季公信一件，当邀转达矣”分析，张謇为大生纱厂向孙淦购买纱管，具体事宜委托给罗振玉操办，故而孙淦在发货的同时，给罗振玉的信中夹有纱管的提货单，而且孙淦致张謇的信也通过罗振玉转达。由日本运来的纱管，须由海路到上海，通关后再转运南通。张謇并不常驻上海，罗振玉本身与日本方面联系较多，因此由罗振玉代理纱管购置事亦顺理成章。

孙淦与罗振玉之间的通信相对频繁，由1900年1月19日信中所言“本月七日未刻，曾发一电致尊处，又于初五日径寄木管样，未知到否，殊以为念”，以及1900年2月25日信件提及“廿三、四日‘长门丸’、‘山城丸’叠上两函，当邀赏鉴。内附中、西货单及提货单各一（系通州纱局之木管十一箱）”，可知孙淦通过电报和海轮捎带信函的方式，告知罗振玉发货情况，并附上提货单。

---

① 张謇：《柳西草堂日记》，李明勋、尤世玮主编：《张謇全集》（第八册），第423页。

② 张謇：《柳西草堂日记》，李明勋、尤世玮主编：《张謇全集》（第八册），第425页。

③ 张謇：《请兴农会奏》，李明勋、尤世玮主编：《张謇全集》（第一册），第28页。

④ 南通市档案馆馆藏档案B404－111－4。

至于货款支付情况,孙淦与罗振玉约定通过电报暗码告知。1900 年 1 月 19 日信尾,孙淦列出如下暗电码:

1. 张公已回通汇银年内不及。
2. 张公虽经回通货款由信汇阪。
3. 银由申汇阪不便。可由阪汇申照付。
4. 只允先汇五百两。
5. 今由汇丰电汇日金一千元。
6. 今由汇丰电汇日金二千元。
7. 今由正金银行电汇日金一千元。
8. 今由正金银行电汇日金二千元。

孙淦约定,上海方面给他发电报,电报内容只需要三个字,分别为他的英文名字“Sunchafoo”、大阪“Osaka”和以上的暗码之一,按照当时电报费每字洋 6 角的标准,一封电报花费不过 2 元。孙淦信中还提出电报费用先请罗振玉垫支,日后奉还。1900 年 2 月 25 日信里补充,如果张謇在上海亲自兑付汇票,就发暗电“1001”,如果是大生沪账房工作人员兑付,则按原来约定暗码发电文。

1902 年 5 月 15 日,孙淦在从大阪发往上海的英文纱管货单背面,给罗振玉写了一段中文留言:“四月八日由弘济丸运上宿字墨漆纱管三箱,每 26.25 罗,计 78.75 罗,每罗二两八钱,共元二百廿两〇五钱。同,本色(即白漆)纱管四箱,同,计 105 罗,每罗二两六钱,共元二百七十三两正。共计元四百九十三两五钱,除百之六进口税计二十九两六钱一分,合计净元四百六十三两八钱九分。”信尾是恭语“上罗大老爷孙淦托”[①]。这段留言清楚写明黑漆纱管和本色纱管的单价,进口关税的税额。5 月 23 日,大生沪账房记载:“农会报馆楼卓如兄送来提单。”[②]

四、孙淦对张謇访日的协助

孙淦对张謇最大的帮助,在于张謇考察日本实业、教育和慈善期间,陪同张謇部分行程,以及为张謇带去日本的两位学生安排实习工厂。

1903 年 5 月 23 日,张謇从上海坐船赴日本,开启了赴日行程。这是

①② 南通市档案馆馆藏档案 B404-111-4。

张謇人生中浓墨重彩的一笔，是他主动学习先进文化、拓展视野的体现，对于张謇日后从事实业、教育和慈善起到促进作用。

5月25日张謇抵达第一站长崎，并在此参观。5月31日清晨，张謇抵达神户，孙淦和另一位华商李光泰到码头迎接。之后张謇分别到李光泰、孙淦开设的商号小坐。张謇日记载，“东源，光泰所设店；益源，实甫店也”[①]，说明孙淦分别在大阪和京都开店。下午三点，张謇与孙淦等人一起坐汽车到大阪，下榻高丽桥清宾馆。这是孙淦集合部分华商特地租赁下来专门提供给国内前来参观日本第五次国内劝业博览会各界人士的住所。次日，孙淦陪同张謇一起赴位于大阪天王寺今宫的博览会。博览会的展品除了日本的农业、园艺、林业、水产、矿冶、化学工艺、染织工业、制作工艺、机械、教育、卫生、经济、美术及美术工艺等外，还设立参考馆，展示各国之物品。6月14日，孙淦与张謇乘车抵达京都。由孙淦介绍，张謇结识从事学校理化器械标本制作的岛津源吉，并由岛津源吉引导考察水力发电站。稍后在参观盲哑院期间，张謇与孙淦还按照惯例各自捐赠10钱。7月22日，回到大阪的张謇与孙淦再次赴博览会，专门在水产馆考察盐业生产。

随从张謇赴日的两位实习生金永安和徐有临，准备到日本的工厂学习，这是张謇早就筹划的一件事。大生纱厂创办初期设备的安装和调试、厂房建造的监理，主要依靠英国工程师汤姆斯。汤姆斯尽心尽力，为大生纱厂的顺利开车做出了贡献，但大生纱厂为此付出的工价很高，在生活方面也给予高规格待遇。1900年1月12日孙淦给张謇的信中提及：“生徒东渡就学一节，淦已托日友，大略可许，如尊意已定，请即示复。淦当再为妥商，并可托日本公司船格外照料，毋须派人送来。再如选择，宜在廿岁内外，而聪明识字者。若进彼厂学习，略贴饭食可矣，但须改装，庶可合宜，衣服到阪再做可矣。所费无几，能多来几人，分入各厂，则利弊易知。”由此可见，张謇至少在大生纱厂开车的1899年就委托孙淦物色可供实习的日本企业，而孙淦积极呼应，通过日本的关系网很快便有了结果。孙淦根据在日本经商的经验，建议张謇选拔20岁左右的才俊前往，鉴于所需

① 张謇：《柳西草堂日记》，李明勋、尤世玮主编：《张謇全集》（第八册），第538页。孙淦在神户所开商号，又有盛源号之说，实藤惠秀：《中国人留学日本史》，谭汝谦、林启彦译，北京：生活·读书·新知三联书店，1983年，第170页。

费用不多,不妨多派些人到不同的企业实习,以便对比彼此的利弊。

在日期间,张謇通过与孙淦以及日本友人的沟通,决定派金永安到京都染织学校、徐有临至大阪有机纸业及手工纸业分别实习。早在 1897 年 12 月 5 日,张謇在日记中记载:"遣仁祖与表侄金永安往湖北武昌方言学堂。"①仁祖即张仁祖,字敬孺,张謇三哥张詧之子。张謇对于金永安的培养是有计划和步骤的,先从打好外语基础开始。对于金永安和徐有临赴日学习,张謇充满期待,并在 1903 年 6 月 12 日的日记里写道:"工为农商之介,欲归约同志鸠金生息,资生徒东来广习工业,不知谐否。执笔论事而悔读书之少,临事需人而悔储才之迟,举世所同,余尤引疚。"②

1903 年 7 月 18 日,张謇在日本拜访枢密顾问官田中不二麻吕,请教兴办教育事宜,并感慨:"惟所言明治初,遣往欧洲学实业者五百人,归皆任以所曾习,今之秉国钧负时望者,皆当日留学生,此宜为我政府平心而听者也。"③事实证明,张謇派遣学生赴日,确实收到了成效。据 1913 年担任南通纺织专门学校织物设计教师的虞卜磬回忆,1904 年,张謇在唐家闸创办染织传习所,招收学生 40 余名,由金永安主持并担任化染课教师,另聘请一日籍教师担任织物课教员。1908 年,学生毕业到各处就业,金永安另就他任,日籍教师期满回国,染织传习所结束。染织传习所培养的染织技术人员,对于当时染织企业起到相当大的作用,染织传习所也成为 1912 年张謇创办的南通纺织专门学校的先导④。

〔作者朱江,南通市档案馆研究馆员、南通大学张謇研究院特约研究员。南通 226000〕

---

① 张謇:《柳西草堂日记》,李明勋、尤世玮主编:《张謇全集》(第八册),第 437 页。

② 张謇:《柳西草堂日记》,李明勋、尤世玮主编:《张謇全集》(第八册),第 549—550 页。

③ 张謇:《柳西草堂日记》,李明勋、尤世玮主编:《张謇全集》(第八册),第 562—563 页。

④ 虞卜磬:《南通纺织大学沿革概况》,中国人民政治协商会议江苏省沙洲县委员会文史资料研究委员会编:《文史资料选辑》第 1 辑,1982 年,第 49—59 页。

CONTENTS